train de Corse, train rebelle

Paul Silvani

train de Corse, train rebelle

La singulière histoire du chemin de fer insulaire

ALBIANA

– Du même auteur –

Les cahiers du Bicentenaire de Napoléon (4 fascicules sous jacquette), Éd. imprimerie Siciliano et le *Journal de la Corse,* Ajaccio, 1969.

Corse en couleurs
Éditions Iris, Paris 1970. Réédition en 1975

Corse des années ardentes 1939-1976,
Préface de Xavier Versini, Éditions Albatros, Paris, 1976

Corse des révolutions
Préface d'Emile Arrighi de Casanova, La Marge édition, Ajaccio, 1989

Corse de ma montagne
La Marge édition, Ajaccio, 1990

Cuisine Corse d'Antan
Préface de Pierre Leca. La Marge édition, 1991, Albiana (réedition) 1998

L'archipel des Corses
La Marge édition, 1992

Et la Corse fut libérée,
Prix national littéraire de la Résistance 1993, Prix de Corse (décerné par le jury de la Collectivité territoriale) 1993, La Marge édition, Ajaccio, 1993. Réédition, Albiana, 2002.

Ça s'est passé en Corse, en quatre tomes (1994-1995-1996-1997), Éditions Autres Temps, Marseille

La Corse dans la Seconde Guerre mondiale, Albiana, 1997 (avec collaborations), Ajaccio.

L'île d'à côté
Editions Autres Temps, Marseille, 1998

Enquête sur l'or bleu de la Corse
Albiana, Ajaccio, 1998

Bandits corses de légenge, Bellacoscia et Zampaglinu (Préface de Marie-Jean Vinciguerra), Albiana, Ajaccio, 1999

La légende des Corses. Contes, légendes et nouvelles.
Albiana, Ajaccio, 2000

Un siècle de vie corse
Albiana, Ajaccio, 2000

Le Bonapartisme, une saga corse
Albiana, Ajaccio, 2003

OUVRAGES COLLECTIFS

Histoire d'Ajaccio
Prix du Livre corse 1993
La Marge édition, Ajaccio, 1993

Tous les matins de Corse
Editions Autres Temps, Marseille, 1998

Mémorial des Corses
Tome V, Ed. Memorial, 1982 ; Tome VII, Albiana 1999

En 1999, l'auteur a reçu le prix spécial du Mémorial (Grand Prix littéraire de la ville d'Ajaccio) pour l'ensemble de son œuvre.

Sommaire

À Jeannette, la plus Bocognanaise des
Parisiennes, pour qui le petit train fut longtemps
symbole de vacances, découverte de la nature,
retour aux sources,
Je lui dois d'avoir écrit ce livre.

Avant-propos

Aux yeux du souvenir

ORSQU'UNE ENFANCE ET UNE JEUNESSE ont été bercées par les trépidations du train sur ses rubans d'acier et par le halètement des locomotives, par le spectacle vivant, coloré et animé de l'activité ferroviaire, lorsqu'on a été sensible à la magie de cet énorme jouet, instrument du service public, on ne peut que se féliciter des décisions prises en juillet 2001 par l'Assemblée de Corse avec le puissant concours du gouvernement Lionel Jospin.

Aux heures sombres de l'occupation et des restrictions générées par le sinistre conflit mondial, très nombreux étaient celles et ceux qui, régulièrement, gagnaient le village et ses jardins salvateurs. Ce sont les mêmes, avec l'ensemble de la population, qui devaient inlassablement dès 1955 et, surtout, 1959 avec le Mouvement du 29-Novembre [1] mener la lutte pour le maintien et la modernisation d'un réseau que quelques irresponsables à Paris, avec la complicité ou la connivence de quelques autres en Corse avaient décidé de rayer de la carte. Mais, selon l'expression des syndicalistes, la lutte a payé, et au terme de ces péripéties, le chemin de fer insulaire présentera un nouveau visage, celui – tant souhaité, tant attendu – de la modernité. La guerre 1939-1945 avait laissé l'exploitation littéralement exsangue. Pendant un quart de siècle, ce ne furent que tergiversations et échappatoires, recherche d'improbables concessionnaires. Jusqu'au jour où, en 1981-1982, début de l'ère François Mitterrand, Charles Fiterman, ministre des Transports du gouvernement de Pierre Mauroy, vint ouvrir des perspectives réellement intéressantes et, avec l'implication – enfin ! – de la SNCF, annoncer l'engagement progressif des travaux

de modernisation et de renouvellement du matériel. Cette première étape sera suivie d'une deuxième, décisive celle-ci, le programme de 2001 avec un volume de crédits jamais atteint (sauf, évidemment, pendant la construction), soit 112 millions d'euros qui, à l'horizon 2010, permettra de réduire à 2 heures 40 le temps de parcours entre Ajaccio et Bastia et d'améliorer considérablement la desserte et le confort sur l'ensemble des lignes.

Il s'y ajoute en outre l'étude envisagée en vue d'examiner les conditions dans lesquelles la ligne Casamozza–Porto-Vecchio, rayée de la carte au lendemain de la guerre, pourra être rétablie.

Cette ligne, ouverte en 1888 jusqu'à Ghisonaccia, Solenzara en 1930 et Porto-Vecchio en 1935, fut supprimée en 1945, désaffectée en 1953, et ses installations aliénées en 1958. C'est également de cette époque que date l'abandon de nombre d'installations de la ligne centrale et de celle de la Balagne. Des images, parfois, en témoignent avec une éloquence telle que tout commentaire est superflu. Bâtiments sans toit, dévastés comme s'ils avaient été bombardé ou canonné – gares, maisons cantonnières, halles à marchandises (curieusement appelées

« Petite vitesse ») – murs encore debout comme par miracle…

Un peu partout, les restes rongés par la rouille d'une plaque tournante qui servait à remettre la locomotive dans la direction voulue, de châteaux d'eau dans lesquels on stockait le précieux liquide ensuite versé dans les chaudières pour y produire la vapeur destinée à entraîner les pistons, des grues dont le bras horizontal a depuis des décennies perdu la manche d'alimentation, qui ont aujourd'hui le triste aspect de dérisoires cafetières…

Et ces bâtisses en ruines (sauf à Vizzavona et Ajaccio) portant le nom à peine lisible de « Buffet », où se rassemblèrent tant de gens depuis l'ouverture du réseau au trafic, à partir de 1886-87, jusqu'à la substitution complète des trains à vapeur par les autorails en 1947. L'arrêt au buffet, dont la Compagnie des chemins de fer départementaux (CFD) confiait la gestion contre redevance annuelle à des particuliers, était plus qu'une habitude, un véritable rite. Ces établissements, souvent rustiques, avaient été créés dans les stations au temps où les passagers s'y rendaient à pied, souvent après de longues marches. On s'y restaurait sur le pouce en attendant le train, où l'on en descendait pendant les arrêts (signalés sur les horaires) pour boire un café ou un verre de vin. Les trains omnibus reliaient Ajaccio et Bastia en sept ou huit heures, la durée des arrêts dans les gares était de l'ordre d'une dizaine de minutes, sauf à Corte – une demi-heure, le temps de prendre un repas.

Le hâtif casse-croûte, « *spuntinu* » ou « *rompe diunu* » suivant que l'on était en Cismonti ou en Pumonti, était à soi seul un spectacle. Je revois, en gare de Vivario, après le signal de départ donné par le chef de train et deux ou trois coups de sifflet de la locomotive, dont le dernier, particulièrement strident, impératif, comme un rappel à l'ordre, l'ultime passager attardé devant le comptoir adresser de ses bras levés (encore que la droite tînt un gobelet) une supplication au mécanicien : « Encore une minute ! Le temps de vider ce verre et j'arrive ! ». La scène a été en quelque sorte immortalisée dans un film que Pathé-cinéma a consacré en 1931 au bandit Spada…

Les pendules des gares pouvaient bien marquer l'heure, on avait le temps et, d'ailleurs, le temps ne comptait pas. Il en reste bien quelques-unes, inutilement accrochées aux murs des gares désertes, mais elles ont perdu leurs aiguilles, tout comme dans les années 1890, les aubergistes de la route avaient – provisoirement, on le sait maintenant – perdu leurs clients. Ce qui devait inspirer la bien connue Maria-Felice d'Acquanera, entre Bravona et Cervioni, qui allait composer et lancer la célèbre *Canzona di u trenu*, véritable imprécation qui vouait aux gémonies le train, ses chefs et ses passagers.

La première révolution des buffets remonte à 1933. Cette année-là, pour répondre à une demande insistante, car la concurrence était devenue rude des automobiles et des cars, le directeur de la CFD avait prescrit un gain de cinquante minutes entre les deux villes principales, « en accélérant la marche dans les rampes, en réduisant les arrêts dans les gares intermédiaires et en supprimant l'arrêt du déjeuner ». M. Polart, c'était son nom, avait alors institué un système de paniers-repas préparés par les buffets de Corte et Vivario.

Le long du trajet, la monotonie était rompue par les maisons cantonnières, à usage ou non de passage à niveau (dont les barrières étaient fermées et rouvertes à la main par l'épouse du cantonnier, qui y était préposée). Sur certaines façades, on peut encore découvrir un numéro. Toutes étaient en effet numérotées à partir de Bastia, la tête des lignes. De sorte qu'il arrivait que des lieudits fussent ainsi schématiquement désignés. La plus connue ? Celle d'Ortale, entre Biguglia et Borgu, *U numeru quatru*.

Et puis, qui se souvient encore des bascules ? Toutes les gares, ou presque, en étaient équipées. Elles servaient à peser les marchandises, ou produits transportés : bois, charbon, pierres, graviers, sel, etc. Chaque tombereau ou wagon portait

sa tare, c'est-à-dire son poids à vide, ensuite soustrait du poids total pour établir la tarification. On utilisait aussi des wagons couverts sur lesquels on pouvait lire : « Hommes debout : vingt-six ; chevaux en long : six ».

Le long des lignes s'alignaient les poteaux téléphoniques, grâce auxquels les stations les plus proches pouvaient communiquer entre elles, et même le chef d'un train contraint de s'arrêter en rase campagne, avec un téléphone adaptable aux fils, également à manivelle comme celui des gares. Les voyageurs ne pouvaient pas ne pas entendre le chef de gare appeler son collègue de la gare la plus proche pour demander le passage sur la voie unique libre ou libérée : « Puis-je ?… », qui signi-fiait par exemple « Puis-je envoyer train 4 ? » ou bien, s'agissant de croisements : « Pourrais-je ?… », c'est-à-dire « Pourrais-je envoyer train 4 après passage du train 3 ? ». Langage codifié d'une clarté limpide, qui paraissait pourtant nimbé de mystère. Dans mon village, celles et ceux, très nombreux, qui se rendaient en promenade à l'arrivée du « *Trenu di sei ore* » (le train de 18 heures venant d'Ajaccio) entendaient non sans humour ces étonnants échanges… Aux yeux du souvenir, *U trenu di Bastia*, c'était aussi cela. Un livre ne suffira pas pour conter la fabuleuse histoire du petit train de Corse, dont la construction suscita tant d'espoirs dans une île où tout était alors à faire, qui coûta une véritable fortune et qui fut le plus grand chantier, la plus grande réalisation que cette île eût jamais connus…

---

1. *Cf.* « L'île d'à-côté » (Éd. Autres Temps, Marseille, 1998. Distribué par Albiana, Ajaccio).

Dans certaines gares, on peut encore voir la bascule qui servait à peser les wagons, le chateau d'eau et le composteur avec lequel on datait les billets.

Deux décennies
de gestation

Le temps des diligences

U COMMENCEMENT ÉTAIENT LES SENTIERS, et l'île était refermée sur elle-même. On communiquait de vallée en vallée voisine à pied et à cheval, et, lorsque la saison était favorable, les colporteurs (*tragulini*) et les rétameurs (*paghjulaghi*) se rendaient dans les villages proposer leurs services. Au début du XVIe siècle, dans son *Dialogo nominato Corsica*, Mgr Agostino Giustiniani parle souvent des chemins qu'il a dû emprunter au cours de son voyage à travers l'île, « si mauvais et si rudes, non seulement mauvais à pied et à cheval, mais très périlleux », parfois sommairement empierrés, sinon faits « de marches taillées dans le roc ». Les Génois devaient bien, plus tard, ouvrir quelques pistes et construire quelques ponts, mais ce n'était guère suffisant pour développer leur colonie. Les géomètres qui ont dressé le Plan terrier, achevé en 1794, indiquent d'ailleurs clairement : « Les chemins ne sont que des sentiers où les bêtes de somme elles-mêmes ont peine à passer, et l'on ne trouve en Corse des chemins de voiture que depuis l'occupation française » (1769). À savoir : moins de 100 kilomètres de « routes toutes faites » en plaines et coteaux, mais rien en montagnes, d'où, carte à l'appui, plus de 1 000 « restants à faire », ainsi que 116 ponts à ajouter aux 19 construits par les Génois. On comprend mieux que les liaisons principales, les « communications par eau » se fussent faites le long des côtes, d'un port à l'autre (le Plan en dénombrait 21) avec les aléas et fortunes de mer que l'on imagine.

Comme une image d'Épinal dans un récit de voyage : « la diligence en Corse. Le cocher harcèle son quadrige de mules ».

C'est à la première intervention française, en 1738, que remontent les premiers travaux de viabilité entre Bastia, Corte et Calvi, Bastia et Saint-Florent. Maillebois voudrait bien pousser jusqu'à Ajaccio, mais il y a tant de torrents à franchir, sans compter le col (*A foce*) de Vizzavona qu'il n'insiste pas. Ces travaux étaient naturellement menés à des fins militaires. Sous l'Ancien Régime, les chemins d'Ajaccio à Bocognano, d'Ajaccio à Sartène, à Porto-Vecchio, à Vico et à Cargèse, ou entre Porto-Vecchio et Bonifacio ne sont praticables que par temps sec. Seule « la petite route royale entre Bastia et Corte, affirme l'officier royaliste dans ses mémoires (1824-1829) est une espèce de merveille en Corse puisque la seule sur laquelle les voitures pouvaient aller et la maréchaussée faire son service à cheval ». Il ajoute qu'elle « fait entrevoir pour l'avenir la possibilité d'entreprises semblables, non pour rendre tous les chemins praticables aux voitures, ce qui serait impossible, mais pour en adoucir les pentes, de manière à ce que les chevaux et les mulets puissent y passer plus facile- ment ». En attendant, les chemins

Sur le bord de la route, un arrêt facultatif

et sentiers ne sont praticables qu'aux bêtes de somme. Ils relient les villages entre eux, « traversant des terrains en pentes fort rapides, entrecoupés de rochers », les plus longs sont voués à la transhumance et, pour « les mettre en bon état, il faudrait des travaux très considérables ».

Ce n'est cependant qu'à partir de 1777 que commencent des travaux d'importance évidemment relative entre Ajaccio et Bocognano, Bastia et Venaco (trajets qu'en 1789 l'on peut parcourir en voiture), Bastia–Saint-Florent. La situation ne s'amé- liore que sous l'Empire, grâce à l'emploi de prisonniers autrichiens d'abord, antillais (Saint-Domingue, Guadeloupe) ensuite. Ces trois cents malheureux sont stationnés à Ajaccio où ils ouvrent le cours Santa-Lucia (depuis un siècle et demi cours Napoléon) et à Bocognano, où ils construisent la route du col. De là, à partir de 1811, on transportera jusqu'à Ajaccio, comme on le fait déjà d'Aïtone à Sagone, les fûts de pins *laricii* pour la flotte impériale.

En 1794, le Plan terrier avait défini un programme de réalisation du millier de kilomètres de routes nécessaires en vingt ans : en plaine, elles auront quinze mètres de largeur, en montagne huit, et elles seront longées par des rangées d'arbres. Quant aux ponts, ils auront également huit mètres de largeur, qu'ils soient à une, deux ou trois arches « suivant le volume des grandes eaux des rivières et ruisseaux traversés ». Le gouvernement impérial entreprend, mais sans pouvoir l'achever, un programme ambitieux : le « percement » de quatre autres routes destinées à faire communiquer Bastia et Cervioni, l'Ile-Rousse, Saint-Florent et Bastia, Corte et Ajaccio, Ajaccio et Vico et Sartène.

« C'est aux difficultés de communication que tient en partie la civilisation d'un pays, écrit Vérard en 1815 dans l'un de ses ouvrages sur la Corse (Éd. Alain Piazzola). Voilà pourquoi les montagnards sont plus grossiers que les habitants des plaines. Le meilleur pays sans routes sera toujours misérable. Comment l'habitant de l'inté- rieur serait-il laborieux, ne pouvant transporter hors de son habitation le produit de ses récoltes et de son industrie ? ».

Le pont du Vecchio, capital pour la liaison Bastia-Ajaccio, ne sera achevé qu'en 1827. La monarchie de Juillet prendra des lois (1837, 1839, 1842) prescrivant l'élargissement des routes royales existantes, l'achèvement de celles d'Ajaccio à Bonifacio par Sartène, et de Ponte-Leccia à Calvi, et l'ouverture de celles d'Ajaccio à Bastia par la côte occidentale et Calvi, et de Bastia à Bonifacio. Plus tard, sous le Second Empire, on ouvrira le tour du Cap Corse, et on lancera un programme de routes forestières (474 km) ; sous la IIIe République, on construira Corte-Aleria, Corte-Sartène par Ghisoni et Zicavo, Ponte-Leccia–Cervioni par Orezza, Porto-Francardo par le Niolu, et Sartène-Solenzara par Levie et Zonza. Parallèlement, il s'y ajoutera un assez vaste réseau de routes vicinales, mais l'État n'apportait son concours que lorsque les communes offraient les terrains ou s'en portaient acquéreurs. Ce qui n'était guère facile !

« Les anciens tracés, véritables sentiers creusés en grande partie dans le roc, avec des pentes rapides, ne sauraient être rendus accessibles aux voitures sans subir des rectifications radicales, avait fait observer le conseil général en 1846. Il n'y a pas une seule commune en Corse qui ait les ressources suffisantes pour acheter les terrains nécessaires à la construction de ces chemins. Si donc, vu la pauvreté des communes, les propriétaires se montraient exigeants et prétendaient à l'indemnité préalable, il faudrait renoncer pour toujours à l'espoir d'obtenir des chemins notables ». Le message fut bien reçu et, par la suite, l'État subventionna largement les opérations : en 1868, rapporte Antoine Albitreccia [2], l'île était « devenue le département le plus favorisé de France », avec « la vingt-sixième partie de la subvention totale ».

Bien que le célèbre Miot indique dans ses mémoires qu'il avait été le premier (1801) à se rendre en calèche d'Ajaccio à Corte « en traversant le difficile passage

Premier trait connu du pont routier sur le Vecchio, inauguré en 1827 : le dessin d'Edwar Lear dans son *Voyage en Corse* (1867).

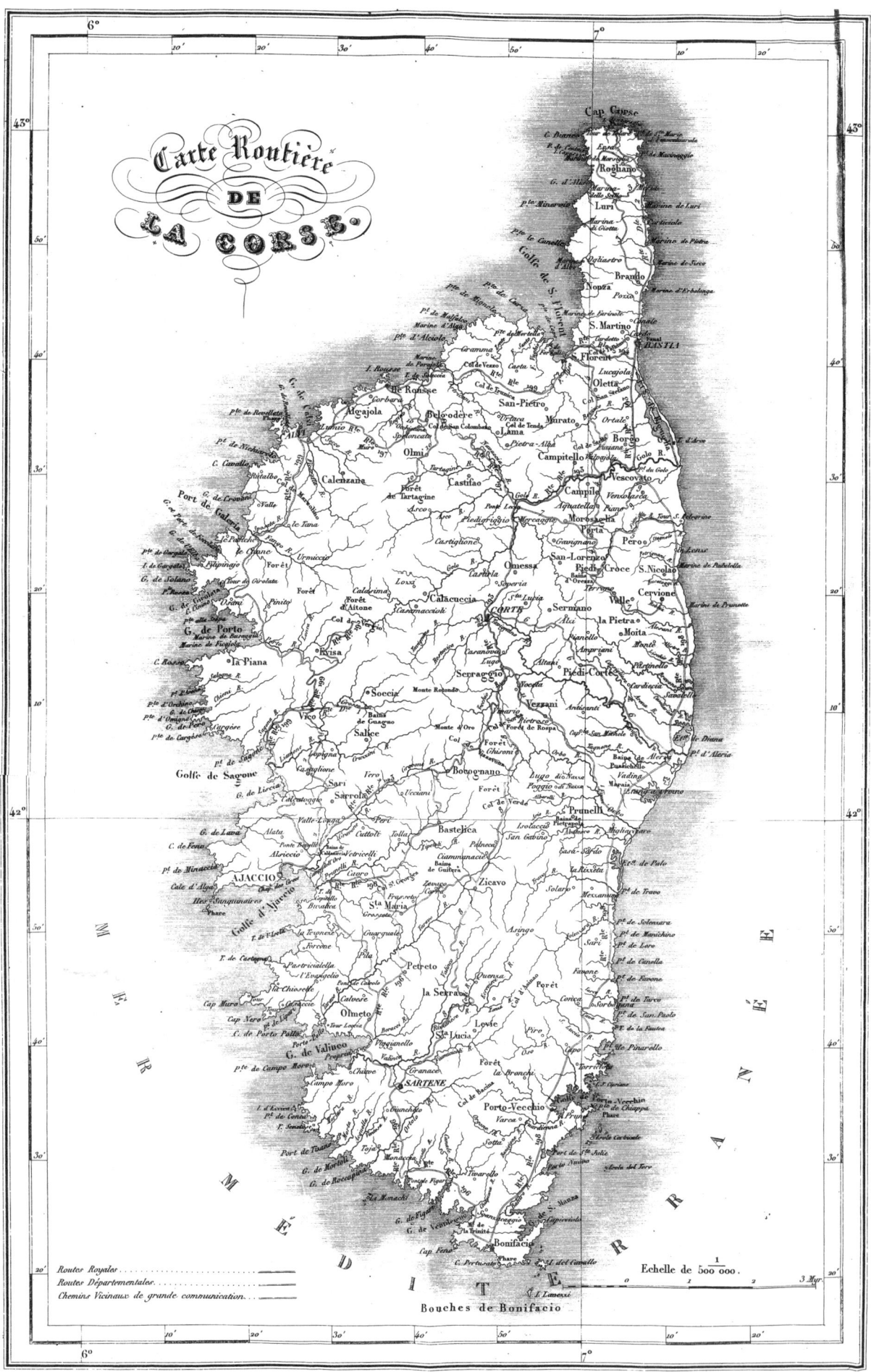

de la Foce de Vizzavona », ce n'est qu'une trentaine d'années plus tard, sous la monarchie de Juillet que les insulaires avaient vu apparaître les diligences. La première – hebdomadaire – d'entre elles circule le 24 novembre 1832 entre Ajaccio et Bastia. Tirée par trois chevaux, elle peut accueillir six passagers, dont quatre à l'intérieur et deux sur le devant. Deux à trois jours et demi sont indispensables pour couvrir le trajet. On notera toutefois que la première berline partie de Bastia était arrivée à Ajaccio le 4 octobre 1828. À son bord, des membres du conseil général. L'année suivante, un service régulier entre les deux villes est créé par contrat passé entre le préfet et le Cortenais Paul-Vincent Renucci. Il est encore hebdomadaire (samedi Ajaccio-Bastia ; mardi Bastia-Ajaccio), il est assuré par « une voiture à quatre roues, disposant de quatre places bien rembourrées et attelée de 2 à 3 chevaux », en correspondance avec les bateaux à vapeur, qui effectuera le voyage en deux jours en partant « de très grand matin ».

Mais déjà, commence le rêve du chemin de fer. Dans son numéro du 22 septembre 1832, le *Journal de la Corse* fait une extraordinaire révélation : « Les journaux anglais et les récits des voyageurs nous font connaître la merveilleuse vitesse avec laquelle les machines locomotives parcourent depuis un an le chemin de fer de Liverpool à Manchester. Et désormais, le chemin de fer de Roanne à Saint-Étienne est ouvert sur les neuf dixièmes de son étendue. Ses 12 voitures transportent quatre cents personnes à 12 lieues à l'heure, parfois 13 ou 14 ».

En février 1868, 36 ans après la « traversée » initiale de l'île en diligence, alors que s'est développé le débat sur le train de Corse, les services « sur toutes les lignes » routières sont adjugés à la Cie Saint-Brice-Virgitti. Sept lignes sont exploitées : Ajaccio-Bastia (152 km) : 14 heures en berline à grande vitesse, 20 en diligence ; Ajaccio-Sartène (85 km) : 13 heures en diligence ; Ajaccio-Vico (53 km) : 8 heures ; Bastia-Calvi (92 km) : 12 heures ; Bastia-Rogliano (57 km) : 6 h 30 ; Bastia-Sartène (238 km) : 30 heures ; Ponte-Leccia-Calvi (75 km) : 9 h 30.

Il s'agit du service postal naturellement subventionné. Précisions utiles : « Le départ de la berline d'Ajaccio ou de Bastia a été fixé à quatre heures du matin. Cette décision a été prise par l'administration des postes sur la demande des principales autorités du département, de la Chambre de commerce de Bastia, des conseils municipaux d'Ajaccio et de Bastia. Le voyage pendant la nuit, avec une vitesse qui atteint souvent seize kilomètres à l'heure aurait présenté des dangers sérieux, et l'administration a reculé devant une pareille responsabilité. Il est bon d'ajouter que la route impériale d'Ajaccio à Bastia est loin d'être encore dans un état satisfaisant ».

Sur l'artère principale de l'île, il faut à la berline 13 heures (départ 4 heures, arrivée 17 heures) pour relier Bastia à Ajaccio, et 14 pour relier Ajaccio à Bastia (départ 4 heures, arrivée 18 heures). Motif : la voiture met deux heures de Vivario à Bocognano, mais trois de Bocognano à Vivario. Quant à la diligence, elle quitte Ajaccio à 11 heures (arrivée à Bastia le lendemain à 7 heures) et Bastia à midi (arrivée à Ajaccio le lendemain à 7 heures). Dans ces deux cas, l'arrêt à Corte entre 20 et 21 heures dure trente minutes, le temps de se restaurer avant de repartir dans la nuit.

page précédente :
La carte routière de la Corse sous la monarchie de juillet (1838).

Dans la journée, les voyageurs ont tout le temps d'admirer le panorama. Ou de faire comme le poète Albert Glatigny, qui est en 1869, à Bocognano, l'innocente victime de l'affreux malentendu, fruit de l'imagination d'un gendarme soupçonneux. Il se rend de Corte à Ajaccio, le 1er janvier de cette année-là. À Serragio (Venaco), à la fois pris de vertige et de l'envie de jouir à l'aise d'un paysage tel qu'il n'en a jamais vu, « même dans les Pyrénées », il quitte la voiture et poursuit sa route à pied, « dans le triple éblouissement de la verdure, de la neige et de la lumière ». Plus loin, c'est l'apothéose. « Ici, il n'y a qu'une chose à faire : s'arrêter et pleurer », note-t-il en traversant la forêt de Vizzavona. Parvenu au col, son émotion redouble : « Là, nouveau chaos de montagnes, forêts, rochers, torrents, maquis : on a envie de crier grâce, car tout au fond une belle ligne bleue sourit, miroitante et pure. C'est la mer ».

La lenteur avait, on le voit, ses charmes. Mais déjà, les Corses rêvaient du chemin de fer, qui allait dans leur esprit leur permettre de sortir du Moyen Âge et de courir après le temps… Et *Le Petit Bastiais* du 2 février 1888, lendemain de l'ouverture au trafic ferroviaire de la première ligne insulaire, Bastia-Corte, allait impitoyablement bannir la poésie des voyages sans hâte et des bruits qu'écoutaient les poètes : « Adieu pataches et calèches, et vous tous, instruments de torture qui, de vos cahin-caha secouiez méchamment les voyageurs endoloris ! Adieu, perspectives riantes de chevaux qui flanchent, d'essieux qui se rompent, de neiges amoncelées obstruant les routes, de bandits à l'affût au détour des chemins, de chutes dans la crotte, de soleil qui brûle, de pluie qui glace les os ! À ces bruits assourdissants de ferraille rouillée, à ces mille incidents du voyage sur la grand-route va succéder ce glissement onctueux du fer sur le fer ».

Il s'y ajoutera la fuite des paysages, la découverte du panorama, une nouvelle perception de l'espace. Mais il y faudra encore du temps !

Le premier train sur le cours Napoléon

*S*OUS LE SECOND EMPIRE s'ouvre en divers points de l'île une période de grands travaux. À Ajaccio, on construit la jetée du Margonaghju et, dans ce but, l'entrepreneur Jean Bastelica est autorisé le 4 août 1853 à prélever 40 mètres cubes de « pierre cassée » dans la carrière du Scudo. Pour les transporter jusqu'au port, on pose une voie ferrée le long de la mer, comme le montrent les cartes postales de l'époque. Mais nulle trace de locomotive : les wagons étaient tractés par des chevaux. C'est la première des voies ferrées jamais posée en Corse et, par la suite, on y créera un service de tramways à chevaux qui n'aura qu'une existence éphémère.

Avant d'être provisoirement dôté d'une voie ferrée, le cours Napoléon offrait cet aspect paisible… qu'il retrouva une fois les travaux achevés, dans les années 1880.

Le grand-œuvre du port est cependant la reconstruction du quai Napoléon (311 m. de longueur) et la construction de la jetée de la Citadelle (200 m.). Les travaux commencent le 5 juillet 1866. Une grande quantité de matériaux pondéreux sont naturellement indispensables : on les prélèvera à la carrière du Canneto (où sera élevée un quart de siècle plus tard l'église Saint-Roch), et les pierres devront invariablement peser 2 650 kilos par mètre cube. Mais il faut les transporter sur place et ce sera par un chemin de fer qui descendra jusqu'au quai le cours Napoléon et la rue du Marché (actuellement du Premier Consul). L'établissement de sept passages à niveau est prescrit sur toutes les rues perpendiculaires : rues des Glacis, Napoléon, Cardinal, Neuve, Negroni, Sainte-Catherine et du Marché. Des dispositions sont prises en vue d'écarter *tout* danger, y compris un éclairage nocturne continuel.

Mais quelqu'un trouble la fête ! Le 2 novembre 1866, le maire d'Ajaccio Braccini proteste auprès du préfet : « La pose des rails déjà commencée a éveillé de l'appréhension et même jeté l'alarme au sein de la population d'Ajaccio. Avec les habitudes de vagabondage et de témérité dont les enfants de la ville sont généralement possédés et contre lesquels la vigilance et les efforts de la police ont toujours échoué, les pères de famille se demandent avec raison si leurs enfants parcourront ou traverseront désormais sains et saufs les lieux les plus fréquentés de la ville. Nos indomptables et imprudents enfants, attirés par cette irrésistible curiosité qui les domine, iront jusqu'au wagon pour le toucher, s'y cramponner peut-être sans songer au danger qui les menace, et si l'on n'aura pas à déplorer alors des accidents malheureux ».

Et le maire de conclure sans mâcher ses mots : « Mon devoir était de vous rendre compte des terreurs que l'établissement d'un chemin de fer au centre de la ville inspire à la population et de vous mettre ainsi à même de prévenir les accidents qu'il pourrait occasionner ».

Réponse de l'administration : « Le problème ne nous a pas échappé. Il importe donc de rendre l'emploi de cette voie assez prudent et assez sûr pour éviter les accidents que pourraient faire naître les habitudes indisciplinées des enfants et l'étourderie de leur âge ». On ne peut cependant clôturer la voie sans porter un grave préjudice aux commerçants riverains, on va donc faire des essais de grand'matin et on verra ensuite : « Si cette épreuve est satisfaisante, les trains passeraient toute la journée et seraient escortés – pendant les premiers moments de la curiosité publique – par des surveillants dont le nombre pourrait plus tard être réduit ».

C'est pour transporter de la carrière du Canneto (actuellement Saint-Roch) les matériaux nécessaires à la construction de la grande jetée que fut posée la voie ferrée et que circula jusqu'au chantier le premier train dans l'île.

Au carrefour du boulevard Pascal-Rossini et du boulevard Sylvestre-Marcaggi, la voie ferrée longeant le rivage.

La voie ferrée devait être ensuite prolongée du port jusqu'à la carrière du Scudo : ici boulevard Lantivy, au droit de la Casa Peraldi et de l'ancien Séminaire.

272 - AJACCIO - Un Coin de la Plage

Il en sera ainsi fait. Mais de nombreux déraillements se produisent au carrefour du cours Napoléon et de la rue du Marché (qui se tenait alors sur la place Foch) « en raison de la pente rapide et de la courbe étranglée devant la caserne ». Le 31 mai 1867, pour permettre le transport sans danger des imposants « blocs naturels » destinés à la construction de la jetée de la Citadelle, on multipliera le nombre des serre-freins sur les convois.

En 1869, l'exploitation de la carrière du Canneto est épuisée, ou elle est alors devenue trop onéreuse. Les entrepreneurs sont alors autorisés à extraire une partie des moellons et blocs nécessaires de la carrière de l'Olivetto, qui seront descendus par la rue de la Gendarmerie (actuellement Maréchal-Ornano) sans recours à une voie ferrée.

Et l'on établit ensuite les plans
du futur tramway d'Ajaccio qui,
comme celui de Bastia, ne vit jamais
le jour.

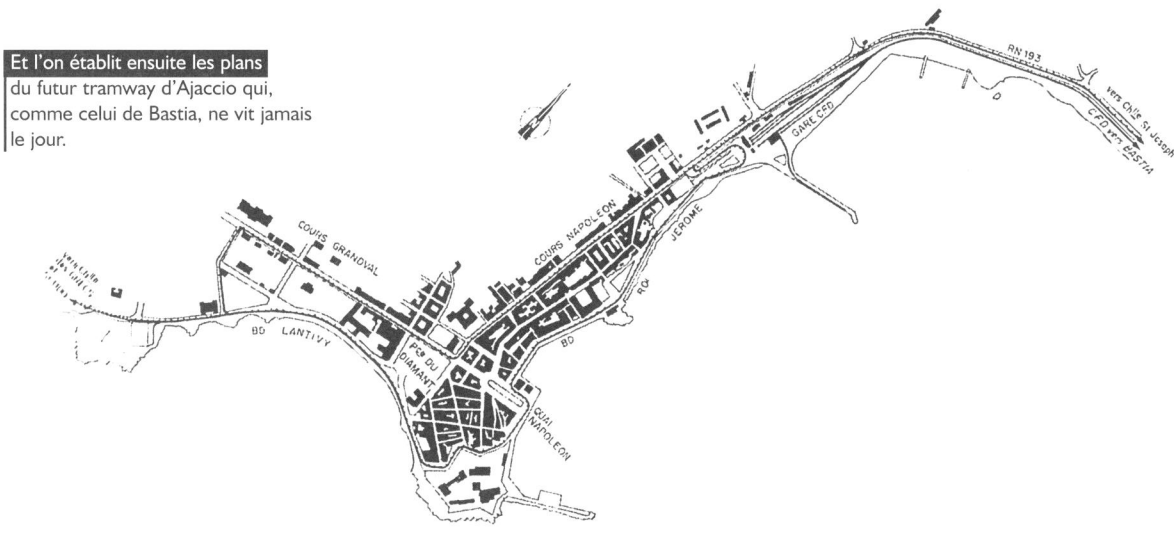

Projet de la Communauté d'agglomération
du pays ajaccien établi en 2005 : un train-
tramway sur l'emprise de la voie ferrée de
Mezzana à la gare maritime et routière,
puis sur une voie à poser de cette gare
jusqu'aux Crêtes.

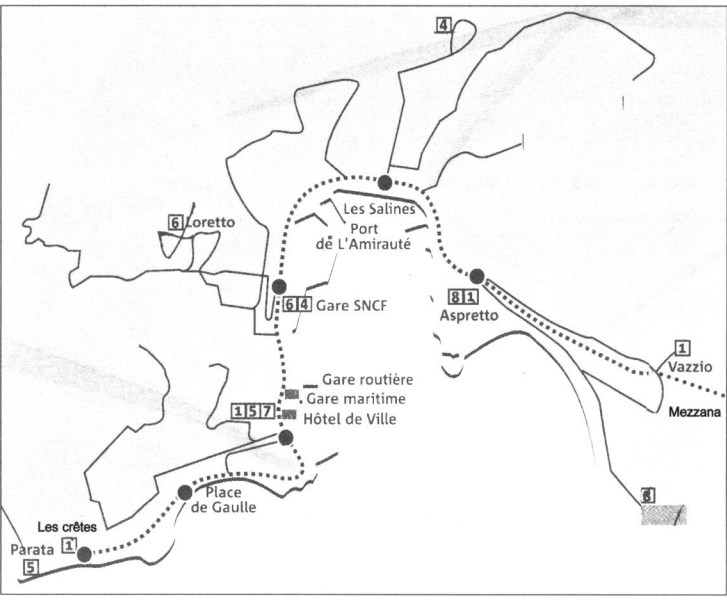

Le train au berceau de la dynastie

*S*I L'ORIGINE DES CHEMINS DE FER, en France, remonte à 1823 (Saint-Étienne), c'est sous la monarchie de Juillet (1842) qu'est défini le régime des concessions aux sociétés appelées à les construire et à les exploiter. Les progrès techniques suivent et la locomotive Crampton est mise en service sur le réseau continental qu'elle dominera jusqu'à la fin du siècle. C'est cependant sous le Second Empire que se constituent les six grandes compagnies (Nord, Paris-Orléans, Paris-Lyon-Méditerranée, Est, Midi, Ouest), dont les lignes atteignent en 1859 près de 9 000 kilomètres. Mais de la Corse, il en est si peu question que lorsque Napoléon III effectue son voyage officiel à Ajaccio, le 14 septembre 1860, le sénateur Pierre-Marie Pietri, président du conseil général, n'y fait nulle allusion dans son discours de bienvenue. Bien qu'en 1855, le magistrat Antoine Conti eut publié à Paris le premier plaidoyer d'un Corse pour le chemin de fer, et qu'en 1859, l'ingénieur des Ponts et chaussées Conte-Grandchamps en eut fait autant. L'Empereur n'arrive pourtant pas les mains vides : il fera annoncer à son retour dans la capitale une série de quinze décisions importantes, dont la construction d'un grand port dans l'anse Saint-Nicolas à Bastia, de jetées à Ajaccio, Ile-Rousse, Propriano, et une étude en vue de créer un port dans l'étang de Diana. Mais de chemin de fer, il n'en parle pas plus qu'on ne lui en a parlé. Ce n'est néanmoins que partie remise, puisque ces années soixante seront marquées par une revendication jugée essentielle à l'appui d'arguments parfois étonnants, comme par exemple l'initiative du professeur Vaisson, qui aurait voulu voir proclamer le Prince impérial Roi de la Corse.

Dans la brochure d'Antoine Conti, l'esquisse du « chemin de fer sardo-corse » avec ses trajets maritimes.

Conte-Grandchamps consacre à l'île un ouvrage de près de 200 pages intitulé *La Corse, sa colonisation et son rôle dans la Méditerranée*, qu'il publie à Paris. « Que faut-il à ce pays pour lui donner le mouvement et la vie, pour y développer l'amour du travail, pour éteindre cette soif de vengeance qui provoque si souvent le meurtre et l'incendie ? » se demande-t-il, et il répond, après avoir brossé le tableau de ce qui change en Méditerranée et alentour : « Que la Corse se mêle au mouvement européen. Elle ne peut rester immobile quand tout progresse autour d'elle, et son rôle est tracé d'avance dans l'immense révolution qui se prépare ». Il analyse l'orga-nisation des transports maritimes, détermine en l'Ile-Rousse, le port le plus voisin de la France, comme « point de départ de la colonisation », et en fait la gare de départ et d'arriver d'un chemin de fer « qui permettra seul de concentrer rapide-ment les voyageurs et les marchandises » en un lieu de la côte occidentale « le plus accessible à la France ».

Pour cet ingénieur, il faut construire une voie ferrée entre l'Ile-Rousse et Ponte-Leccia d'une part, Ponte-Leccia et Casamozza d'autre part et, de là, gagner Bastia vers le Nord, et Porto-Vecchio vers le Sud. Toutefois, « cette voie de communica-tion n'aurait pour la France et pour la Corse tout son effet utile qu'après l'ouver-ture de deux chemins de fer, l'un en Sardaigne (de Longo-Sardo à Cagliari), l'autre en Sicile (de Messine à Palerme et à Trapani). Dans ce cas, le chemin de fer corse devrait être prolongé jusqu'à Bonifacio ». À partir de là, il suffirait d'adapter les horaires des bateaux de manière à augmenter le nombre des voyages en en réduisant la durée. Les voyageurs emprunteraient tour à tour les bateaux et les trains, les transbor-dements étant pour eux « sans importance ».

En somme, une voie internationale qui, l'entreprise de colonisation aidant (avec la création de sa capitale à Ponte-Leccia), en ferait un axe unique de trafic entre Marseille et l'Algérie, assurant au passage la prospérité de l'île. Encore faudrait-il, pense-t-on dans ce département, se préoccuper d'abord et davantage de ses intérêts directs…

Première initiative officielle, en effet : le 31 août 1861, le conseil général adopte à l'unanimité le vœu que « le Gouvernement impérial veuille bien prendre en considération l'avant-projet de chemin de fer d'Ajaccio à Bastia par Sartène et Bonifacio et en assurer la prompte réalisation. Il manifeste aussi le désir qu'un projet d'embranchement soit étudié pour Corte ». Argument péremptoire et irréfutable : « La Corse seule ne peut être déshéritée de ce moyen unique de mettre en valeur ses richesses agricoles, d'écouler ses produits et de suppléer par la rapidité et la facilité des transports au défaut constaté de main-d'œuvre ». Un mois auparavant, le 20 juillet, l'Ingénieur en chef Félix Tourneux avait déposé au ministère un « Mémoire à l'appui de l'avant-projet » dont le texte allait être publié en octobre dans le « Journal de la Corse ». Dans ce Mémoire, base de la délibération initiale du conseil général, Tourneux préconisait l'établissement d'une ligne Bastia-Bonifacio, prolongée jusqu'à Ajaccio par Figari (Tivarello), Sartène, Olmeto et la rive Sud du golfe d'Ajaccio. Il en disait l'intérêt écono-mique, ajoutant finement : « D'ailleurs, si la création d'un chemin de fer est une faveur, qui donc serait plus digne de la recevoir du gouvernement actuel que le pays qui fut le berceau de la dynastie napoléonienne ? Toutefois, cette considération n'a pas besoin d'être invoquée ici »… Il en sera si peu besoin qu'une interminable décennie s'écoulera avant que la décision ne soit prise !

Le 30 août 1862, l'assemblée départementale revient à la charge et fait observer que « la Corse offre à plusieurs points de vue autant d'intérêts et d'éléments d'avenir que l'Algérie et les autres départements continentaux ». Réponse de Paris : un simple accusé de réception (4 octobre) du ministre de l'Agriculture, du Commerce et des Travaux publics. Un an plus tard, le 28 août 1863, le conseil général adopte par acclamations le rapport du comte Ferri-Pisani, « document remarquable qui sera inséré textuellement au procès-verbal de ses délibérations ». Ce rapport reçoit l'appui du docteur Henri Conneau, (1803-1877), « compagnon de jeunesse et d'infortune du futur empereur », dont il partage la captivité au fort de Ham en 1844 et en reste très proche (il en est le premier médecin et l'un des conseillers) jusqu'à sa mort. Député au Corps législatif (il a été en 1852 élu dans la Somme qui le réélira en 1857, puis 1863, date à laquelle il s'est fait élire conseiller général de Morosaglia, puis de La Porta), il a épousé en 1853 Joséphine, dite Juliette, fille du peintre Jules Pasqualini, natif de Castello di Rostino. Il séjourne quelquefois à La Porta, patrie du maréchal Sebastiani, famille à laquelle les Pasqualini sont apparentés. Mais s'il se rallie au projet de construction du chemin de fer, le Dr Conneau l'assortit d'importantes restrictions. Il avait d'ailleurs pris les devants et, le 1er avril 1863, exposé au conseil municipal de Bastia l'idée d'une ligne Bastia-Bonifacio, qui avait été favorablement accueillie. Le projet Ferri-Pisani, dit-il, va coûter une fortune et « aucune compagnie ne peut se charger de la construction si elle n'est assurée d'avance de retirer, outre les frais d'exploitation, le 5,50 % du capital employé ». La réalisation des trois projets (Ajaccio-Corte-Bastia ; Bastia-Bonifacio ; Porto-Vecchio–Sartène–Ajaccio) serait extraordinairement onéreuse, alors que seul le tracé de la plaine orientale peut « tenter les spéculateurs ». Justement, Conneau constate d'ailleurs à l'appui de sa proposition : « Lorsqu'il s'agit de chemin de fer, le plus parfait accord règne en Corse. Tout le monde y est unanime pour le désirer, pour le vouloir et pour le demander. Mais pourtant, quand on entre dans les détails de son exécution, le désaccord apparaît et l'esprit étroit de localité se substitue aux vues larges, désintéressées et nationales. Il serait cependant facile de s'entendre ; car les Corses écoutent toujours avec bonheur la voix de la raison, de la justice, de la générosité et du patriotisme ».

En 1864, le docteur Henri Conneau, ami personnel de Napoléon III, préconisait en priorité absolue une ligne directe Bastia-Bonifacio.

Conseiller général de Bastia, directeur du quotidien *L'Observateur de la Corse*, Antoine Fabiani plaide au contraire pour la construction d'une ligne de Bastia à Bonifacio et Ajaccio. Il invoque les précédents : les Deux Charentes et la Vendée « viennent d'être traitées aussi bien que pourrait l'être la Corse », sans compter les chemins de fer d'Orléans d'une part et, d'autre part, d'Alger à Constantine par Bône. Que l'on regarde également vers l'étranger et « l'on verra à nos portes que le gouvernement italien exécute en ce moment le réseau de la Sardaigne », auquel le réseau corse et le réseau algérien seront nécessairement reliés.

Ferri-Pisani est enthousiaste. Lorsque le train traversera la région, « la plaine d'Aleria, transformée par les travaux d'assainissement que la compagnie sera obligée d'exécuter pour établir les rails près de la mer, redevient ce qu'elle était du temps des Romains et, sans qu'il soit besoin de recourir à l'étranger, elle comble le déficit de la récolte en céréales des départements du Midi ». Le chemin de fer, pour porter définitivement remède au paludisme ravageur, et pour refaire – vieux mythe, vieille lune ! – de la plaine orientale le « grenier de Rome » !… Sans compter que serait ainsi reconstitué le fameux « Itinéraire d'Antonin » de Mariana à Palla (Bonifacio) par Aleria sur au moins ses 96 milles !

Au total, trois grands buts à atteindre : « Régénération matérielle d'un département qui n'est riche qu'en intelligence ; approvisionnement en céréales assuré pour nos départements du Midi et développement d'une grande industrie métallurgique (usine de Toga) ; enfin et avant tout, établissement d'une position militaire formidable dans le bassin occidental de la Méditerranée ». Et le conseil général considère qu'ayant fait le moins, avec son vœu et ses considérants, il peut maintenant faire le plus : il charge son président de « réunir une commission qui devra se rendre auprès de Sa Majesté l'Empereur pour lui demander la création d'un chemin de fer en Corse ». Cette commission sera composée du préfet, de tous les conseillers généraux présents à Paris et de tous ceux qui, demeurant en Corse ou ailleurs, « voudront s'y rendre pour en faire partie ».

Le palais des Tuileries investi par les Corses ? L'occasion ne leur en sera pas donnée. L'Empereur est d'ailleurs pris par la funeste expédition du Mexique (1862-1867) et, dès lors, *De minimis non curat praetor*. Deux ans plus tard, une réponse laconique parviendra à Ajaccio : celle du ministre des Travaux publics indiquant « qu'il accueillera avec intérêt les propositions qui lui seraient faites dans des conditions acceptables par une compagnie pour l'exécution de ce chemin de fer ». La balle est ainsi renvoyée sur l'île, ce qui n'empêchera pas le conseil général, le 21 août 1865, de renouveler « avec insistance le vœu que la Corse soit enfin dotée de son chemin de fer jusqu'à Bonifacio », avec cette intéressante précision : « Les frais de construction seront très modérés et il sera possible de réduire la dépense de manière à rendre l'opération financière très avantageuse ».

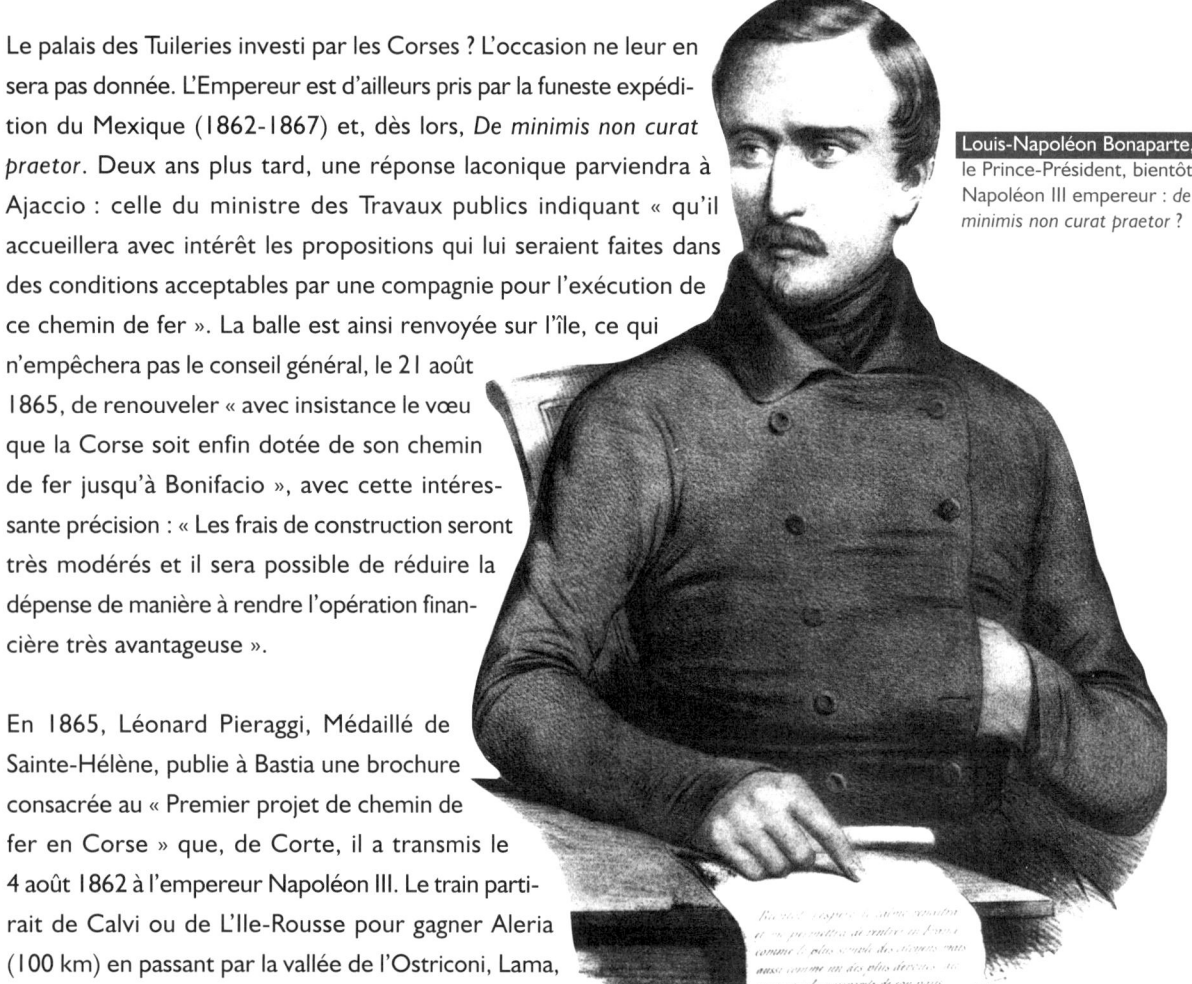

Louis-Napoléon Bonaparte, le Prince-Président, bientôt Napoléon III empereur : *de minimis non curat praetor* ?

En 1865, Léonard Pieraggi, Médaillé de Sainte-Hélène, publie à Bastia une brochure consacrée au « Premier projet de chemin de fer en Corse » que, de Corte, il a transmis le 4 août 1862 à l'empereur Napoléon III. Le train partirait de Calvi ou de L'Ile-Rousse pour gagner Aleria (100 km) en passant par la vallée de l'Ostriconi, Lama, Ponte-alla-Leccia, Francardo, Caporalino, San-Quilico,

Bistuglio, et la vallée d'Arghili jusqu'au Tavignano, au-dessous de Corte. D'Aleria, il irait à Bonifacio et en Sardaigne pour « aller à Bône ou Philippeville en Afrique ». Il y aurait encore, dit-il, deux embranchements à faire, le 1er de Bastia à Ostriconi en passant par Saint-Florent, le 2e du confluent du Tavignano et du Vecchio en traversant le plateau de Vizzavona pour aller à Ajaccio.

Pieraggi ne s'en tient pas là. Après avoir dressé l'inventaire des richesses de la Corse (forêts, mines, granits, eaux minérales, etc), il attire l'attention de Sa Majesté sur l'utilité stratégique de la construction d'un port au bas de Corte, « dans la vaste plaine de la magnifique vallée delle Porette, bordée par les eaux du Tavignano, qui l'alimenterait avec ses eaux perpétuelles : ce serait un grand bassin, à peu près de la grandeur de celui de Bristol, en Angleterre, qui est à 22 kilomètres de la mer, alimenté par les eaux d'une rivière et mis en communication, au moyen d'un canal et des écluses, avec l'océan ».

L'audacieuse proposition de Léonard Pieraggi ne rappelle pas le fameux dicton local, « *Si Corti avesse un portu, d'Aghjacciu et di Bastia ne farebbe un ortu* » (si Corte avait un port, elle ferait d'Ajaccio et de Bastia de simples potagers). Il s'ensuit un échange de correspondances : le 22 août 1862, l'Empereur transmet à son ministre des Travaux publics la « pétition » du Cortenais, lequel en accuse réception le 1er septembre en souhaitant que « sérieuse considération en sera prise par une prompte exécution ». Le 21 décembre, Pieraggi adresse à l'Empereur son deuxième projet, destiné à relier Calvi et Ajaccio par la côte occidentale. Nouvelle transmission au ministre, le 16 janvier 1863, nouvel accusé de réception au signataire le 23 janvier. Est-ce tout ? Non, car l'Empereur est à nouveau saisi, le 25 décembre, d'un projet de « société pour l'exploitation de tous les produits de la Corse par ses propres enfants ». Le ministre du Commerce promet de l'examiner le 27 janvier 1864, mais celui des Travaux publics répond le 27 février que l'administration de l'Agriculture ne peut s'immiscer « dans les efforts que fait l'industrie privée pour la création de compagnies de cette nature ». Le 18 août, Léonard Pieraggi se tourne alors vers le conseil général, qui en prend connaissance et… passe à l'ordre du jour.

Entre-temps, le 6 août 1864, un professeur en retraite, officier d'académie, J. Vaisson, avait écrit de Bastia où il était retiré, une lettre à Sa Majesté Impériale Napoléon III : « Oserai-je, Sire, venir vous présenter quelques considérations sur l'avenir et les besoins de la Corse à laquelle vous portez tant d'intérêt ? ». Il ose, avec un texte intitulé « La Corse régénérée, principauté napoléonienne, ou le Prince impérial, roi de la Corse ». Un exemplaire de ce texte, imprimé chez Ollagnier, toujours à Bastia, est communiqué au préfet de la Corse, au docteur Conneau, et à l'avocat Sampiero Gavini, député, conseiller général.

Vaisson rappelle tout d'abord que la « Renaissance de la Corse » a été initiée en 1836 par l'établissement des diligences, suivi de « la création d'une foule de routes », et « c'est alors que commence une série de travaux qui annoncent une ère nouvelle ». Il brosse un tableau aussi élogieux que prometteur de la métamorphose de l'île, « jusqu'alors impraticable et réduite à l'état légendaire, rappelant le Moyen Âge après

les Croisades ». Le roi-citoyen Louis-Philippe survint, qui donna l'impulsion nécessaire, puis Napoléon III, grâce à qui la Corse, particulièrement Bastia (9 000
habitants en 1836, 20 000 en 1864), s'éveille enfin à la prospérité. Il y a cependant tant à faire dans les domaines de l'industrie et de l'agriculture. Il aborde « la
grande question du chemin de fer », au demeurant déjà traitée par MM. Conti,
Limperani, Conneau et « l'habile rédacteur de *L'Observateur de la Corse*,
M. Fabiani ». Pour emporter l'adhésion de l'Empereur, il va même lui suggérer
de faire de son fils le « Roi de la Corse » !

Perspectives idylliques : « Traversée par un chemin de fer, la côte orientale se transforme. Mariana et Aleria secouent leur poussière antique et sortent jeunes de leurs
ruines. Le beau, l'admirable port de Diana reçoit de nouveaux navires ; ses vieux
anneaux, rongés par la rouille, retrouvent leurs usages. La plage s'anime et se
couvre des produits les plus variés ; toutes les cultures s'y installent à l'envi et se
développent [...] Qu'on s'occupe donc de la plaine orientale, notre terre promise ;
qu'on vivifie les plaines partielles de Mariana, Venzolasca, San Pellegrino, Moriani
et Aleria, dont chacune peut suffire à la subsistance d'une population de vingt mille
âmes ». Le train métamorphosera Bastia, qui sera « une autre Marseille avec ses
ports de la Cannebière et de la Joliette », et Ajaccio, « notre élégante Venise avec
son golfe immense, superbe et majestueux bassin », qui recevra également le train,
cessera de languir et de végéter. « La santé refluera partout : pourrait-elle ne pas
se faire sentir dans la capitale de l'île si heureusement dotée et située ? Si le chemin
de fer s'exécute, nouvelle Médine, elle sera l'objet de tant de pieux pèlerinages ! ».
En un mot comme en cent, « cette révolution étrange, féerique et si désirée »
ne dépend que de « la création d'une voie ferrée, des bras et de la vie qu'elle
appellera ». D'autant que, extraordinaire valeur ajoutée, la Méditerranée va,
grâce au percement de l'isthme de Suez, devenir « le centre de toutes les trans-
actions commerciales de l'univers », « la Corse est là, sur le passage, en face de
l'Afrique, de l'Espagne, de la France et de l'Italie ». Quelles ressources ne pourrait-
elle pas tirer de son vignoble, notamment « si nos vins, avec leurs qualités fines,
étaient mieux fabriqués, s'ils étaient en quantité comme en qualité, si enfin on
avait tout le matériel pour le faire et pour le conserver ». Car « le vin de nos jours
est cosmopolite : à lui la conquête et l'empire du monde. C'est le résultat de la
vapeur et des chemins de fer ».

On fera au lecteur grâce de tous les bienfaits qu'apporterait le train. Nonobstant
leur énumération, Vaisson sait comment motiver le pouvoir d'État : « Pourquoi un
lien plus étroit, un titre éclatant de haut patronage, ne ferait pas relever directement la Corse de l'héritier présomptif de l'Empire, comme autrefois la Bourgogne
et le Dauphiné relevaient des fils aînés des rois de France ? Ce titre, d'ailleurs, quel
qu'il fût, duché ou principauté, ne serait que le sceau d'une alliance éternelle. Il rappel-
lerait au pays, en l'enorgueillissant, qu'il fut le berceau de la dynastie actuelle, objet
de son culte et de son idolâtrie. Ce serait la consécration authentique et officielle
d'un événement historique de la plus haute portée sur les temps modernes. [...]
Nous avons eu le roi de Rome, pourquoi n'aurions-nous pas le Prince impérial, roi
de la Corse ? Cette royauté ne serait-elle pas aussi légitime, aussi glorieuse et plus
solide ? C'est au conseil général à apprécier, dans sa sagesse, cette idée toute

française, toute patriotique. La France accueillera sa décision avec bonheur ».

Le Prince impérial (il était à l'époque âgé de 8 ans) ne sera jamais roi de la Corse, ni même l'homologue du Prince-de-Galles. L'idée du professeur Vaisson restera lettre morte, mais non le projet du chemin de fer, qui avait été maintes fois exposée et défendue auparavant.

Pour sa part, Antoine Conti, ancien receveur général des finances, président de la Société d'agriculture, des sciences et des arts de la Corse, a versé en 1863 au débat public la plaquette réimprimée cette année-là qu'il avait déjà publiée à Paris en 1855 – plutôt confidentielle – intitulée « Projet de chemin de fer sardo-corse ayant pour but de rapprocher les distances entre l'Europe et l'Afrique en passant par la Corse et la Sardaigne ». L'économie de ce projet paraît d'une simplicité biblique. Partis de Marseille, Gênes et Livourne, « les bateaux à vapeur destinés à la nouvelle ligne viendraient rompre charge à Bastia ; à Bastia on opérerait un transbordement sur les wagons d'un chemin de fer qui, partant de cette ville, suivrait le littoral oriental de l'île jusqu'à Bonifacio. Dans ce dernier port, la charge serait de nouveau rompue pour être transportée par bateaux à vapeur jusqu'en Sardaigne ; là, un autre chemin de fer, tracé également sur la côte orientale ou occidentale de l'île, conduirait le convoi jusqu'à Cagliari, où un troisième bateau à vapeur viendrait prendre les voyageurs et les marchandises pour les reverser sur le chemin de fer de Bône à Oran, et être répartis dans les diverses directions desservies par ce dernier chemin ». Durée totale du nouveau parcours : 46 heures en partant de Marseille, 37 de Gênes, 31 de Livourne, soit respectivement 4 heures, 19 et 22 d'économie de temps. À noter cependant la prévision très optimiste du temps de parcours ferroviaire Bastia-Bonifacio (148 km à raison de 48 km/h) : trois heures cinq minutes.

Dans son plaidoyer, Conti souligne que « ce rapprochement des distances apportera de nombreux éléments de colonisation à l'Algérie ». Mais là ne se bornent pas les avantages que la France en retirerait : « la nouvelle voie imprimerait aux forces productives de la Corse une énergie qui dédommagerait amplement la mère-patrie des sacrifices qu'elle s'est imposés pour cette île si riche et pourtant si inféconde. Reléguée dans un coin de la Méditerranée, et en dehors de toutes les directions commerciales, la Corse est aujourd'hui moins connue et moins exploitée que les îles de l'Océanie. C'est à cette situation excentrique qu'elle doit attribuer la lenteur de ses progrès et l'inertie de toutes les richesses que son sol recèle. Du jour où elle deviendra un point de transit vers la Sardaigne et l'Afrique, il s'opérerait chez elle une transformation pour ainsi dire instantanée ».

Au surplus, des chemins de fer de Calvi à Bastia en passant par l'Ile-Rousse et Saint-Florent, de Corte à Aleria et de Sartène et d'Ajaccio à Bonifacio « ne tarderaient pas à s'embrancher sur la ligne principale et à relier toutes les parties de la Corse entre elles ». Antoine Conti fait observer que, bien que la navigation à vapeur soit connue depuis plus de 40 ans (30, en ce qui concerne la Corse), c'est par les navires à voiles que s'opère la presque totalité du mouvement commercial de la Méditerranée. Il révèle aussi le système américain qu'il aurait pu qualifier de continuité territoriale, le rail étant là-bas souvent interrompu par des canaux, des lacs et des bras de mer : « les voyageurs sont embarqués sur d'énormes bateaux à vapeur coupés pour ainsi dire en larges tranches qui forment des compartiments mobiles et tout à fait distincts ; arrivés au débarcadère du chemin de fer, ces tranches qui contiennent les voyageurs et leurs bagages sont posées sur des trucks, de la même manière que les diligences sur nos chemins de fer européens. Quand la locomotive a emporté ces fragments sur la première section jusqu'au bord du canal, on les rattache rapidement les uns aux autres à l'avant et à l'arrière du bateau qui les attend avec son appareil mécanique. Lorsqu'il faut reprendre le chemin de fer, le steamer est de nouveau dépecé et remis de nouveau sur les trucks jusqu'au second canal. Ces transbordements ne durent, l'un dans l'autre, que cinq minutes ». Enfin, Conti estime (naïvement ?) que les indemnités pour expropriation seront nulles, « attendu que, pour traverser la Corse, il y a lieu d'espérer que l'État consentira à la cession gratuite de la route de Bastia à Bonifacio, qui n'a qu'une médiocre utilité ». Moins d'un siècle plus tard, au lendemain de la guerre de 1939-1945, c'est au contraire l'emprise du chemin de fer qui sera en quelque sorte transférée, sans contrepartie, au réseau routier !

13 avril 1863. Joseph Limperani, qui fut député sous Louis-Philippe, neveu du ministre Horace Sebastiani, présente en sa qualité de président de la Société d'agriculture, industrie, sciences et arts de Bastia, un rapport « sur le projet relatif à la construction d'un réseau de chemins de fer en Corse ». Il avait déjà, en 1861, consacré une importante étude à l'insalubrité de la plaine orientale et aux moyens de l'assainir, et évoqué au passage la construction d'un chemin de fer de Bastia à Bonifacio, avec à Aleria un embranchement jusqu'à Corte. Dans son nouveau rapport, il se borne « pour le moment » à parler de la plaine comprise dans l'arrondissement de Bastia (n'est-il pas issu d'une famille originaire de Casinca ?), préconise la construction d'un tel chemin de Bastia à Prunete et développe toutes les raisons qui justifient ce choix. Rappelant que la Sardaigne est déjà dotée d'un réseau de 387 kilomètres, il admet qu'il importera de prolonger la ligne de Prunete jusqu'à Bonifacio, une seconde ligne au départ d'Ajaccio venant « s'embrancher » avec la première, près d'Aleria, reliant ainsi les quatre villes les plus importantes de l'île (Bastia, Ajaccio, Corte, Bonifacio), soit au total 280 kilomètres.

Limperani reprend l'argumentation d'Antoine Conti : « Il est facile de se faire une idée de ce que serait la Corse pourvue de deux voies ferrées qui réuniraient la mer de France à la mer d'Italie, les bouches de Bonifacio au golfe de Gênes, et pouvant être parcourue en quelques heures, de l'est à l'ouest, du nord au midi. La ligne de Bastia à Bonifacio, se reliant à celle de Sassari à Cagliari, compléterait le pourtour des voies ferrées au bassin occidental de la Méditerranée ; les communications entre les côtes de France et celles de l'Algérie seraient abrégées de moitié ; la France et l'Italie, on peut ajouter l'Europe presque tout entière n'auraient pas de voie plus courte pour atteindre les rivages de l'Afrique ».

En conclusion, Limperani estime qu'avec son réseau ferré et sa campagne débarrassée de ses bandits, la Corse pourrait être choisie « par ceux de nos compatriotes du Continent qui voudront venir s'établir parmi nous, pour y jouir de notre beau climat, pour utiliser leurs capitaux ou leurs bras ». Le rêve, ou l'obsession d'un retour productif habitait déjà certains Corses de l'île...

Antoine Fabiani publie en 1864 une brochure intitulée « Les chemins de fer de la Corse envisagés du point de vue des intérêts politiques et commerciaux de la Méditerranée ». Il fait sienne l'argumentation d'Antoine Conti et de Joseph Limperani. Dans *L'Observateur de la Corse*, son journal, il revient à la charge le 16 février 1866 : « La solution d'une affaire aussi importante ne saurait être demandée avec trop de persévérance. Nous ne sommes pas de ceux qui se découragent. Le gouvernement de l'Empereur considère à bon droit les voies de communication intérieures comme le plus puissant levier de communication et de progrès. Sa justice distributive ne saurait oublier les droits de la Corse, ni laisser inachevée l'œuvre de régénération si heureusement entreprise et si énergiquement poursuivie. Il est donc nécessaire d'établir jusqu'à la dernière évidence que notre isolement et la configuration de notre sol ne peuvent pas être invoqués comme des obstacles sérieux qui s'opposeraient à la concession des voies ferrées ». Et Fabiani lance un vibrant appel à « l'adhésion des populations » par-delà leurs divergences politiques : « Aborder les questions qui nous rapprochent, éviter celles qui nous divisent, telle doit être à notre avis la règle de conduite de ceux qui veulent asseoir, sur des bases durables, l'avenir de notre cher pays ».

Toujours en 1864 – le 22 mars – le docteur Henri Conneau rend publique sa position dans le *Journal de la Corse* ; il se réfère à « la savante brochure de M. Limperani », explique que les trois projets de réseau corse qui doit conduire à Ajaccio exigeraient de grands travaux et coûteraient une fortune ; il confirme sa préférence pour l'établissement prioritaire de la ligne Bastia-Bonifacio, dont « les 800 000 francs de revenu net par an suffisent à indemniser toute compagnie » : « La côte orientale, en effet, offre un sol propice à une construction économique et ce chemin de fer présente plus de chances d'un produit assuré ». Il assure qu'il faut s'en tenir uniquement au possible, plutôt que de demander au gouvernement d'entreprendre tout le réseau corse, « ce qui serait vouloir reculer de plusieurs années le bienfait des railways en Corse ». Au surplus, cette ligne est appelée aussi à desservir la Sardaigne : « elle servira de passage aux voyageurs, de transit aux marchandises qui, de Sardaigne, se rendraient en Italie et vice-versa ». Le député, qui passe pour avoir l'oreille de Napoléon III, se veut pragmatique : il est nommé le 22 août 1864 vice-président du conseil général qu'il présidera pour ses débuts à la place du prince Charles-Napoléon, « retenu à Rome » (?) « On ne peut taxer d'exagération une demande ainsi formulée », affirme Conneau. Quant aux lignes Bastia-Corte-Ajaccio et Porto-Vecchio–Sartène–Ajaccio, elles seront construites plus tard, en temps opportun. On imagine les réactions au chef-lieu du département...

C'est à cette époque (1866) que Jules Verne, qui se préoccupe aussi de géographie, fait observer que « le département de la Corse ne possède pas encore de voies ferrées », ajoutant qu' « un chemin de fer, qui n'existe qu'à l'état de projet, est celui de Saint-Florent à Porto-Vecchio et desservira toute la côte orientale de l'île ». L'écrivain déjà célèbre n'a jamais mis les pieds sur l'île. Il aura confondu Saint-Florent avec l'Ile-Rousse, cité comme tête de ligne par Conte-Grandchamps.

Les années passent et, comme Sœur Anne, la Corse ne voit rien venir. Sauf que le *Journal de la Corse*, repris le 13 mars 1868 par *L'Observateur de la Corse*, croit pouvoir annoncer que le projet va prendre corps : « Le chemin de fer partirait de Bastia, traverserait la plaine orientale en longeant les lacs de Biguglia et de Diana. De Porto-Vecchio, il se dirigerait vers le col qui sépare la vallée du Stabiaccio de celle d'Arboritello, continuerait jusqu'à Tivarello (Figari) où aurait lieu la bifurcation : un tronçon de 18 kilomètres environ relierait Bonifacio à la ligne principale qui irait se repliant vers le nord-ouest dans la direction d'Ajaccio. C'est ici que les vraies difficultés commencent. Il semble impossible d'éviter le percement d'un souterrain de plus de 4 kilomètres pour traverser la montagne qui sépare les vallées d'Ortolo et de Tavaria et arriver à Sartène. De Sartène à Ajaccio, on rencontre un sol granitique, montueux, coupé de torrents, qui nécessiterait un certain nombre de travaux d'art. Car à partir d'Olmeto, l'on est obligé de quitter la route impériale et de suivre le littoral jusqu'à Ajaccio ».

Pour Leca, auteur de l'article, « le grand inconvénient de ce tracé, c'est peut-être de donner à cette ligne 265 kilomètres et de négliger Corte, le point central de l'île, pour lequel on serait contraint plus tard de créer un embranchement. Mais nous ne voulons pas nous livrer à ce sujet à des discussions qui ne reposeraient sur rien de solide, puisque l'étude de la question n'est pas encore commencée ».

Elle l'est si peu que, quelques semaines plus tard, Louis Nyer, maire d'Ajaccio (le fameux « *Sgio Gjherra* », ainsi surnommé parce qu'il était « *stichitu* », raide comme la justice), intervient à son tour : « Au moment où l'enquête va s'ouvrir sur l'utilité et la direction d'un chemin de fer en Corse, il n'est peut-être pas sans intérêt de revenir sur cette question ». Dans une brochure de 30 pages, il décrit l'état de l'île et ses potentialités. Il rappelle que les autres départements ont été favorisés (déjà 20 000 km !), demandant : « La Corse n'a-t-elle pas droit aux mêmes faveurs que l'Algérie ? ». Il réclame des lignes d'Ajaccio à Bastia par Corte, de Bastia à Bonifacio par Cervioni, Aleria et Porto-Vecchio, de Calvi à Bastia et de Sartène à Ajaccio, soit à peine 522 km de voies ferrées. En tout état de cause, il importe d'abord de construire Ajaccio-Bastia et Bastia-Bonifacio, soit 322 km. Louis Nyer s'attache également à définir les caractéristiques du matériel roulant (locomotives, voitures à voyageurs, wagons à marchandises), du nombre de trains à mettre en circulation (quatre dans chaque sens pour commencer, le double ensuite). Il conclut en réaffirmant le droit de la Corse aux chemins de fer et en déclarant clairement : « Nous n'avons ni systèmes ni compagnies à recommander ou à faire valoir. Mais nous sommes de ceux qui réclameront toujours des chemins de fer pour la Corse tant qu'il n'en existera pas ».

Voici pourtant qu'au terme d'une quinzaine d'années de requêtes multipliées, l'horizon paraît s'éclairer. Au conseil général, le comte Ferri-Pisani confirme le 8 août 1868 que le gouvernement a fait commencer des études en vue de l'établissement de ce chemin de fer tant attendu. Il lui adresse « un témoignage de reconnaissance », lui demande de faire vite et « prie Sa Majesté l'Empereur d'honorer la Corse de sa présence l'année prochaine à l'occasion du centenaire de la naissance de Napoléon Ier ».
Le 2 septembre 1869, deux semaines après les manifestations et cérémonies du centenaire, le préfet informe le conseil général que deux projets ont été préparés

pour relier Ajaccio et Bastia, l'un suivant la vallée du Golo, l'autre la plaine orientale jusqu'à Aleria et, au-delà, la vallée du Tavignano. Dans le premier cas, le train traverserait Corte et, dans le second, la gare serait située à 17 kilomètres de la cité, au confluent du Tavignano et du Vecchio. Une consultation a été menée qui, la vigoureuse prise de position de la Société d'agriculture de Bastia aidant, fait apparaître une préférence pour le tracé par Aleria, tout en remontant directement à Corte. Mais cette opinion pourtant majoritaire ne sera finalement pas prise en compte. Le ministre des Travaux publics, dont lecture de la lettre est donnée aux conseillers généraux, prescrit de « soumettre sans retard à l'enquête publique les projets proposés » et, ajoute le préfet : « le ministre fera part de ces dispositions à l'Impératrice, qui a daigné s'intéresser à la solution de cette importante question, et dont Sa Majesté fera donner connaissance au conseil général ».

Au début 1870, l'Ingénieur en chef des Ponts et chaussées Vogin établit un rapport qui préconise la construction de la ligne Ajaccio-Bastia par Corte, écartant le tracé par Aleria qui avait pourtant la préférence du plus grand nombre « d'hommes compétents et de juges spéciaux ». Le 4 mars, le préfet Boyer « informe le public qu'à partir du 7 courant, il sera ouvert à la préfecture une enquête administrative sur l'utilité d'établissement d'un chemin de fer entre Ajaccio et Bastia par Corte ». Dans *L'Observateur de la Corse* de ce même 4 mars, l'avocat-écrivain Arrigo Arrighi (c'est l'auteur de la première biographie de Pascal Paoli, en 1847), dit l'intérêt du tracé à travers la plaine d'Aleria, mais souligne qu'il en coûtera moins cher par Corte et qu'ainsi on ne laissera pas la Balagne en dehors : « La ligne du milieu est la base naturellement indiquée par la position géographique, par l'intérêt général et bien entendu du département, par les données de la science et les études préliminaires comme la base d'un réseau complet ». En conséquence de quoi, « le plan adopté par l'Ingénieur en chef avec une précision, une sûreté de vues et une étude approfondie du sujet donnera pleine satisfaction aux intérêts des quatre cinquièmes des habitants. L'adoption de ce plan et la mise à exécution seront la date heureuse de la transformation complète du pays, d'une marche plus rapide et mieux soutenue dans la voie du progrès ».

Le 26 avril 1870, rapporte Célestin Bosc dans ses « Éphémérides ajacciennes », « le conseil municipal d'Ajaccio accueille avec un vif enthousiasme et aux cris de « Vive l'Empereur ! » le projet d'établissement d'un chemin de fer entre Ajaccio et Bastia par Corte ».

Tout semble donc baigner, comme on dit. D'ailleurs, du 28 au 31 août 1869, Bastia puis Ajaccio avaient triomphalement accueilli l'Impératrice Eugénie et le Prince impérial venus (sans l'Empereur) commémorer le centenaire de la naissance de Napoléon Bonaparte. Des mesures ont été annoncées et, assure *L'Heure nouvelle*, « promesse a été faite de hâter la réalisation des grands travaux et de mettre à l'enquête la construction du chemin de fer ». En mars 1870, la décision tant attendue depuis dix ans est prise et rendue publique.
Le 8 mai 1870, comme la France entière, la Corse plébiscite l'Empereur qui consulte le pays sur l'adoption d'une nouvelle constitution : 57 900 oui, 524 non. Quatre mois plus tard, la guerre éclate, l'armée prussienne

écrase l'armée française, Napoléon III est fait prisonnier à Sedan et la République est proclamée le 7 septembre.

La nouvelle (et définitive) enquête publique sur le chemin de fer attendra. Comme les premiers coups de pioche et la mise à exécution du plan. Mais ce sera l'affaire de la République.

Des vestiges vieux de 3000 ans !

DES FIBULES (épingles de sureté), des poignards ou épées courtes, un bronze luniforme qui a l'aspect d'une ancre (cinq boutons sur la face supérieure de la partie convexe, un solide crochet sur la face intérieure), un disque en bronze garni d'une forte pointe perforée à la périphérie d'une vingtaine de trous où passaient des maillons de petites chaînettes et d'un crochet riveté assurant la suspension, « documents métalliques » datant du premier âge du fer (VIIIe/VIIe siècle avant Jésus-Christ) : ce sont les découvertes archéologiques faites au cours des travaux de construction de la ligne entre Carbuccia et Bocognano, vers 1886-1887.

Lors du creusement d'un tunnel (soit entre Ucciani et Tavera, soit entre Tavera et Bocognano), des tirs de mines ont mis à jour un abri-sous-roche, sans doute une tombe, dans lequel se trouvaient ces objets, et la rumeur s'était même répandue qu'il s'agissait d'un trésor. Les mineurs les ont signalés à un ingénieur, lequel en a fait au lendemain de la guerre 14–18 cadeau à l'un de ses amis, Ducasse, alors sous-préfet à Strasbourg et collectionneur de vestiges archéologiques.

Spécialiste réputé de la préhistoire, Forrer a consacré un article à ces découvertes dans le Bulletin de la société préhistorique française en 1924. On ignore où ces objets se trouvent actuellement et, en Corse, personne ne sait ce qu'est devenue la collection Ducasse.

Dans leur bel ouvrage *L'aventure humaine préhistorique en Corse* (Albiana, 1997), François de Lanfranchi et Michel-Claude Weiss se réfèrent cependant aux travaux de Forrer.

Les rails de la République

OUS SOMMES LE MARDI 22 AVRIL 1890. Sadi-Carnot, président de la République, effectue à Ajaccio la première étape de son voyage en Corse. À peine a-t-il pris pied sur le quai, orné d'un dôme aux couleurs nationales, qu'en sa qualité de président du conseil général, le député Emmanuel Arène prononce son discours de bienvenue. Il ne manque pas d'évoquer le grand sujet du temps : « Nous avons juste assez de chemins de fer pour regretter davantage ceux qui restent à construire ». Lui fait écho Joseph Pugliesi, maire de la cité : « Le gouvernement de la République a inauguré en Corse l'établissement des chemins de fer. Puisse la ville d'Ajaccio devoir à votre haute intervention et à votre bienveillante sollicitude l'exécution dans notre région de tout le réseau, et le complet achèvement de cette grande œuvre qui contribuerait si puissamment au développement de notre prospérité ».

À la préfecture, Emmanuel Arène présente au président les maires de l'arrondissement de Sartène dont il est le député depuis 1881, et il ne manque pas de demander devant eux « un chemin de fer » pour le Sartenais. Réponse évasive d'Yves Guyot, ministre des Travaux publics : « La ligne orientale sera prolongée ». Précision de Sadi Carnot : « Croyez bien que je regrette de ne pouvoir aller actuellement à Sartène. Mais je compte bien y aller un jour en chemin de fer ».

L'infortuné président, qui devait être assassiné le 24 juin 1894, n'alla jamais à Sartène. Le train non plus, d'ailleurs. Et les adversaires d'Emmanuel Arène s'attachèrent à tirer le plus large profit du mot de Sadi Carnot en imputant au « Rè Manuellu » une déclaration qu'il n'avait jamais faite : « Quand je reviendrai à Sartène, mon arrivée sera annoncée par le sifflet de la locomotive !... ».

Vingt années se sont écoulées depuis l'effondrement du Second Empire. La République a tenu les promesses du gouvernement de Napoléon III. Quand le chef de l'État arrive en Corse, on peut se rendre en train d'Ajaccio à Vizzavona, de Bastia à Corte, Ile-Rousse et Ghisonaccia, mais non de Vizzavona à Corte, section sur laquelle de gigantesques travaux sont encore à accomplir. Sadi Carnot prendra d'ailleurs le train dans cette ville pour gagner Bastia, mais son convoi sera retardé à Francardo pendant plus de trois heures en raison du déraillement d'un wagon d'un autre train.

Mais revenons à 1870. Cette année-là, au lendemain de la chute du Second Empire, le conseil municipal de Bastia reprend le sujet et préconise l'établissement d'une ligne Bastia-Ajaccio par Aleria plutôt que par la vallée du Golo, car « la plaine orientale est la contrée qui, avant peu d'années, sera la plus riche et la plus prospère de notre île ». À l'appui de cette affirmation est cité le rapport Blanqui (1838) selon lequel « il existe à 24 heures de Toulon une Mitidja française comparable à la terre promise et propre à toutes les cultures ».

En 1871, au terme de l'Empire et de quinze années de demandes sinon de supplications, tout avait donc recommencé, au point que le dossier ouvert sous Napoléon III avait été refermé avec lui. Dès le 12 novembre de cette « Année terrible », le conseil général est saisi du projet Ozon, présenté comme un nouveau système à peu de frais. Ce nouveau promoteur s'offre à construire à ses frais (à condition toutefois de recevoir une subvention de 20 000 francs par kilomètre) une première ligne Bastia-Casamozza. L'assemblée donne son accord, mais on n'en reparlera plus. Le 24 août 1872, le Dr Montepagano, maire et conseiller général de Bonifacio, fait adopter par ses collègues le projet qu'il a présenté dans une brochure : il préconise « l'établissement d'un chemin de fer reliant les points les plus importants de l'île », dont la ligne Bastia-Bonifacio-Ajaccio en suivant le littoral. L'année suivante (24 août 1873), le conseil général renouvelle le vœu du Dr Montepagano en se référant largement à un rapport du directeur des Douanes de la Corse, qui le justifie sur le plan économique.

1874. Dans la même enceinte du Palais Lantivy, le problème revient à l'ordre du jour. Le comte Valery, PDG de la plus grande compagnie de navigation maritime qu'ait eu l'île au XIXe siècle, Gaudin et Giovannetti, tous élus du Cap corse, demandent que la compagnie de chemin de fer qui aura la concession des lignes projetées pour la Corse soit tenue d'exécuter un embranchement de Bastia jusqu'à Macinaggio. Exposé des motifs : « Cet embranchement traverserait une des contrées les plus populeuses, les plus actives et les plus riches de l'île. Il relierait en outre à Bastia la baie de Macinaggio, qui est un précieux point de relâche pour de nombreux navires par les gros coups de vent d'Ouest et de Sud-Ouest. Enfin, il aurait un

Observations de la Société d'Agriculture de Bastia sur l'utilité d'un chemin de fer de Bastia à Ajaccio et sur la ligne qui doit être suivie.

À propos de promesses

*L*u dans *Le Petit Marseillais* du 15 juin 1878. – « Mon Dieu, oui ! Il y a des chemins de fer en Algérie, il y en a à La Réunion, il y en a en Sicile et en Sardaigne, mais il n'y en a pas en Corse, département français que 15 heures de traversée à peine séparent des côtes de Provence. Cependant, la Corse est la patrie d'une foule de personnages auxquels n'ont manqué pendant vingt ans, ni l'influence ni l'argent et qui, plus d'une fois, ont dû faire miroiter aux yeux de leurs électeurs la perspective d'un chemin de fer pour obtenir leur vote. Mais il paraît aussi que la condition sociale des habitants de l'île, condition aussi particulière que fâcheuse, a précisément été pendant longtemps une des principales garanties de la réélection de ces personnages ; or, comme la création d'un chemin de fer doit modifier profondément cette condition sociale, on conçoit que les bonapartistes se soient bien gardés jusqu'ici de tenir leurs promesses ».

et non pas à la consigner pour ainsi dire à la porte de la civilisation en la laissant seule en dehors du mouvement général de progrès qui se manifeste de toutes parts dans le monde entier.

Nous vous proposons, en conséquence, de prendre la délibération suivante de la commission départementale.

« Le Conseil général, après avoir pris connaissance de la dépêche ministérielle du 2 mars dernier, de la lettre en date du 20 mars de MM. Cotard et Champouillon ainsi que de son annexe, approuve le rapport de la Commission départementale sur les chemins de fer de la Corse.

Il prie instamment M. le Ministre des travaux Publics de vouloir bien poursuivre l'étude des voies et moyens pour la création du réseau des chemins de fer de la Corse, et se déclare prêt à donner au Gouvernement tout le concours compatible avec ses ressources en fournissant une garantie d'intérêt annuelle, pour être ajoutée à une garantie équivalente qui serait fournie par l'État.

Quant à la subvention, le Conseil, tout en invoquant de nouveau toute la bienveillante sollicitude de l'administration, fait observer que cette subvention lui semble devoir, aux termes de la loi de 1842, incomber tout entière à l'État, et, confiant dans l'utilité majeure de l'établissement du réseau projeté depuis si longtemps, espère que le Gouvernement voudra bien ne pas faire attendre davantage à la Corse un bienfait dont jouissent tous les départements français et que le Gouvernement italien lui-même a accordé à l'île de Sardaigne depuis plusieurs années. »

Ajaccio, le 8 avril 1875.

LAURELLI, *rapporteur.*

Le Messager Corse
8 octobre 1875

intérêt stratégique important dans le cas où la Corse serait appelée à jouer le rôle de sentinelle d'observation que lui donne sa situation dans la Méditerranée ».

Ce vœu, somme toute mineur dans le contexte insulaire, suscite quelques interventions défavorables. Pour le docteur Regulus Carlotti, la compagnie ne commencera les travaux que si le tracé de Bastia à Bonifacio est mis en premier lieu à exécution ; et Pierre Cuneo d'Ornano estime qu'il faut d'abord savoir s'il y aura un chemin de fer et quelle sera la ligne que voudront les populations. Ce à quoi répond le comte Valery que les projets ne sont pas encore à l'étude ; il insiste pour que la côte orientale ait la préférence, Corte et Ajaccio « par leur importance, étant sûrs d'obtenir une ligne qui les reliera aux autres villes du département ». L'assemblée décide en conséquence d'ajourner la question et la renvoie à la session suivante. Entre-temps, début janvier 1874, l'Ingénieur en chef des Ponts et chaussées transmet au préfet les minutes des avant-projets de construction de la ligne Ajaccio-Bastia : par Vivario, le Tavignano et Aleria, avec une variante Golo-Corte d'une part, par Sartène et la plaine orientale par le Taravo et Tarco (Conca), avec embranchement vers Bonifacio d'autre part.

En août 1874, voici de nouveau le Dr Montepagano à la tribune. Des « capitalistes » – c'est ainsi qu'on appelle alors les porteurs de capitaux décidés à investir – Charles Cottard et Alphonse-Louis Champouillon, ayant déposé une demande de concession au nom de leur « Société de construction du chemin de fer corse » et se proposant de construire rapidement la section Bastia-Casamozza, le rapporteur de la « Commission spéciale chargée d'examiner la question de l'établissement des chemins de fer en Corse » nouvellement créée, pose la question de savoir si l'on doit laisser échapper l'occasion. Il prononce un vibrant plaidoyer et, déjà, nourrit le rêve appelé à devenir récurrent de l'exportation : « Le réseau ferré constitue un besoin pressant, réclamé chaque jour par nos produits industriels et agricoles. Ils ne peuvent point, sans son aide, se montrer facilement au grand jour sur nos petits marchés, ni étaler leur belle tenue et leur puissance sur les grands marchés du Continent, où leur réputation les classe déjà au premier rang et leur donne un cachet avantageusement apprécié ». En découle l'éloge de la qualité des produits de cette terre : la superbe texture du pin laricciu, la physionomie recherchée de nos vins, le cédrat, complément nécessaire de divers repas comme des festins somptueux, la qualité des lièges, des charbons, des huiles, des céréales, des plantes fourragères – et on en passe !

Le conseil général est subjugué. Il souhaite à l'unanimité qu'une loi soit immédiatement présentée à l'Assemblée nationale « à l'effet de faire accorder la concession du réseau à la compagnie française qui s'est engagée à le construire dans les meilleures conditions possibles ». Un bémol, pourtant, ou une précision : le conseiller général d'Ajaccio, Pierre Cuneo d'Ornano estime que « toute concession doit entraîner l'obligation d'établir, préalablement à toute autre ligne, la construction de la ligne d'Ajaccio à Bastia, passant par Corte », de manière à pouvoir desservir la Balagne d'une part et étant entendu d'autre part, qu'Ajaccio devra être impérativement relié à Sartène. Cottard et Champouillon reviennent à la charge en septembre. Ils affichent leur préférence pour Bastia-Bonifacio (177 km) alors que l'État penche pour Ajaccio–Corte (ou Aleria)–Bastia, et Sartène-Bonifacio-Plaine orientale. Ils soulignent que l'Ingénieur en chef se prononce pour le tracé Bastia-Aleria-Ajaccio, « élément forcé du réseau, qui hâtera l'assainissement et la mise en valeur par la desserte de la partie de l'île qui a le plus d'avenir avec ses 160 000 habitants » et permettra le trafic avec la Sardaigne. À l'inverse, la ligne Est-Ouest ne traversera d'une seule vallée (le Golo et la Gravona) sur chaque versant. Pour les deux industriels, priorité absolue doit donc être donnée à Bastia-Bonifacio, « qui laisse espérer une rémunération prochaine des capitaux engagés ».

En tout état de cause, il importe d'en sortir enfin. Le préfet, qui s'est dans le premier semestre 1875 rendu à diverses reprises à Paris, s'y est entretenu avec Caillaux, ministre des Travaux publics. Compte-rendu en a été donné à la Commission départementale et à divers élus. Il en ressort que le ministre a « manifesté sa sympathie pour l'établissement de ces chemins », mais fait observer que « cette entreprise ne peut réussir dans ce pays qu'à la condition d'être exécutée par les moyens économiques et, en particulier, en adoptant des voies très étroites » (1 mètre d'écartement au lieu de 1 mètre 42 sur les grandes lignes). Les conditions financières, concours de l'État, du département et des communes, sont précisées, singulièrement les garanties d'intérêt demandées par Cottard et Champouillon. Le conseil général est saisi en août 1875 du rapport de la Commission spéciale, dont le nouveau rapporteur est Antoine de Morati, qui fait longuement l'historique des contacts et des entretiens. Leur proposition de construire une ligne d'intérêt local entre Bastia et Casamozza (17 km) ayant été écartée, les deux promoteurs ont alors proposé une ligne de Bastia à Prunete (45 km), ce qui n'a pas davantage été retenu. Il faut ici préciser qu'un chemin de fer d'intérêt local impliquait une participation financière importante du département, alors qu'un réseau d'intérêt général était entièrement construit aux frais de l'État. On devra attendre encore quelque temps pour que soit tranché le débat. Il n'empêche que, « pour satisfaire aux propositions du ministre », le département « offre de prendre à sa charge, non seulement la moitié des intérêts à garantir à la compagnie, comme il s'y était précédemment engagé, mais encore la totalité de ces intérêts ». Dans ce cadre et compte tenu de sa situation financière, la Commission spéciale se prononce pour la construction de la ligne centrale sur la base de trois sections : Bastia-Prunete, Casamozza-Corte et Ajaccio-Bocognano, ces deux dernières étant substituées à la section Prunete-Bonifacio. Et Antoine de Morati, qui a fait valoir que Calvi et l'Ile-Rousse seraient mis en communication avec le reste de l'île « par la route

Le Consul de Livourne à la rescousse

E N 1881, le ministre des Affaires étrangères reçoit du Consul de France à Livourne une note soulignant l'attraction que Pise exerce sur les étudiants corses, « plus familiers du toscan que de notre langue ». Il indique que Pise est desservie par six lignes de chemin de fer « toutes destinations », alors que la Corse n'en a pas un seul kilomètre. « À cette fâcheuse situation, ajoute-t-il, il est un remède malheureusement dispendieux : la création de facultés dans l'île et l'ouverture de voies ferrées. D'autant qu'Aix est plus loin et moins accessible à tous égards que Pise ».

nationale 197 », prie en conséquence le ministre de « faire procéder dans le plus bref délai à l'étude des projets définitifs de la lacune entre Bocognano et Corte », l'établissement de la ligne directe Ajaccio-Bastia étant « essentiel à la prospérité » de la Corse.

La discussion du rapport fait apparaître que cette ligne est prioritaire et que la section de Bastia à Casamozza en fait naturellement partie. L'assemblée entend Charles Cottard plaider la cause de sa société. Finalement, elle adopte les propositions défendues par Cuneo d'Ornano (Ajaccio-Bastia d'abord, Prunete et la plaine orientale plus tard) et Louis Gabrielli (Bastia-Casamozza pour commencer). Au cours du débat, le comte Multedo, élu de Vico, qui allait bientôt présider le Parti bonapartiste à Ajaccio, a fait dans la métaphore : « Le centre de notre île, si difficilement accessible, peut être comparé au passage d'une rivière sur laquelle il n'y aurait pas de pont. Or, quand on veut établir un pont sur une rivière, que fait-on ? D'abord, on cherche à tout prix à en établir un. Ensuite, on construit pour commencer les

deux culées du pont, enfin on bâtit les arches en les appuyant sur les deux culées. Les deux culées du pont qui joindrait Ajaccio à Bastia sont le tronçon d'Ajaccio à Bocognano et de Bastia au Golo. Construisons-les, le gouvernement nous aidera plus tard à bâtir les arches ».

Confinés sur Bastia-Casamozza, Cotard et Champouillon renoncent. Différents hommes d'affaires s'attachent alors, vainement, à prendre en quelque sorte leur succession et, parmi eux, le baron Jean-Baptiste d'Ornano, qui écrit le 4 avril 1876 au ministre : « Il y a longtemps que mon pays natal serait doté de ces artères de la civilisation et du progrès

La gare d'Ajaccio devait être initialement construite sur l'emplacement actuel du monument aux Morts et du marché. Elle le fut finalement sur un terrain gagné sur la mer.

avec d'autres moins importantes entreprises, si l'éducation de son peuple trop crédule et trop confiant dans l'appui des gouvernants avait été faite par les premiers industriels et financiers ; les Corses, alors, n'attendraient pas du gouvernement de tous les régimes l'exécution de travaux industriels d'initiative particulière. Je m'adresse à un ministre d'un gouvernement Républicain, persuadé qu'il appréciera toute la franchise de mon langage peu obséquieux ».

123. AJACCIO (Corse) — La Gare

Un peu plus d'un an – le 16 septembre 1876 – après le débat de l'été 1875, qui peut être considéré comme la pose (symbolique) de la première pierre d'une grande œuvre tant souhaitée et tant attendue, le conseil général évoque à nouveau la question. Il écarte l'idée d'établir une ligne de tramways (!) plutôt qu'un train entre les deux villes principales et, plus sérieusement, entend un élu bonapartiste (on disait alors impérialiste) le comte Pierre-Paul de Casabianca, qui se montre sceptique : « Il ne faut pas se payer d'illusions et croire qu'une décision ministérielle a pour conséquence immédiate, comme une chose invariablement arrêtée, que des chemins de fer seront construits en Corse. Les études sont presque terminées, mais l'alternative intérêt général/intérêt local n'est pas tranchée. Aucune proposition précise ne nous est encore transmise. Il s'avère donc indispensable que le conseil général prie le gouvernement de hâter l'époque où les travaux pourront être commencés ». Et effectivement, Paris va maintenant aller vite. Les nouvelles études prescrites le 3 mai 1877 par le gouvernement déterminent définitivement l'écartement des voies (un mètre, ce qui aura principalement pour but de réduire les dépenses en établissant des courbes de faible rayon lorsque ces chemins de fer pénétreront dans les gorges escarpées des montagnes de la Corse) et le taux des déclivités (0,02 mètre par mètre, y compris dans le tunnel de Vizzavona, sauf sur 28 km d'Ucciani au Vecchio, 0,03 mètre par mètre) ; de plus, il est décidé de faire exécuter directement les travaux de construction de la ligne Ajaccio-Bastia sans passer par un concession-naire. L'avant-projet envoyé au préfet propose une ligne Bastia-Ajaccio par Aleria (avec embranchement du Vecchio à Corte), avec si ce choix est ratifié, une ligne

vers la Balagne par Ponte-Leccia. Mais, pour la direction générale des Ponts et chaussées, le tracé par Aleria doit être écarté, car « il longe la plaine encore aujourd'hui tellement insalubre qu'il n'existe que de rares habitations et que les habitants sont obligés de la déserter l'été pour éviter les fièvres paludéennes qui déciment la population ». Malgré l'obstacle de San-Quilico, le passage par Corte est consi-déré « comme l'artère principale ». Décidée le 30 mai 1877 par le ministre, l'enquête d'utilité publique fait enfin, le 15 août, l'objet d'un arrêté préfectoral. L'avant-projet est déposé à la préfecture et dans les sous-préfectures de Bastia et Corte jusqu'au 16 septembre. Une commission de dix membres, présidée par l'ancien député Severin Abbatucci, est instituée. Son rapport est déposé le 18 septembre. Le voile sur les résultats est levé le 26 octobre au conseil général par Pierre-Paul de Casabianca :

« Nos concitoyens ont répondu avec le plus patriotique empressement à l'appel du Gouvernement. Pas une voix discordante ne s'est élevée pour obtenir la modification du projet (en premier lieu Ajaccio-Ucciani et Bastia-Corte) soumis à l'enquête. Tous l'ont approuvé. Tous ont reconnu que la prompte exécution des lignes projetées répondrait aux véritables besoins et aux légitimes aspirations de notre département. Nos compatriotes ont aussi, dans leurs dépositions, exprimé le vœu que les deux tronçons projetés puissent, à la suite d'études immédiates, être reliés l'un à l'autre avant la fin des travaux afin que les intérêts d'Ajaccio et Bastia se confondent. C'est ainsi qu'il résulte de l'enquête qui sera un nouveau livre d'or pour la Corse, que les 697 dépositions expriment le même vœu. Veuillez considérer, Messieurs, que dans ce chiffre sont compris à titre de simples unités les déclarations des conseils municipaux et les observations consignées dans le travail si remarquable de la Chambre de commerce de Bastia. Cet heureux accord ne peut que profiter à la Corse et prouver à tous combien son patriotisme sait se placer au-dessus de tous les dissentiments, de toutes les divisions ».

En conclusion de cette déclaration, le comte de Casabianca se situe dans le droit-fil du long rapport de la commission d'enquête, établi par le baron Galeazzini : « La création d'un chemin de fer serait, nul n'en doute, le point de départ d'une ère de prospérité et de grandeur pour notre département. Un nouveau lien d'affection et de reconnaissance nous rattacherait à la mère-patrie, qui ne peut oublier que, dans ses jours d'épreuve, les enfants de Corse ont glorieusement payé leur tribut à la France ».

Dans son rapport, le baron Galeazzini a clairement défini les sept raisons pour lesquelles « il y a utilité publique ». Il a aussi déploré que le projet réserve pour une époque ultérieure la section Ucciani-Corte, mais il faudrait percer le tunnel de Vizzavona, « d'une difficulté considérable ». Il ajoute néanmoins :
« Si le tunnel de Vizzavona ne peut être ouvert en ce moment, il y aurait nécessité à prolonger la voie d'Ucciani à Bocognano, ou à tout le moins jusqu'à Sellola d'un côté et, de l'autre côté jusqu'à Vivario. Ucciani serait une station déserte et malsaine où le voyageur chercherait en vain un abri, tandis qu'à Bocognano et Vivario on trouve déjà toutes les commodités de la vie : les omnibus, les voitures, les charrettes de transport, qui feraient le service entre les stations extrêmes, n'auraient qu'un court trajet à parcourir pour leurs transbordements. Or, l'ingénieur en chef des Ponts et chaussées, M. Gay, nous a exposé que le prolongement

demandé entre Ucciani et Bocognano exigerait une double traction par des locomotives basses sur roues. Ces puissantes forces motrices nécessaires pour les montées et les descentes rapides entraîneraient la modification des rails. Pour un si faible régime commercial, pour un tracé provisoire, est-il à propos de demander une dépense aussi considérable ? ».

Soit dit en passant, un rapport ministériel préconisera en 1882, mais il ne sera pas suivi d'effet : « Il est indispensable d'établir au faîte des rampes lorsqu'elles sont de sens contraire un palier à voie dédoublée de longueur suffisante pour permettre le passage de la deuxième machine de l'arrière à l'avant du train pour la descente ».

Galeazzini annonce d'autre part que l'emplacement des gares et stations fera l'objet d'une enquête ultérieure, tout en prenant acte des objections actuelles : 1. la gare d'Ajaccio devrait être établie entre l'Hôtel de ville et le chantier de construction navale en gagnant l'espace sur la mer ; 2. la gare de Bastia devrait être construite à l'entrée du tunnel, côté ville ; 3. la gare de Corte serait trop éloignée de la ville. Par-delà, « une question se pose, beaucoup plus importante à notre époque, où la puissance des affaires politiques prime le droit de la poésie. La Corse, dans ses contrées les plus fertiles et même aux environs des principales villes est désolée par la malaria. La population, au lieu d'augmenter, diminue et s'énerve : on abandonne la culture des champs, qui doit être notre ressource durable, et l'émigration prend de jour en jour des proportions plus considérables, les expropriations deviennent plus fréquentes, les importations dépassent de beaucoup notre faible exportation… ».

La péroraison du baron Galeazzini est digne de l'antique : « Au nom de nos concitoyens impatients de voir se réaliser des promesses qui ont longtemps passé pour vaines, les membres de la Commission n'invoquent pas de droits, ils sollicitent pour la Corse l'égalité devant le budget des travaux publics. Ils se sont séparés en se disant « au revoir ! » pour le jour où la voie entre Ajaccio et Bastia étant inaugurée, deux locomotives amèneront après elles les premiers magistrats du département, s'arrêteront en même temps à Corte, et que par les mains unies des chefs de nos cités, la jolie ville d'Ajaccio fusionnera avec l'industrieuse Bastia au milieu des vivats des populations ! ».

En attendant, la polémique, au printemps 1878, fait rage à Ajaccio entre le *Journal de la Corse*, qui réclame la liaison directe avec Corte et Bastia, et le baron Haussmann, député bonapartiste de la cité impériale, suspecté d'avoir proposé un projet différent en s'appuyant sur l'avis du conseil supérieur des Ponts et Chaussées. Haussmann s'en défend, tandis que le ministre dépose au Parlement le projet de loi tant espéré permettant la construction des deux premiers tronçons de lignes, et que le conseil municipal de Bastia, le 7 juin, décide de céder gratuitement les terrains communaux nécessaires à l'implantation de la gare et des voies.

Le dépôt du rapport d'enquête, non plus que du texte gouvernemental ne mettent cependant fin à la litanie des vœux devant le conseil général, réceptacle désigné des aspirations et des doléances : le 11 septembre 1878, Antoine de Morati réclame une ligne Ajaccio-Bonifacio, et Antoine Gaudin une ligne Ponte-Leccia-Calvi et une autre d'Ajaccio à Casamozza par Sartène et la plaine orientale, « en traversant si possible le canton de Bastelica et la commune de Santa-Maria-Sicchè ». Une année plus tard, alors que les travaux ont déjà été entrepris à l'entrée des tunnels d'Aspretto et Bastia, l'assemblée départementale souhaite que « dès à présent l'on se préoccupe d'ouvrir des lignes d'intérêt local entre Ucciani et Guagno-les-bains par Sarrola, Sari et Vico, d'une part et, d'autre part, entre Casamozza et Orezza par Vescovato, Pero-Casevecchie et le Fiumalto ; et qu'enfin, il soit tenu compte dans les études sur Ajaccio-Propriano des intérêts des cantons de Bastelica, Santa-Maria-Sicchè, Zicavo et Petreto-Bicchisano ».

Les dés étaient cependant jetés. Le 15 juin 1878 avait été adoptée par le Parlement la loi déclarant d'utilité publique l'établissement des sections Bastia-Corte et Ajaccio-Mezzana, ce qui conduisait le 21 juin *Le Petit Marseillais*, quotidien républicain, à « féliciter le gouvernement de son initiative » tout autant qu'à fustiger l'Empire : « Le chemin de fer n'a jamais été qu'une enseigne électorale, un sujet de boniment pompeux pour les proclamations. Plus d'une fois, de faux entrepreneurs et des ingénieurs de commande ont feint d'entreprendre les études préliminaires et même posé les jalons séducteurs. Or, comme la création d'un chemin de fer doit modifier la condition sociale des habitants, on conçoit que les bonapartistes se soient bien gardés jusqu'ici de tenir leurs promesses ». Au passage, le journal fait également observer que « la Corse est cependant la patrie d'une foule de personnages auxquels n'ont manqué pendant vingt ans ni l'influence ni l'argent et qui, plus d'une fois, ont dû faire miroiter aux yeux de leurs électeurs la perspective d'un chemin de fer pour obtenir leur vote ».

Le rapport manuscrit de la Commission d'enquête, présidée par l'ancien député Severin Abbatucci, daté du 18 septembre 1878, avait été établi par le baron Galeazzini

Mais nous ne sommes plus sous l'Empire. Et le 27 décembre 1879, devant la pression populaire et le plus élémentaire bon sens, la section Corte-Mezzana est également déclarée d'utilité publique. Trois semaines auparavant, le conseil municipal de Corte avait demandé « le début des travaux d'urgence, comme à Ajaccio et Bastia ». Il définissait « l'état alarmant de souffrance de la population » : « la ville est privée de toute espèce de travaux publics, le commerce languit en raison des mauvaises récoltes et du phylloxera, l'effectif de la garnison (naguère encore un bataillon) a été réduit, les familles sont privées de travail et sont conduites à émigrer ». Parallèlement aux décisions concernant l'île, les parlementaires avaient, le 17 juillet 1879, adopté le plan, déposé le 7 juin 1878, par Charles de Freycinet, qui dressait l'inventaire des besoins de la France en matière de desserte ferroviaire. La Corse y avait sa place…

Le Baron Haussmann
qui transforma Paris sous le Second Empire, fut député de la Corse de 1878 à 1881. Pour le journal Bonapartiste *L'Aigle*, c'est à lui que la Corse doit son chemin de fer.

À Ajaccio et Bastia, le bout du tunnel

E 21 NOVEMBRE 1878. Arrivé le matin même de Paris, le préfet Eugène Schnerb « est heureux d'annoncer qu'il a obtenu de M. le ministre des Travaux publics l'autorisation de commencer sans retard les travaux du chemin de fer. En conséquence, il a été décidé, d'accord avec l'Ingénieur en chef, que ces travaux seraient solennellement inaugurés à Ajaccio le samedi 7 décembre à 10 heures ». Le communiqué officiel se termine non sans enthousiasme par les mots devenus sacramentels : « Vive la France ! Vive la République ! ». Mais est-ce vraiment à la République que la Corse devra son réseau ferré ? *L'Aigle*, bonapartiste, écrit le 25 mai : « Oui, nous savons gré au ministre d'avoir donné satisfaction au plus cher de nos vœux. Mais nous ne devons pas non plus oublier de manifester toute notre reconnaissance à notre conseil général, aux sénateurs, aux députés de la Corse, à M. Haussmann, député d'Ajaccio ». Et le journal de l'Appel au peuple accuse sans la moindre aménité le *Journal de la Corse*, organe des Républicains, de « se donner pour tâche d'effacer la collaboration des Bonapartistes à cette œuvre de régénération pour notre pays, d'essayer de dénaturer les faits au mépris du bon sens, de pousser l'effronterie jusqu'à dire que les chefs bonapartistes ont employé "tous leurs efforts pour arrêter les études du chemin de fer"». Le préfet n'est pas davantage ménagé : « Aussi novice que présomptueux, obéissant à je ne sais quelle exaltation nerveuse, il se fait le porte-parole de ces insinuations mensongères et essaye de propager ces calomnies contre les Bonapartistes jusque sur le perron de la préfecture ».

Schnerb, il faut le rappeler, n'est pas en odeur de sainteté auprès des impérialistes. Républicain engagé comme tous ses pairs, c'est lui qui – nonobstant une manifestation de protestation – a fait desceller les aigles de pierre qui avaient été placés, Napoléon III régnant, sur les pilastres de la porte d'entrée de la préfecture. Ils sont depuis 1938 de part et d'autre de l'escalier monumental du Casone, où est érigée comme chacun sait la majestueuse statue de Napoléon Ier.

L'Aigle ne s'en tient pas là. Il fait rejaillir sur ses amis, majoritaires du conseil général et au sein de la représentation parlementaire insulaire tout le mérite de l'établissement du chemin de fer. Il affirme même que « sans l'intervention du député d'Ajaccio l'ordre du ministre n'aurait porté que sur l'exécution des travaux à Ajaccio et Bastia sans se préoccuper de la section intermédiaire déclarée inexécutable d'après l'avant-projet soumis au conseil supérieur des Ponts et chaussées ».

Le *Journal de la Corse* insiste ironiquement : « Il fallait effectivement, à tout prix, pour la plus grande gloire de l'Empire, que le chemin de fer d'Ajaccio à Bastia ne se fît pas ». Et d'ajouter : « Ce 7 décembre sera jour de fête. Il marquera dans les annales et sera le début d'une ère nouvelle, la date précise de commencement de notre prospérité ».

Programme de la fête : cérémonie inaugurale à 10 heures à Aspretto ; représentation gratuite au Théâtre Saint-Gabriel à 15 heures ; retraite aux flambeaux partant de la place du Diamant à 19 h 15 ; feu d'artifice tiré de cette même place à 20 heures, suivi d'un grand banquet dans les salons de l'Hôtel de ville. Frais engagés par la municipalité : 500 francs pour la distribution de pain aux pauvres, 800 pour le banquet municipal, 1 100 pour le feu d'artifice, 500 pour le spectacle gratuit au théâtre, 200 pour frais d'illumination des bâtiments communaux, soit 3 100 francs, auxquels il faudra ajouter 300 francs pour la réparation du grand lustre, tombé pendant le banquet.

« Toute préoccupation politique doit être bannie de ces manifestations que nous impose la reconnaissance pour le plus grand bienfait que la Corse doit à la mère-patrie depuis son annexion », déclare le maire (Républicain) Nicolas Peraldi, qui a fait mettre des voitures et des chalands à la disposition de la population pour gagner le fort d'Aspretto, distant de la ville de cinquante minutes. Ses opposants s'indignent : « Nous n'irons que s'il reconnaît que l'île doit son train à l'Empire ». Réplique des Républicains : « L'Empire l'a voulu. La République le fait. Qu'ils viennent s'ils le veulent ». « C'est une charmante promenade, rappelle le *Journal de la Corse* en notant la veille du jour J que les voitures de place sont déjà introuvables : « Les bateliers gagneraient, ce nous semble, d'assez beaux salaires s'ils organisaient des convois qui traverseraient le fond du golfe et déposeraient leurs passagers sur la plage du Lazaret ou sur celle du Ricanto ».

Le temps n'est pas particulièrement agréable ce jour-là. À Paris l'ambiance non plus, si l'on en juge par les commentaires acerbes des journaux bonapartistes : « La promesse du chemin de fer est un mensonge de l'administration. Son exécution est irréalisable. Il faudrait cent cinquante millions pour transporter quelques sacs de châtaignes », écrit *La Patrie*, tandis que renchérit et avoue *Le Pays* : « Si l'Empire, qui a couvert la France de chemins de fer n'a pas construit celui de la Corse, c'est pour une raison bien simple : les devis ont établi que cette ligne coûterait une somme considérable et ne ferait jamais ses frais ».

Les journaux républicains de Paris font « grand bruit » à propos de l'inauguration des travaux ? Le quotidien de l'*Appel au peuple* verse dans la diatribe : « La République française jette ses millions. Peu lui importent les résultats, pourvu qu'elle ait l'air de faire pour la Corse ce que l'Empire n'a jamais fait. Le chemin de fer en question n'est qu'une manœuvre électorale destinée à appuyer la candidature radicale d'un About ou d'un Magnier quelconque. Dans tous les cas, si on l'achève, ce sera une opération désastreuse pour les finances du département ».
La Corse est indifférente à ces opinions vengeresses. Tout le monde y est satisfait, même les Bonapartistes puisqu'ils réclament une large part du mérite. Le conseil municipal de Bastelica, où l'on aimerait entendre aussi le sifflet de la locomotive,

« exprime sa reconnaissance aux bienfaiteurs de la Corse », et vote un crédit de 50 francs « pour faire un punch qui sera bu à la santé de nos bienfaiteurs le 1er janvier 1879 dans l'une des salles de la mairie et propose d'inviter à cette modeste et patriotique réjouissance toutes les autorités de la commune ».

TUNNEL D'ASPRETTO 246ᵐ 70

MM. GAY, *Ingénieur en chef.*   MM. ISTRIA, *Sous-chef de Section.*
KOZIORÓWICZ et DESCUBES, *Ingé-*   BARBIER, *Entrepreneur.*
nieurs ordinaires.

CARDINALI, PHOTOGRAPHE, AJACCIO.

Le premier coup de pioche
du chemin de fer est donné au tunnel d'Aspretto le 7 décembre 1878. En 1880, le célèbre photographe ajaccio Laurent Cardinali immortalise l'événement par cette photo, destinée à le faire connaitre.

Les travaux commencent trois mois après l'inauguration par le percement du tunnel d'Aspretto. Peu de temps après la cérémonie, un éboulement qui provoque d'importantes chutes de pierre cause la mort de cinq ouvriers italiens. En février 1880, on attaque le creusement des deux galeries d'axes, longues de 247 mètres, objectif atteint le 4 juillet. Mais des tirs de mine s'avèrent dramatiques : plusieurs des trois cents ouvriers qui y sont employés sont grièvement blessés par l'explosion d'une charge. Mis à part le renversement d'une charrette revenant d'Aspretto qui cause la mort du charretier, le percement s'achève sans autre incident, bien qu'après l'effritement des roches, on doive prolonger le souterrain de 130 mètres par la couverture des tranchées.

Les centaines de milliers de mètres cubes de rochers et de tuf qui en sont extraits sont transportées jusqu'au mouillage des Cannes et devant Sainte-Lucie, et déversés en mer : « le mamelon et la butte ont disparu, la nouvelle place remplit l'anse des pêcheurs, la région se transforme », constate le Journal. C'est là que s'élèvera la gare sur une emprise artificielle de sept hectares. Initialement, comme l'avait souligné la Commission d'enquête, on aurait voulu « l'établir entre l'Hôtel de ville et le chantier de constructions navales », sur le prolongement du quai Napoléon, près de la place du marché, en gagnant également l'espace (1 100 m² seulement) sur la mer. Ce projet ne sera pas retenu, « la gare risquant d'être inondée tant que la jetée n'aurait pas atteint son développement ». Livrée en 1888, la gare se trouve ainsi à un kilomètre du centre-ville, mais ses installations sont, à la demande de l'autorité militaire, complétées en 1903 par une voie de service le long de la mer, jusqu'à l'appontement des navires, c'est-à-dire au droit de l'Hôtel de ville. C'est là que, jusqu'aux années 1960, les trains viennent prendre les passagers à leur descente des bateaux. La Chambre de commerce fera enlever progressivement cette voie pour les besoins de ses implantations, au cours des dernières décennies du XXe siècle.

À Bastia, les sondages entre le Fango et Chicchiu (Lupino) ne sont pas achevés et l'on accuse Ajaccio d'avoir en quelque sorte détourné à son profit les crédits destinés au percement du tunnel de la Torreta. La polémique entre Bonapartistes et Républicains se déchaîne. « Les pierres que les partis locaux jettent en cette occasion dans leurs jardins, nous désirons qu'elles servent aux remblais », lance le baron Galeazzini, qui est le secrétaire de la Société d'agriculture de Bastia. L'animosité entre les deux villes est ainsi alimentée, et il s'y ajoute les interventions d'Haussmann pour que soit établie dans la ville qu'il représente à l'Assemblée nationale la direction du réseau. Corte la réclamant aussi en raison de sa position centrale, c'est finalement Bastia qui l'obtiendra.

Des discours prononcés au col d'Aspretto, c'est celui de Mgr Paul-Mathieu de la Foata qui marquera les esprits. L'évêque d'Ajaccio en appelle à l'humilité et fait l'apologie du Créateur : « Rien n'est plus juste que de voir le génie de l'homme s'humilier devant le génie, devant la sagesse éternelle de Dieu et lui faire hommage de ce qu'il a conquis dans le domaine de la nature. La nature est, vous le savez, l'universalité des œuvres de Dieu et l'ordre qu'il y a mis, et les lois qu'il lui a données ». Grâce à Dieu, l'air et le feu, la vapeur et la lumière obéissent à l'homme : « Le moment est venu de nous appliquer à nous aussi les magnifiques découvertes de la science et les bienfaits immenses de l'industrie […] Il n'y aura bientôt plus de distance entre nos deux villes principales, plus de deçà ni de delà des monts, la chaîne qui nous sépare n'existera plus. Toute rivalité, tout antagonisme cessera. Deux provinces, deux pays rivaux ne feront plus qu'un seul pays, qu'une seule province, et leurs produits, leurs richesses passeront réciproquement de l'une à l'autre ».

La vision de la Corse du chemin de fer est idyllique. Mais quelle que soit l'intelligence et la force de l'homme, « il ne saurait tellement maîtriser la fougue de ces éléments indomptés ». Voilà pourquoi on vient aujourd'hui « invoquer le Très Haut sur cette entreprise naissante, inviter la religion à faire des vœux pour cette œuvre, à la bénir, à la consacrer : « c'est pourquoi nous allons appeler une de ces bénédictions les plus efficaces et les plus affectueuses sur les messagers de feu, sur les locomotives ardentes qui seront un jour lancées dans cette voie, afin qu'elles s'arrêtent toujours obéissantes et dociles au moindre signal de ceux qui vont les conduire, afin que Dieu mette un frein à la foudre qu'elles vont receler dans leurs flancs, et qu'il commande à ses anges de s'échelonner le long de cette voie, pour la préserver de tout funeste accident ».

À Bastia, les travaux de percement du tunnel de la Torreta, long de 1 422 mètres, commencent en mai 1879, avec seulement soixante ouvriers et neuf charrettes. Les déblais sont jetés dans le lit du Fango et sur ce qui deviendra la belle esplanade Saint-Nicolas, ainsi gagnée en partie sur la mer. En 1882, on couvre le lit du Fango sur plus de 800 mètres, de manière à aménager l'assise du boulevard de la gare (l'actuel boulevard Sebastiani, ex-Carnot). Il y a à l'embouchure du torrent une petite plage, fréquentée l'été venu par des baigneurs de tous âges, jeunes et adolescents souvent en tenue d'Adam. Protestation des pères de famille : « Que les règlements de police rendent obligatoire le port du caleçon ! ».

Mgr Paul-Mathieu Della Foata évêque d'Ajaccio (1877-1899) : il lui revient de bénir les travaux à Aspretto et de prononcer pour la circonstance un disours dont les 14 pages furent spécialement éditées.

DISCOURS
PRONONCÉ AU COL D'ASPRETO
LE 7 DÉCEMBRE 1878
PAR
SA GRANDEUR MONSEIGNEUR DE LA FOATA
ÉVÊQUE D'AJACCIO
POUR LA BÉNÉDICTION DES PREMIERS TRAVAUX
DU
CHEMIN DE FER DE LA CORSE.

Monsieur le Préfet,
Messieurs,

Je suis on ne peut plus heureux de voir l'industrie humaine réclamer les bénédictions du Ciel, et appeler ainsi le Très-Haut au milieu d'une foule immense accourue à cette fête religieuse et na-

L'anse Saint-Nicola à Bastia
avant son comblement par
les déblais du tunnel des
Torrette.

Le percement de la galerie s'avère plus difficile qu'à Ajaccio, même si on commence également aux deux extrémités, car il faut aussi creuser deux puits verticaux d'accès et d'aération intermédiaires. Grave accident en août 1880 : une énorme voie d'eau est ouverte par un tir de mine, qui provoque la mort par noyade de sept mineurs. Il reste alors environ 300 mètres à creuser, à raison d'une douzaine de mètres par mois. Fort heureusement, on pourra utiliser une perforatrice, comme on le fera à Vizzavona, qui creusera une dizaine de mètres par jour. À ce moment, quatre cent cinquante ouvriers travaillent dans le tunnel. Au lendemain des élections municipales de mai 1882, le maire de Bastia, Ignace Bonelli, et ses deux adjoints, effectuent une visite du souterrain dont le percement est achevé (il sera livré en novembre). Dans *Corse-matin* du 12 mai 1982, Louis Lorenzi raconte :
« Lanterne à la main, pataugeant dans des flaques d'eau, évitant de justesse des chutes de pierre, les patrons de la mairie mettent plus d'une heure pour parcourir les 1 500 mètres du tunnel dont ils sont heureux de voir le bout. Trempés jusqu'aux os par l'eau qui suintait des murs et tombait de la voûte, ils se sèchent au chaud sur les bords du Fango où, battant le linge, chantent les lavandières ».

Dans *Le Petit Bastiais* du 3 septembre 1883, François Bonerandi dresse un constat mitigé : « Bravo pour le frontispice monumental qui orne et décore parfaitement l'entrée Nord et qui représente ce fameux bastion qui a donné son nom et ses armes à la ville. Mais l'entrée tortueuse du chemin vicinal qui contourne vers le Nord l'emplacement de la gare laisse beaucoup à désirer. Au Sud, à la sortie du tunnel à Lupino, on est saisi d'un sentiment de tristesse à la vue de ces maudites pierres noires qui alternent si mal avec des pierres blanches. Si l'on avait placé à son sommet une tête de mort avec des os en sautoir, l'illusion aurait été parfaite : on aurait pris cette entrée Sud pour notre cimetière ».

L'emplacement de la gare
d'Ajaccio a été gagné sur la mer. À gauche, les eucalyptus et la voie du port qui ont fait place dans les années soixante aux bâtiments de l'équipement.

Autre imprécation, le 17 janvier 1886, dans le même quotidien : « Lorsque fut décidée la construction du chemin de fer, il s'éleva un long gémissement ; les rouliers, postillons, conducteurs, maîtres de poste, s'unirent dans un lugubre concert de gémissements. Aujourd'hui, les porteuses d'eau exhalent des plaintes analogues. Les eaux du Bevinco vont tuer leur industrie et, n'était la crainte salutaire de la force publique, elles couperaient, briseraient ces infâmes tuyaux qui grimpent jusqu'au 4e étage pour déverser le liquide qu'elles ont transporté jusqu'à ce jour moyennant rétribution ».

À l'inverse d'Ajaccio, on ne fête pas à Bastia l'inauguration des travaux du chemin de fer. Ce n'est cependant que partie remise : le 1er février 1888, la ville est pavoisée – drapeaux déployés, branches de myrte et de mimosa aux fenêtres – illuminations réceptions, feux d'artifice, prises d'armes, marquent la fête. Le Cercle républicain, installé boulevard Paoli – la Traverse – offre

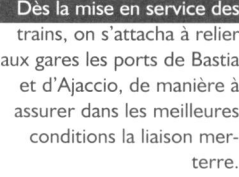

un « punch » sous cinq lustres aux lampes tricolores. « La République à la Corse », peut-on lire sur une toile, éclairée a giorno, représentant une locomotive « Nous sommes enfin entrés dans la Terre promise », clame Emmanuel Arène dans *Le Petit Bastiais*, tandis que *Bastia-Journal* salue l'ouverture d'une ère nouvelle. Quant au rédacteur du *Petit Bastiais*, il ne dissimule pas son enthousiasme : « Un sifflet strident pour avertir que l'heure est venue de prendre place sur la lourde machine qui souffle et gronde. Nous grimpons sur la plate-forme qui fait suite à la chaudière. À sept heures quinze, le mécanicien lance un dernier appel et nous nous enfonçons dans le tunnel de la Torretta, dont nous franchissons rapidement les 1 500 mètres. Pour nous qui avons parcouru souvent cette route de Bastia à Corte, au trot des chevaux de la diligence, c'est une sensation sui generis que celle que nous éprouvons en filant rapidement à travers ces campagnes où chaque repli de terrain nous est connu. Aux mots de station, de gare, à la vue de cette plaine qui semble fuir devant la machine, le cœur de tout Corse tressaille. C'est le progrès, le progrès tant désiré qui s'accomplit ».

Dès la mise en service des trains, on s'attacha à relier aux gares les ports de Bastia et d'Ajaccio, de manière à assurer dans les meilleures conditions la liaison mer-terre.

Les Bonapartistes se montrent ici plus discrets qu'au chef-lieu. Ils ne contestent pas l'affirmation répétée de leurs adversaires, qui chantent la gloire de la République : « C'est à elle que nous devons ces bienfaits. C'est elle qui a définitivement assuré la prospérité matérielle de la Corse ».

N'importe ! 1878 et 1879 resteront deux dates mémorables dans l'histoire du chemin de fer de la Corse. À Ajaccio et Bastia, on était entrés littéralement dans un tunnel pour distinguer la lumière à l'autre bout et en sortir avec au cœur un immense espoir nourri cette fois de certitudes.

Le démarrage des chantiers et les projets avortés

La gare d'Ajaccio avant la
guerre , en 1938. Au premier
plan, le cours Napoléon. En
contrebas, le dépôt des
locomotives et le parc à
charbon.

La main-d'œuvre en question et des expropriations hors de prix...

QUINZE ANNÉES DURANT, de 1879 à 1894, la Corse vit au rythme du plus grand chantier qu'elle ait jamais connu. Des milliers d'ouvriers – de tous les corps de métiers – travaillent sur les divers points de l'ensemble du réseau. Leur nombre est évalué à vingt mille, l'immense majorité recrutée en Italie, singulièrement dans les provinces voisines de Florence, Arezzo, Bologne et Parme. Ce sont des bûcherons, des tailleurs de pierre (tous les ouvrages sont construits en granit généralement taillé avec art), des mineurs, des artificiers, des transporteurs, des maçons, etc. Ils vivent sur place, souvent dans des conditions précaires et, d'ailleurs, certains d'entre eux investissent leurs économies dans l'achat de petits terrains en vue de leur installation au village à la fin des travaux.

Pendant cette période, même si des retards surviennent dans les ouvertures de crédits, l'effort financier de l'État est véritablement extraordinaire. Il faut en effet tracer des lignes adaptées à un terrain singulièrement accidenté, acquérir les terrains à des coûts la plupart du temps prohibitifs, longer les vallées en y creusant des tranchées et en comblant les *thalwegs*, traverser des crêtes, poser une voie métrique, aménager des courbes de 100 m minimum de rayon et des déclivités égales ou inférieures à 30 mm par mètre, creuser 43 tunnels (13 185 m au total), élever 76 ponts (4 085 m) sans compter les ponceaux et aqueducs, bâtir 57 gares, 50 bâtiments à marchandises, dits « Petite vitesse », 12 bâtiments de maintenance et d'entretien du matériel roulant, 75 maisonnettes cantonnières, 400 km environ de lignes télégraphiques équipées « pour assurer la sécurité de la circulation », et plus de 50 km de murs de soutènement. Et ce n'est pas tout, car on doit y ajouter le captage des sources et la pose des tuyaux destinées à l'alimentation des locomotives par châteaux d'eau et grues hydrauliques interposés, les ponts tournants pour locomotives, les plaques tournantes pour wagons de marchandises, les chariots transbordeurs, les ponts bascule, et ce qui concourt directement à la pose de la voie : ballastage, rails de huit mètres à double champignon dissymétrique, éclisses, boulons d'éclisses, coussinets, tire-fonds, traverses et coins, signaux lumineux, lignes téléphoniques (chaque gare ou passage à niveau étant relié à la précédente et à la suivante).

La voie devra aussi être clôturée sur toute sa longueur sur un mètre de haut, ce qui est « indispensable pour tout le réseau parce que le respect de la propriété non close existe peu en Corse » et que « la voie laissée libre serait continuellement envahie par les troupeaux de chèvres et de moutons ». Un siècle plus tard, ces ruminants le céderont à d'autres : les vaches...

Il faut aussi implanter les stations au plus près – ou au moins loin – des villages de manière à desservir la plus grande proportion des populations, quitte à infliger des marches de deux ou trois heures, quelquefois davantage, aux habitants désireux de prendre le train. Un rapport officiel dit pourtant « la nécessité de rapprocher autant que possible la gare des localités à desservir ». À ce sujet, un rapport de l'Ingénieur en chef en date du 25 novembre 1908 explique l'économie de la desserte, la localité la plus éloignée étant située à moins de 10 km à vol d'oiseau de la gare la plus proche : 116 communes (117 000 habitants) sur Ajaccio-Bastia, 38 (26 000 hab.) sur Ponte-Leccia-Calvi, 49 (31 000 hab.) sur Casamozza-Ghisonaccia et, quand la ligne sera construite, 18 (21 000 hab.) sur Ghisonaccia-Bonifacio. Comme il est alors prévu de relier Ajaccio à Sartène, ce sont 55 communes (62 000 hab.) de plus qui seraient desservies. Au total, deux tiers des agglomérations et de la population…

La convention de 1882 liant l'État à la Compagnie des chemins de fer départementaux (CFD) dispose que celle-ci devra acquérir des bandes de 18 mètres de largeur afin d'y poser la voie et d'y faire entretenir des plantations d'eucalyptus, notamment autour des gares et des talus en remblai. Il s'agit, on le sait, de combattre le paludisme, aucun remède sinon la quinine (qui sera distribuée largement aux ouvriers, puis aux agents) n'ayant encore été découvert. Il est même précisé que les traverses devront être en laricciu créosoté – l'injection de créosote rend le bois imputrescible – ou en hêtre ou chêne. Il n'en est pas moins vrai qu'en mars 1883, *Le Petit Bastiais* du 3 mars, reprenant le *Journal de la Corse*, publie l'information suivante :
« Un grand transport allemand, le « Moreo », venant de Trieste, a débarqué 24 000 traverses pour notre chemin de fer. Les bateaux qui arrivent de Marseille apportent également à chaque arrivée des rails destinés à la même affectation. Tout le matériel de la première ligne ferrée de la Corse se trouvera bientôt sur place. Nous apprenons en effet que des transports, partant de Trieste, arriveront prochainement à Bastia avec 106 000 traverses ».

La forêt insulaire, on le voit, n'est pas mise à contribution. Curieusement, elle sera au lendemain de la Seconde Guerre mondiale appelée à fournir des centaines de milliers de traverses de pin et de hêtre en vue de leur reconstruction aux chemins de fer français, allemands et hollandais.

Le besoin de main-d'œuvre, de préférence qualifiée, est considérable. Il est très difficile d'en trouver dans les villes et les quelques villages appelés à être traversés. « À l'ouverture des travaux, en 1879, on avait fait venir des maçons limousins que l'on payait 12 francs par jour pour la construction des tunnels et des mineurs piémontais qui recevaient un salaire de 7 à 8 francs par jour, peut-on lire dans un rapport officiel. L'ouvrier corse, qui ne gagnait que 2 francs par jour comme terrassier, s'improvisa, stimulé par la haute paye des ouvriers étrangers, maçon et mineur et, au bout de deux à trois ans, les maçons et mineurs corses faisaient aussi bien que les Limousins et les Piémontais qui ne tardèrent pas à être renvoyés par les entrepreneurs ».

Le couperet de la convention du 8 novembre 1909 : « au plus tard, le 31 décembre 1945 ».

Entre Venaco et le Vecchio, des travaux gigantesques, tel ce pont dans un site exceptionnel

La construction des ouvrages maçonnés a exigé l'emploi d'ouvriers particulièrement qualifiés. Venus d'Italie, les tailleurs de pierre, appareilleurs, ravaleurs, bardeurs, poseurs et jointoyeurs ont, sur instructions des architectes, donné à ces ouvrages le caractère de véritables œuvres d'art. Le détail de ce pont est à cet égard significatif. Le granit blanc a été, en dépit des difficultés de la tâche, minutieusement travaillé : moellons pour les fondations, taille rectangulaire ou octogonale pour les piliers, tablettes pour les couronnements de mur, moulures, sculptures dans la masse simplement dégrossie, remplissage des joints pour l'aspect définitif.

Les villageois entendent bien, pour ce qui les concerne, être prioritairement employés. Ainsi, le 2 septembre 1880, Basile Vizzavona, maire de Bocognano – alors la commune la plus peuplée de la vallée de la Gravona avec 1 800 habitants – se fait auprès du préfet l'écho des préoccupations de ses administrés, qui viennent chaque jour lui réclamer du travail : « Si l'on devait favoriser quelques-uns, c'est bien les habitants de ma commune, car il est souverainement établi que les chantiers du chemin de fer sont occupés presque tous par des étrangers. Dans ce genre de travaux, il ne devrait pas y avoir de caste privilégiée, tout le monde devrait travailler ». Les Ponts et chaussées sont appelés par le préfet à instruire la protestation. Réponse cinglante de l'ingénieur :

« Dès que le sieur Bruguier eut été chargé par le préfet des sondages du col de Vizzavona, il alla s'installer à Bocognano. Presque aussitôt, le maire vint lui recommander une assez grande quantité d'ouvriers qui furent immédiatement pris sur les chantiers. Malheureusement, par suite de ce succès, tous les habitants y compris le maire exagérèrent l'influence que pouvaient avoir les recommandations de ce fonctionnaire et crurent que sa protection était pour l'administration un titre plus important que de bons services. Aussi les ouvriers de Bocognano, se sentant soutenus par une main aussi puissante, jugèrent qu'il était inutile pour eux de travailler avec l'ardeur de leurs camarades des communes avoisinantes et les choses en arrivèrent à un tel point que l'on dût licencier un certain nombre d'entre eux. Quant aux autres, ils font encore partie de notre personnel et cela suffit à démontrer que nous n'avons jamais eu de parti pris, que nous n'avons de privilèges pour aucune caste et que nous ne faisons de distinction qu'entre les bons et les mauvais ouvriers ».

Qui plus est, une fois adressée au préfet sa lettre de protestation, le maire aurait « employé son autorité à entraver aussi complètement que possible » l'action du représentant de l'administration. Vis-à-vis de celui-ci et de ses collaborateurs, les ouvriers « ont pris des manières insolentes, provocantes même » et il est « arrivé plusieurs fois qu'un ouvrier renvoyé pour incapacité ou insubordination ait répondu insolemment qu'il ne s'en irait pas, qu'il avait le droit de travailler, que le lendemain il reviendrait quand même. Puis il emportait les outils qui lui avaient été confiés et proférait des menaces contre qui voulait les lui retirer ». L'ingénieur chargé du rapport conclut en soulignant la gravité de ces faits dont il rend le maire responsable : « les ouvriers sont sûrs de trouver l'appui auprès du maire de Bocognano qui, par cela même, nous empêche d'être les maîtres sur nos chantiers ».

L'affaire n'en reste pas là. Le conflit perdure, et pas seulement à Bocognano. Le 8 novembre 1880, les Ponts et chaussées se plaignent de « tentatives fréquentes d'immixtion dans les travaux, et l'attitude très ferme et très nette du personnel a déjà entraîné bon nombre de plaintes dans le genre de celles-ci, sans parler de dénonciations anonymes ». En conclusion, ils menacent d'en appeler au ministre, « en le priant de prendre telles mesures qu'il jugera utiles pour nous permettre de continuer les travaux qui, sans cela, deviendraient absolument impossibles ».

Pendant les années 1881 et 1882, les conflits se multiplient, suscitant discussions et différents en cascade, si bien que le gouvernement décide de concéder à une société privée les lignes à terminer (sauf Ajaccio-Bastia, commencée par l'État) et l'exploitation totale du réseau. La Chambre des députés, le 25 juin 1883, puis le Sénat, le 6 novembre, adoptent le projet de loi qui officialise la convention passée le 21 février entre le ministre des Travaux publics et la Compagnie des chemins de fer départementaux (CFD). À partir de ce moment, les conflits s'atténueront, sans évidemment disparaître, et la construction des 296 km du réseau achevée dans les dix années à venir. Pour la liaison Ghisonaccia-Porto-Vecchio, il faudra attendre plus de quatre décennies.

L'entrée Sud du tunnel de Vizzavona, qui est maçonné sur toute sa longueur (3 916 m) comme la plupart des souterrains.

Entre-temps survient un incident pittoresque. Sur les chantiers du tronçon Ucciani-Bocognano, les vols sont nombreux, la nuit venue, dans les baraques où est entreposé le matériel. Saisis de plaintes, les gendarmes ne peuvent naturellement monter la garde sur les 16 km du parcours. Les entrepreneurs finissent par frapper à la porte du maire de Bocognano. « Pourquoi ne vous adresseriez-vous pas aux Bellacoscia ? » leur dit-il. Les deux frères Antoine et Jacques Bonelli tiennent dans l'impunité le maquis à Pentica depuis une trentaine d'années. Leur réputation les fait craindre dans toute la région. Basile Vizzavona, qui entretient avec eux des liens amicaux (sa femme et lui ont porté le fils d'Antoine aux fonts baptismaux) organise l'entrevue, qui est très cordiale. Contre une indemnité mensuelle de 400 francs et l'embauche de deux de leurs neveux (« ils sont justement disponibles, ils pourront ainsi surveiller le mouvement »), les bandits acceptent ce qui leur est proposé. Quelques jours plus tard, on voit apparaître sur les baraques de petits écriteaux portant ces simples mots : « Celui qui touche au matériel est un homme mort ». Signé : « Bellacoscia ». Jusqu'à l'achèvement du chantier, on n'y signala plus le moindre larcin.

Bémol à cette anecdote : le reporter du *Temps* Paul Bourde, qui réunira ses articles dans son livre *En Corse*, selon lui « un morceau de Moyen Âge subsistant en Méditerranée », écrit qu'en réalité, « il est arrivé plusieurs fois que les bandits aient signifié aux ingénieurs qu'ils ne toléreraient que tel ou tel adjudicataire pour un travail à exécuter ». Il ajoute : « Les entrepreneurs du grand tunnel de la Foce, à travers l'épine dorsale des montagnes, ont dû servir une rente aux Bellacoscia pour préserver leurs chantiers de l'interdiction ».

Les expropriations de terrains sur une longueur totale de 365 kilomètres d'Ajaccio à Bastia, de Ponte-Leccia à Calvi, de Casamozza à Porto-Vecchio et de Porto-Vecchio à Bonifacio coûtent un prix astronomique. L'extension du réseau pose d'ailleurs de sérieux problèmes budgétaires. Le coût des expropriations s'avère fabuleusement élevé, qu'il s'agisse des exigences des propriétaires ou des décisions des jurys appelés à fixer le montant des indemnisations. Dès le 31 janvier 1879, un rapport officiel situe les difficultés : « Les terrains traversés sont de qualités diverses ; on y rencontre des marais, des enclos maigres, mais aussi des jardins et des terres d'alluvions de première qualité. Aussi le prix assigné à l'hectare varie-t-il de 1 000 à 4 000 francs. La largeur de l'emprise n'est jamais inférieure à 10 mètres. En dehors de la surface de terrain qui sera ainsi enlevée aux propriétaires, il résulte pour eux de l'établissement du chemin de fer une servitude grave et une dépréciation considérable. Nous avons bien cherché à l'atténuer en ménageant, partout où il a été possible, des passages à travers le chemin de fer mais, néanmoins, il est incontestable que les travaux projetés occasionnent une perturbation sérieuse dans l'exploitation des propriétés ».

Les propriétaires n'admettent pas les retards dans les règlements. Le 10 juin 1883, *Le Petit Bastiais* réitère la protestation déjà exprimée de certains d'entre eux : « Rien n'est fait pour arriver au règlement des indemnités dues aux propriétaires expropriés pour les besoins du chemin de fer, et voilà deux ans que les propriétés sont occupées. En vérité, c'est à n'y rien comprendre. L'État aura plus tard à payer les intérêts légaux, qui seront considérables étant donné l'importance des propriétés

Rififi à Bocognano

LE 11 SEPTEMBRE 1888, l'agent des Ponts et chaussées Joseph Tavera, « dûment assermenté », donne à l'entreprise l'ordre d'attaquer les travaux de terrassement au hameau de Subranacci, destinés à construire la route de la gare. Les consorts Morelli s'opposent formellement à ces travaux, « tombent sur les ouvriers et leur arrachent les outils ». Cette scène se reproduit « deux ou trois fois ». Requis, les gendarmes arrivent sur les lieux et arrêtent les quatre délinquants. Le maire télégraphie au préfet : « Ces arrestations me paraissent injustifiées. En effet, ils n'ont pas été indemnisés ». L'enquête établit qu'il s'agit d'un passage public et non une propriété privée. Jugement du Tribunal de première instance d'Ajaccio en date du 1er décembre 1888 : « Prévenus de s'être opposés à l'exécution des travaux du chemin de fer, ils ont été condamnés, l'un à 15 jours d'emprisonnement, les trois autres à 10 jours de la même peine ».
La décision d'emprunter ce tracé avait été prise le 26 avril. L'année précédente, en effet, la CFD avait projeté de construire la route de la gare à partir du pont de Pitreda, à l'entrée sud du village, en passant par le sentier du futur lavoir et de la gendarmerie. Vives protestations de la municipalité, qui préfère le désenclavement des Subranacci : « La population, est justement alarmée et décidée à s'opposer formellement à ce travail, et cela pourrait donner lieu à des troubles qu'il convient d'éviter », écrit le maire au sénateur Peraldi. En conséquence de quoi le point de départ de la route sera situé place de la Mairie.

sur toute la ligne de Ponte-Leccia à Corte, surtout dans cette ville où la voie ferrée traverse les meilleurs biens d'un rendement considérable. Mais les intérêts ne seront pas suffisants pour couvrir les propriétaires du préjudice qu'ils éprouvent par les retards que nous signalons. Il est temps que l'État paye sa dette. C'est une question d'honnêteté ».

Voie ferrée la plus pittoresque et la plus hardie du monde
(Tunnel de Caporalino)

Mais le montant des indemnités accordées par les commissions d'arrondissement désignées par le conseil général et très majoritaire-

À la sortie Nord de la gare d'Omessa, sous le rocher de Caporalino, l'extraordinaire ouvrage d'Agazza : un tunnel de 221 mètres et, prenant son assise sous celui-ci, un pont à ciel ouvert de 523 mètres.

ment composées d'élus ou d'anciens élus (328 membres au total alors que le minimum est de 180 !) est-il « honnête » ? Les recours de l'État ou de la CFD devant le « Jury d'expropriation » (souvent, les pourvois en cassation) sont nombreux. Exemples de distorsion tranchés le 12 juillet 1888 par le jury de Bastia sur les territoires de Castifao et Morosaglia (ligne de Balagne) :

– Pour cent ares, 25 000 francs attribués par le jury de Corte, 1950 offerts par la CFD, 9 973 alloués par le jury de Bastia ;
– pour neuf ares, 6 000 francs attribués, 762 offerts, 1 000 alloués ;
– pour vingt-six ares, 12 000 francs attribués, 1 200 offerts, 3 150 alloués ;
– pour cinquante-trois ares, 25 000 francs attribués, 1 000 offerts, 5 374 alloués ;
– pour 18 ares de vigne, une amie du chef de clan Casabianca reçoit 13 000 francs, alors qu'un exproprié appartenant au clan adverse n'en obtient que 2 000 pour 16 ares.

902. - CORSE. - CAPORALINO

La même année, on dénonce d'importants retards sur les tronçons Vizzavona-Corte. Motif : soit les propriétaires n'ont pas encore été payés, soit les crédits n'ont pas été ouverts. Rapport de l'Ingénieur en chef en date du 14 mars 1888 : « Vizzavona-Vecchio : à supposer que l'État se décide à doter ces travaux, la nécessité de payer les sommes exorbitantes allouées par le jury d'expropriation retardera dans tous les cas l'ouverture à l'exploitation ; Vecchio-Corte : les projets sont prêts, mais les adjudications ne peuvent pas avoir lieu parce que les terrains ne sont pas acquis. L'État paraît décidé à ne pas courir la chance des expropriations. Il a offert de payer une somme totale de 150 000 francs, représentant plus du triple de la valeur réelle des terrains et il a invité le conseil général à répondre des surplus ». Autre raison de ces retards : « un éboulement mémorable qui fut savamment préparé avec la

Jury d'Expropriation

Le jury d'expropriation s'est réuni aujourd'hui à Bastia sous la présidence de M. Cristofini, juge suppléant.

6 affaires ont été jugées, (il s'agissait de l'assiette de la voie ferrée sur le territoire de Castifao et de Morosaglia).

1ʳᵉ AFFAIRE. — Grimaldi d'Esdra Joseph-Marie, emprise : 2 hectares, 17 ares.

Le jury de Corte avait alloué 28,000 francs.

La Cie des chemins de fer départementaux offrait 5,100 francs. Le jury de Bastia a accordé 22,070 fr.

2ᵉ AFFAIRE. — Grimaldi Joseph-Marie (Dame Costa). Emprise 34 ares — Allocation de Corte 5,000 fr. — Offre de la Cie 900 fr. — Allocation du jury de Bastia 3,600 fr.

3ᵉ AFFAIRE. — Grimaldi d'Esdra Joachim (frères et sœurs). Emprise 99 ares, 73 cent. — Allocation de Corte, 25,000 fr. — Offre de la Cie 1959. — Le jury de Bastia, alloue 9,973 fr.

4ᵉ AFFAIRE. — Mariani Valère. Emprise 8 ares 78 cent. — allocation de Corte 6000 fr. — offre de la compagnie 762 fr. — Le jury de Bastia a alloué 1000 fr.

5ᵉ AFFAIRE. — Mariani Jean-Paul. Emprise 26 ares — allocation de Corte 12000 fr. — offre de la Cie 1200 fr. — Le jury de Bastia a alloué 3150 fr.

6ᵉ AFFAIRE. — Giorgi Pascal de Castifao. Emprise 53 ares — allocation de Corte 25000 fr. — offre 1000. — Le jury de Bastia a accordé 5374 fr.

Les délibérations des jurys d'expropriation étaient publiées dans la presse locale. Ici, *Le petit Bastiais* du 12 juillet 1888.

complicité des surveillants des Ponts et chaussées et qui eut pour résultat de mettre dans la poche des entrepreneurs 500 000 francs de travaux non prévus » affirme le journaliste corse Pierre Piobb (de son nom Piobbetta) dans son ouvrage *La Corse d'aujourd'hui* publié en 1909 en réponse au fameux rapport Clemenceau.

Sur le plan général, l'Ingénieur en chef estime que les allocations fixées par les jurys insulaires en 1886 et 1887 ont « porté un coup funeste » aux travaux : « autant les pouvoirs publics étaient disposés à venir en aide à ce beau pays, à y développer l'agriculture et l'industrie, à doter l'île de tout l'outillage nécessaire au progrès matériel, autant aujourd'hui ils paraissent découragés et prêts à laisser inachevée l'œuvre entreprise. Sous toutes les formes, à chaque instant, à propos de tout, on nous répète les mêmes reproches contre le peu de souci de l'avenir qu'ont montré les intéressés en préférant au bien public la satisfaction de quelques intérêts particuliers ».

Un peu partout, les distorsions sont mises en évidence : en 1890, des terrains acquis à l'amiable sont payés 3 000 francs l'hectare, d'autres, maquis absolument incultes et sans valeur, sont estimés par le jury d'expropriation jusqu'à 70 000 francs, et 245 000 pour un jardin sans bâtiment ni morcellement. L'administration se pourvoit en cassation, le prix est alors fixé, à forfait, à 10 000 francs ; en 1897, à Corte, le jury accorde une indemnité de 40 000 francs pour l'occupation sur une longueur de 50 mètres du tréfonds d'une propriété par un tunnel bien que le dommage causé soit nul ; en 1900, le même jury alloue 40 000 francs pour quarante mètres carrés de terrains incorporés à la route par voie d'alignement, soit une évaluation sur la base de dix millions l'hectare !

« Le plus clair du prix kilométrique a été absorbé par l'acquisition des terrains, écrit encore Pierre Piobb. Ce fut un véritable scandale à l'époque. La politique ayant

3050. - CORSE. - Voie ferrée Tunnel entre Vivario et Tattone

joué son rôle néfaste, chacun s'ingénia à se faire adjuger par la commission d'expropriation des prix fantastiques pour le moindre lopin de terre. On paya à raison de 75 000 francs l'hectare des rochers qui ne valaient pas quatre sous. Et bien entendu furent seuls favorisés les propriétaires qui avaient les accointances politiques nécessaires ».

Les conditions d'expropriation n'étaient pas les seules difficultés sur la section de Vivario. Il y avait aussi la nécessité de traverser des amas de rochers, quelquefois aggravée par des éboulements opportunément survenus…

Cependant, il ne faut pas s'incliner devant ces abus, mais les réprimer et, comme il ne faut plus compter sur les seuls sacrifices de l'État, il importe que le Département de la Corse en assume au moins sa part. C'est cette voie que l'on prendra. Car il faut décidément mettre un terme au gaspillage financier que l'on dénonce au Palais Bourbon comme au Luxembourg. « Cette sage précaution de laisser au département la charge et la responsabilité des expropriations était indispensable en Corse où les prix demandés pour des expropriations dépassent généralement les plus larges expropriations, déclare M. Bouhey-Allex, rapporteur des Travaux publics à la Chambre des députés. On peut en juger lorsqu'on trouve dans le nouveau Larousse illustré la mention suivante : « Beaucoup de travaux de chemins de fer, en Corse notamment, ont dû être abandonnés parce que le jury d'expropriation avait accordé aux propriétaires des indemnités trop grandes ». Les jurés corses seront sans doute moins généreux lorsqu'ils sauront que les indemnités devront être payées par leur propre département, c'est-à-dire par eux-mêmes ».

Le cofinancement État-Département s'avère inévitable. On en débat de façon décisive à la Chambre des députés le 29 novembre 1905 :
Thadée Gabrielli, député de Sartène, qui réclame la réalisation de la ligne Ghisonaccia-Bonifacio : « Il est vrai que le prix d'acquisition des terrains a jusqu'alors dépassé toutes les prévisions. Cet inconvénient n'est plus à craindre car un maximum de 5 000 francs par hectare a été fixé. Si jamais ce chiffre venait à être dépassé, le conseil général de la Corse prendrait à sa charge l'excédent ».
Maurice Sibille, député : « On ne reverra donc plus les scandales que j'ai signalés dans mon rapport l'année dernière : des terrains incultes, sans valeur, payés à des prix extrêmement élevés ! ».

Thadée Gabrielli : « Je suis le premier à déplorer les exagérations auxquelles vous faites allusion, mais il convient de reconnaître qu'elles ne sont pas spéciales à la Corse ».
M. Gauthier, ministre des Travaux publics : « La ligne Ghisonaccia-Bonifacio doit coûter 14 750 000 francs. Étant donné les faits qui se sont passés en Corse, il est indispensable que le département s'engage à prendre à sa charge toutes les dépenses de terrains dépassant la somme prévue au projet ».
M. Gabrielli : « Le conseil général est disposé à le faire ».
Le ministre : « Il faut en second lieu qu'il prenne l'engagement de supporter, suivant la doctrine du Parlement et des commissions, le coût des terrains ».

Le règlement, c'est le règlement

POUR EMPÊCHER LA DIVAGATION des animaux sur la voie, une clôture d'un mètre de haut avait été posée sur l'ensemble du réseau toute à sa construction. L'interdiction visait, toutefois, également les piétons…
Coupable d'avoir circulé le long de la voie ferrée en mars 1890, et d'y avoir abandonné un âne et un ânon, la dame Blanche X… a été condamnée à 16 francs d'amende ; le 2 juin, une autre femme qui s'était contentée d'y cheminer seule est condamnée à 6 francs d'amende ; le 6 juillet, Paul-Baptiste S…, 25 ans, est condamné à 16 francs d'amende « pour avoir conduit son cheval dans l'enceinte du chemin de fer ». Et tous ces gravissimes délits étaient commis à Ucciani !
Mais peu seulement : 24 procès-verbaux de grande voirie, dont 18 pour présence de bestiaux sur les lignes sont dressés en 1909, et on relève qu'un coup de feu a été tiré sur un convoi en marche (un éleveur mécontent d'avoir été verbalisé ?). En 1908, le nombre des p.v. s'était élevé à 71, dont 53 pour présence de bestiaux.

Le conseil général et l'État parviennent à un accord en 1906, mais c'est le Département qui, jurys d'expropriation aidants, en sera victime. Sur 2 550 000 francs d'indemnités allouées, il devra en payer pour sa part 1 883 000. Or, le montant des expropriations avait été évalué à un million, dont un tiers – mais aussi tout dépassement – à la charge du département. L'État s'est pourvu en cassation pour 200 cas. Le 27 mai 1914, le conseil général est saisi de l'affaire par le ministre des Travaux publics qui lui demande s'il convient de se désister ou de poursuivre la procédure. Celui-ci est favorable au désistement, tant il est vrai que la plus large partie des indemnisations ne serait pas à la charge de l'État. L'assemblée départementale entend un rapport détaillé de Gaston Fantauzzi (par ailleurs banquier réputé) et l'adopte à l'unanimité, refusant ainsi de se prononcer. Motifs : « d'une part, le conseil général n'a jamais été consulté sur certaines modifications du tracé primitif, modifications qui permettent de réaliser des économies sur la construction de la voie, dont la charge incombe uniquement à l'État, mais deviennent par contre extrêmement onéreuses pour le département à cause de la nature et de l'étendue des terrains à acquérir ; d'autre part, il n'a pas davantage été consulté sur les offres réelles ou amiables à faire aux propriétaires des terrains traversés, ni sur la procédure à suivre en vue et au cours des opérations d'expropriation, ni sur l'opportunité des poursuites ».

« Nous avons des responsabilités, conclut Gaston Fantauzzi. Elles sont malheureusement des plus lourdes. Nous avons pris des engagements, nous ferons honneur à notre signature, nous paierons, mais s'il y a d'autres responsabilités, en toute justice, en toute équité, j'estime qu'elles ne peuvent pas nous incomber, et que nous ne devons pas les accepter. À chacun sa part ».

L'accord de 1906, suivi de la déclaration d'utilité publique le 1er décembre 1911, sera en tant que de besoin confirmé dans les années 1920 : deux tiers à la charge de l'État tant que la dépense n'atteint pas un million, un tiers à la charge du département et la totalité de l'excédent lorsqu'elle dépasse un million. La construction de la ligne Ghisonaccia-Bonifacio commencera, bien plus tard en raison de la guerre, mais le train s'arrêtera en 1935 à Porto-Vecchio encore que les acquisitions foncières eurent également été effectuées sur les 40 kilomètres séparant cette ville de Bonifacio.

Entre Bocognano et Tavera,
au pied de la magnifique cascade du *Voile de la mariée*, le pont du Salicciu : 120 mètres de long, 28 mètres de haut, 6 arches de 14 mètres.

Ile-Rousse (Corse)

Edition Santini, Châlet, Ile-Rousse

Des gares un peu partout

LES CONSTRUCTEURS DU RÉSEAU avaient prévu la construction de 57 gares et haltes. Mais l'aspiration au train pour tous par la réduction des distances à parcourir (le plus souvent à pied) par les voyageurs était très forte. D'où nombre de requêtes le plus souvent d'ailleurs insatisfaites :

– La transformation en station de la halte du pont du Tavignano, demandée en 1888 par le conseil général n'est pas retenue. Cette assemblée émet alors le vœu que soit rendu possible aux habitants des cantons de Moïta et Piedicorte l'accès à la gare d'Aleria, située sur la rive droite du torrent, par une route de communication sur la rive gauche ;

– Le conseil municipal de Tavera demande le 13 septembre 1881 l'établissement d'une halte à Tavera-Vecchia, à mi-chemin de la gare de Tavera et celle de Bocognano, séparées par près de 8 kilomètres, au « Ponte a'passaghju », sur l'ancien chemin qui conduit de ce village à Bastelica. Motif : il suffirait de 2 heures aux Bastelicais pour franchir le col de Scalella et y venir prendre le train ; de plus, cette région est la plus riche en châtaigniers. Réponse officielle : les travaux sont déjà en cours et il est impossible d'y faire un palier. En outre, rien ne laisse prévoir que, dans un avenir très éloigné, il soit nécessaire d'établir à cet endroit une station ou une halte ;

– Le conseil municipal de Vero souhaite l'établissement d'une halte à hauteur de Suaricchio, ce qui éviterait aux habitants du village et à ceux du Cruzzini d'aller prendre le train à Carbuccia ;

– En 1889, sur la ligne Casamozza-Ghisonaccia, le conseil général demande l'établissement d'une halte à Figareto et la transformation en stations des haltes de la Padulella (plus tard Moriani-plage) et San-Brancaziu. Refus de l'administration, sauf pour San-Brancaziu ;

– Demande d'établissement d'une halte à San-Quilico, entre Soveria et Corte, mais refus de l'administration.

Des lignes stratégiques

LA CONSTRUCTION DU CHEMIN DE FER de la Corse, prise le 17 juin 1878, incombe à l'État, et à lui seul, puisqu'il lance les travaux d'entrée de jeu sur les lignes d'Ajaccio à Mezzana (13 km) et de Bastia à Corte (74 km). La section centrale, la plus difficile et donc la plus onéreuse, De Mezzana à Corte (71 km) est à son tour déclarée d'utilité publique le 27 décembre 1879. De graves problèmes (main-d'œuvre, expropriations), conduisent cependant l'État à confier à une société privée, la Compagnie des chemins de fer départementaux (CFD) la réalisation des autres sections, c'est-à-dire Ponte-Leccia-Calvi (80 km), Casamozza-Ghisonaccia (72 km), également reconnues d'utilité publique, et celles qui le seront plus tard, Ghisonaccia-Bonifacio (78 km) et Ajaccio-Propriano (55 km). La convention est approuvée le 24 juin 1883 par la Chambre des députés (Arène et Denis Gavini votent pour, Antoine Graziani, contre, Bartoli et Nicolas Peraldi ne prennent pas part au vote) et le 6 novembre 1883 par le Sénat.

En 1883, l'ensemble du réseau est concédé à la CFD (Compagnie des chemins de fer départementaux), qui l'exploitera jusqu'en 1943.

L'État se réserve l'achèvement de la ligne Ajaccio-Bastia, la CFD s'engage à construire les lignes de Balagne et de la Plaine orientale (jusqu'au Fiumorbu) dans un délai de quinze années, ainsi que les deux autres lorsqu'elles seront déclarées d'utilité publique.

La compagnie, à laquelle est concédée l'exploitation de tout le réseau, assumera le coût de la construction et de l'acquisition du matériel roulant. L'État lui remboursera les dépenses, évaluées à forfait (15 millions pour la Balagne, 10 pour la plaine) en 90 annuités majorées au taux de 5 %. Diverses clauses financières et techniques complètent la convention. « Il n'est pas sans intérêt de faire remarquer en terminant, précise l'exposé des motifs de la loi, l'importance militaire du réseau corse. Il permettra en temps de guerre de porter promptement les forces nécessaires à la défense, sur les divers points du littoral, qui peuvent être menacés ». L'argument est loin d'être neutre. Constitué sous le Second empire, le jeune État italien a fait en 1882 alliance avec l'Allemagne de Bismarck et l'Autriche-Hongrie dans le cadre de la Triplice. Lorsque Crispi parviendra au pouvoir, en 1887, il revendiquera le retour des « *terre irredente* », Savoie, Nice, et la Corse. La menace paraît donc réelle et c'est pourquoi, depuis l'avènement de la IIIᵉ République, tous ceux qui ont milité pour le train ont mis en évidence son importance stratégique et demandé que l'île soit fortifiée. Les parlementaires insulaires se font l'écho de la revendication, particulièrement le colonel Astima, qui avait été élu en 1886. Dans son *Emmanuel Arène, roi de la Corse sous la République* (La Marge, 1983), Xavier Versini rapporte cette anecdote :

« Je me souviens d'une séance où le colonel Astima, parlant des fortifications de la Corse, un de mes voisins me dit : « Mais ils sont insatiables, vos compatriotes ! L'autre jour, on vous a donné un chemin de fer, et aujourd'hui vous demandez des fortifications ! ». Je me contentai de sourire. Et quelle autre réponse aurais-je pu faire ? Le fameux chemin de fer qu'on nous avait donné, c'était tout simplement une somme de mille francs votée par la Chambre à titre d'encouragement ». Le « Rè Manuellu » était d'une évidente mauvaise foi, les sommes en question dépassant plusieurs millions. N'importe, pourtant ! À preuve des préoccupations des Corses, cet article du *Petit Bastiais* le 22 août 1889 :

« Le gouvernement a été sagement inspiré en prenant dès à présent des mesures relatives à la surveillance et à l'emploi de notre voie ferrée du point de vue stratégique. C'est en temps de paix que l'on doit préparer tout ce qui touche à la guerre. Une commission du réseau est créée, elle est composée du commandant Bruneau, chef d'état-major du gouvernement militaire de la Corse, et d'un membre technique qui sera désigné par le ministre des Travaux publics. En vertu de la décision prise, l'état-major a le droit de réclamer dès aujourd'hui les modifications et améliorations qu'il juge convenables. En temps de guerre, il prend la direction exclusive de la marche des trains et de tout ce qui concerne la voie. Les employés du chemin de fer, en raison de leur service spécial, sont dispensés des périodes d'exercice ».

Et le quotidien de se réjouir non sans naïveté : « Nous sommes heureux d'enregistrer cette nouvelle preuve de la sollicitude de notre état-major pour ce qui concerne la défense de l'île ». L'année suivante, deux gares recevaient le statut de gare militaire : Caldaniccia et Biguglia.

Il n'y eut pas de guerre (jusqu'en 1940) entre l'Italie et la France. Mais en 1914, le train transporta jusqu'aux centres mobilisateurs d'Ajaccio, Bastia, Corte et Calvi plusieurs milliers de Corses appelés à revêtir l'uniforme…

Au lendemain de la guerre 1914-1918, un décret ministériel disposa, tout de même, que « le fonctionnement du chemin de fer de la Corse est assuré par l'administration en temps de paix ». C'est sans doute ce qui explique la rigueur dont devait, le 2 mai 1919, faire preuve le chef de gare de Bastia à l'encontre d'un militaire décou-

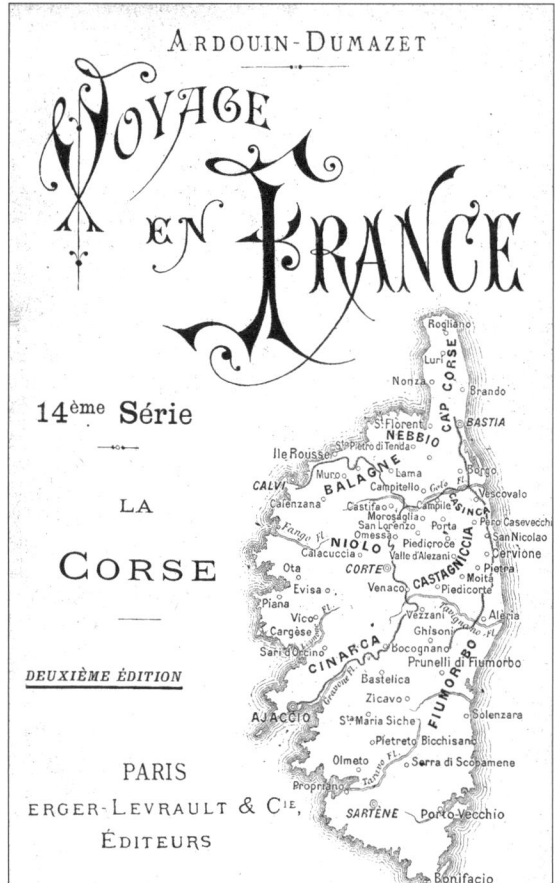

vert dans un compartiment de 2ᵉ classe avec un billet de 3ᵉ. Le *Journal de la Corse* relate l'incident dans son édition du 28 mai.

Le chef de gare invite le militaire à descendre. Celui-ci refuse : « Le train est bondé. Je reste où je suis et je paie le supplément ». Le chef le fait expulser par les gendarmes en lui faisant remarquer : « Même en payant, un simple soldat n'a pas le droit de monter dans un wagon de 2ᵉ classe ».

Simple commentaire du quotidien, qui ne précise pas si ce soldat revenait de la guerre : « C'est tout de même un peu excessif ».

En 1914, tous les Corses valides sont appelés à rejoindre les centres mobilisateurs. Au départ de Corte pour Ajaccio et Bastia, les trains sont complets.

L'industrie disparue

A FABRICATION D'ACIDE GALLIQUE (extraits tannants) à partir du châtaignier a connu un grand développement sous la IIIᵉ République. Au début du XXᵉ siècle, trois usines étaient raccordées à la voie ferrée et pouvaient donc recevoir directement les wagons chargés de bois et effectuer de même leurs expéditions de tannin vers le port de Bastia. En 1909, l'usine de Casamozza a ainsi reçu 8 708 tonnes de bois, celle de Folelli 7196, et celle de Barchetta, qui venait d'ouvrir ses portes, 3678, soit près de 20 000 tonnes. À partir de 1920, ce trafic a progressivement diminué puis disparu en raison du transport par camions.

Un train pour Sartène

UX ÉLUS QUI, lors de son voyage officiel à Ajaccio (et Corte et Bastia), en 1890, réclamaient au président Sadi-Carnot la poursuite des travaux de construction du chemin de fer, le ministre des Travaux publics avait répondu qu'il reviendrait à Sartène et que son arrivée y serait annoncée par le sifflet de la locomotive. Quatre années après, Ajaccio était enfin relié à Bastia, Calvi et Ghisonaccia, mais les lignes de Ghisonaccia à Bonifacio et d'Ajaccio à Propriano et Sartène restaient dans les cartons. Pour la plaine orientale, le coût exorbitant des expropriations foncières, on l'a vu, était le principal obstacle, alors que tout autre était le problème posé par la ligne du Valinco.

La convention passée le 21 février 1883 entre l'État et la CFD (Compagnie des chemins de fer départementaux) portait concession à celle-ci des lignes à construire Ajaccio-Bastia, Ponte-Leccia-Calvi, Casamozza-Bonifacio et Ajaccio-Propriano. Une nouvelle convention, en date du 8 novembre 1909, ne comportera plus cette dernière, bien qu'elle eût, comme les autres, été classée d'intérêt général par la loi du 4 juin 1878.

À peine cette disposition connue, les conseils municipaux revendiquent la desserte. Sartène d'abord, dès 1880, « seul chef-lieu d'arrondissement délaissé », qui entend bien recevoir le train et le voir gagner Bonifacio ; Cognocoli-Monticchi ensuite, pour qui la voie doit passer par Bastelicaccia, Ocana, Cauro, Bisinao, Marato, Cognocoli, Pila-Canale, Petreto-Bicchisano et Olmeto (motion : « Le projet initial délaisse tous les centres de population et ne serait que doublure des bateaux à vapeur Ajaccio-Propriano »). L'idée initiale, exposée dans un rapport de l'ingénieur en chef des Ponts et chaussées de la Corse en date du 25 janvier 1878, est en effet de construire cette ligne le long du littoral par la rive sud du golfe d'Ajaccio, Capo di Muro, Porto-Pollo et d'atteindre Propriano par un tunnel de 476 mètres « entre Baracci et Rizzanese ». Ce n'est cependant que le 23 avril 1889 que sont prescrites par le ministre des Travaux publics les études en vue de l'établissement de la voie.

En 1889, un arrêté préfectoral prescrivant des études qui restèrent sans suite.

Département de la Corse. — République Française

CHEMIN DE FER
D'AJACCIO A PROPRIANI

ÉTUDES.

ARRÊTÉ.

Nous, Préfet de la Corse, Chevalier de la Légion d'honneur ;

Vu la décision ministérielle du 23 avril dernier ordonnant l'exécution d'études en vue construction du Chemin de fer d'Ajaccio à Propriano ;

Sur les propositions des Ingénieurs ;

ARRÊTONS :

ART. 1er. — Les Ingénieurs, Conducteurs et Agents des Ponts et Chaussées sont autori pénétrer dans les propriétés privées et à y faire les opérations nécessaires pour l'étu projet de Chemin de fer d'Ajaccio à Propriano.

ART. 2. — Le présent arrêté sera publié et affiché dans les communes de Bastelica Tolla, Eccica-Suarella, Cauro, Grosseto, Ste-Marie-Siche, Campo, Azilone-Ampaza, For Olivese, Argiusta-Moriccio, Moca-Croce, Petreto-Bichisano, Casalabriva, Olmeto, Sta-N Figaniella, Fozzano, Arbellara, Poggio-di-Tallano, Olmiccia, Ste-Lucie de Tallano, Gra Sartène et Propriano.

ART. 3. — Les Maires et les gardes-champêtres sont chargés d'en assurer l'exécution.

Fait à Ajaccio, le 3 Août 1889.

BONNEFOY-SIBOUR.

AIACCIO — IMPRIMERIE A. F. LÉCA.

Le 3 août 1889, le préfet de la Corse prend un arrêté autorisant les ingénieurs à pénétrer sur les propriétés privées sises sur le territoire des communes de Bastelicaccia, Tolla, Ocana (un propriétaire de ce village obtiendra six mois plus tard une indemnité de 45 francs en compensation du préjudice subi par l'abattage de chênes et l'ouverture de murs de clôture), Suarella, Cauro, Grosseto, Santa-Maria Sicchè, Campo, Azilone, Forciolo, Olivese, Argiusta, Moca, Petreto, Casalabriva, Olmeto, Santa-Maria Figaniella, Fozzano, Arbellara, Poggio di Tallano, Olmiccia, Santa Lucia di Tallano, Granace, Sartène et Propriano, soit plus de 150 kilomètres, c'est-à-dire autant que d'Ajaccio et Bastia ! Il y a là, à tout le moins, l'esquisse d'un itinéraire et, déjà, des doléances ou des revendications locales s'expriment au sein des conseils municipaux : les gares devront être élevées à San Cassiano, entre Argiusta et Moriccio, et à Gualdo, entre Petreto et Bicchisano ; celle de Santa Lucia di Tallano, prévue à 6 kilomètres du village, à 15 kilomètres de Levie et à 20 de Serra di Scopamène, devra être rapprochée de cette agglomération. Propriano demande l'abandon de la section de la Rocca et de Tallano au profit d'une section directe à partir d'Olmeto. Levie et Zonza, de leur côté, voudraient être desservies par le chemin de fer, mais il faudrait alors, fait observer le 18 septembre 1890 l'ingénieur en chef, allonger le tracé de 15 à 18 kilomètres et creuser un tunnel de 2 kilomètres sous Fozzano. Une demande de même nature, réaffirmée à deux reprises dans l'espace de quinze jours par le conseil municipal de Santa Lucia se prononce pour le tunnel et pour la desserte de Cargiaca, soulignant qu'il importe « d'assurer le bien-être des quinze mille habitants » de la Rocca et de l'Alta Rocca.

Le départ de la malle-poste
Sartène/Ajaccio au pont de la Scalella

Les esprits sont cependant habités par le doute. Élu député de Sartène en 1889 contre le candidat bonapartiste Jacques Abbatucci, Emmanuel Arène est l'objet de maintes et maintes critiques. On ne peut pas passer pour avoir le bras long et s'avérer incapable d'infléchir l'ordre des choses. Jean de Peretti della Rocca, maire de Levie, lui reproche « une certaine incurie, camouflée par un intense jeu d'influences », constate Suzanne Cervera-Mattei dans l'ouvrage qu'elle consacre à l'étonnant personnage de Peretti. Celui-ci, dans *Le Progrès de la Corse* du 15 septembre 1895, regrette le retard de l'arrondissement (de Sartène), pourtant sincèrement républicain, en matière de chemins de fer, il affirme que le reste de la Corse est sillonné de voies ferrées et juge le député comme un charmant garçon opportuniste fournisseur de rubans violets et multicolores, capable de souffler pour imiter le bruit de la locomotive et ainsi persuader ses électeurs que « c'est arrivé ».

U rè Manuellu :
« capable de souffler pour imiter le bruit de la locomotive ».

Vingt ans après l'arrêté préfectoral prescrivant les études sur place, le rapport établi à l'intention de la Commission Clemenceau par son rapporteur, l'ingénieur général des Ponts et chaussées Fontaneilles, publié au Journal officiel du 10 novembre 1909, semble aujourd'hui, avec le recul du temps et surtout la guerre 1914-1918, constituer un enterrement de première classe. Trop long, trop cher. Et quels sont les arguments ?

La ligne d'Ajaccio à Propriano d'environ 80 kilomètres (l'itinéraire initialement n'est plus envisagé), bien que classée d'intérêt général, n'a fait l'objet ni d'études aussi complètes, ni de demandes aussi pressantes que celle du Fiumorbu à Bonifacio ; La dépense d'établissement sera très élevée, la région qu'elle traverse étant très accidentée ; en outre, son utilité sera assez restreinte si on prend Propriano comme point terminus. Cette petite cité de 1 800 habitants est, de plus, déjà reliée à Ajaccio, distante de 25 milles, par un service de bateaux ;

Les relations à prévoir entre Ajaccio et Propriano ne suffisent pas à justifier la création d'un chemin de fer coûteux. Cette création ne sera justifiée que si l'on prolonge la voie ferrée jusqu'à Sartène, sous-préfecture de 5 000 habitants dépourvue de moyens de transport par terre satisfaisants : « Pour atteindre des centres importants comme Sartène à partir d'Ajaccio, il faut treize heures de diligence, seize pour aller à Bonifacio, vingt-quatre pour Porto-Vecchio. Il nous paraît indispensable d'améliorer une pareille situation » ;

Mais s'il ne s'agit que de relier Ajaccio à Propriano et Sartène, l'utilité d'un chemin de fer est discutable étant donné qu'il existe un moyen beaucoup plus économique d'assurer les relations entre ces deux villes : il suffirait en effet de construire un tramway sur route entre Sartène et Propriano et d'établir un service quotidien de bateaux rapides entre Propriano et Ajaccio. La durée du parcours serait d'une heure en tramway et de deux heures en bateau ;

Enfin, si l'on construit une telle ligne, il faudra en prévoir le prolongement jusqu'à Figari (Tivarellu), point de jonction avec la ligne Ghisonaccia-Bonifacio. Le tracé partirait de Campo di l'Oro, passerait à Sartène au kilomètre 90 et se terminerait à Figari, au kilomètre 138. Mais il en coûterait au moins 40 millions.

L'ingénieur général écarte alors la traction à vapeur au profit de la traction électrique. Pourquoi et comment ?

En 1909, l'ingénieur général Fontaneilles, établi pour la commission Clémenceau, estimait que si Propriano était pris comme terminus, l'utilité du train serait « assez restreinte ». Motif : « cette petite cité de 1800 habitants est déjà reliée à Ajaccio, distante de 25 milles, par un service de bateaux ».

PROPRIANO — Le Port — Départ du Courrier

« Jusqu'à ces dernières années, la traction électrique n'était applicable qu'aux voies ferrées très courtes ou aux voies ferrées à forte fréquentation. On ne sait en effet utiliser pour la traction que les courants continus à basse tension, qui ne peuvent pratiquement parcourir que de faibles distances. Pour les utiliser sur un chemin de fer de grande longueur, il fallait donc établir le long de la voie, une ligne de transport de force à haute tension munie tous les dix ou quinze kilomètres d'une sous-station de transformation produisant du courant continu à basse tension. Ces sous-stations sont de véritables petites usines exigeant la présence d'un électricien. Les frais très élevés qu'entraîne leur établissement et leur fonctionnement ne sont admissibles que s'ils se répartissent sur un très grand nombre de trains, c'est-à-dire s'il s'agit d'une voie ferrée à trafic très intense ».

Impossible, donc, d'adopter pareil système sur la ligne d'Ajaccio à Bonifacio. Ultime argument ? Non, car il en est un autre :
« Il n'existe pas dans la région de chute hydraulique pouvant fournir de la puissance motrice, cette dernière devra être créée par des moteurs à vapeur et son prix de revient sera, par conséquent, assez élevé ».

Pas d'espoir, par conséquent, d'entendre à Sartène le sifflet de la locomotive ? C'est à voir : « La situation s'est modifiée depuis qu'on peut employer pour la traction des courants alternatifs à haute tension. Il est maintenant possible de transporter l'électricité le long des voies ferrées ayant 100 et 150 kilomètres de longueur sans dépense exagérée et sans grande déperdition. Un chemin de fer d'Ajaccio à Bonifacio peut être alimenté dans des conditions satisfaisantes par une usine établie à Ajaccio. La traction électrique nous paraît, dès lors, devoir être adoptée pour le chemin de fer dont il s'agit en raison de la grande économie qui en résultera dans les dépenses d'infrastructure ».

Or, il avait été déjà envisagé (en 1900) d'établir sur la ligne orientale de Ghisonaccia à Bonifacio non plus un train, mais un tramway à vapeur, celui-ci empruntant alors l'accotement de la route nationale afin de réduire dans de larges proportions le coût de l'investissement. L'hypothèse fut écartée pour deux raisons : l'impossibilité d'emprunter la route nationale – déjà très étroite – sur l'ensemble des 103 kilomètres, mais seulement sur 47, d'une part et, d'autre part, la nécessité d'utiliser sur ce tronçon le même matériel que sur les lignes déjà existantes.

Et puis, en 1908, une circulaire du ministère de l'Intérieur avait interdit la pose de voies ferrées sur la plate-forme des routes en dehors des cas exceptionnels. Motif : l'intérêt qu'il y a à réserver cette plate-forme pour les nouveaux modes de locomotion mécanique qui prennent chaque jour plus d'importance.

« Cette considération s'applique tout à fait à la Corse, qui a le plus grand intérêt à voir se développer l'emploi de véhicules automobiles et qui ne peut, en raison du mauvais état de ses chemins vicinaux, les recevoir que sur ses routes nationales ou forestières, généralement assez étroites, estime l'ingénieur général Fontaneilles. De plus, les nombreux troupeaux qui circulent sur les routes de l'île gêneraient l'exploitation d'un tramway sur route. »

« Si donc on désirait utiliser la route nationale pour la construction de la voie ferrée, il conviendrait d'accoler à la route une nouvelle plate-forme de quatre mètres de largeur, séparée de la chaussée par une bordure en pierre, peut-être même par une clôture, et sur laquelle on placerait un chemin de fer ».

En conclusion de son rapport, Fontaneilles admettra cependant la construction de la ligne « latéralement à la route nationale » pour des raisons d'économie : « La construction et l'exploitation de la ligne d'Ajaccio à Sartène et Bonifacio pourraient faire l'objet d'une entreprise spéciale comportant également une distribution d'énergie électrique dans les régions traversées par la voie ferrée. Il y aura lieu pour l'administration à examiner si cette entreprise ne peut pas faire l'objet de concessions à des sociétés privées dans de bonnes conditions, ce qui diminuerait la tâche incombant aux services de l'État ».

Cette proposition, totalement inattendue du fait des réserves précédemment exprimées, ne tombe pas dans l'oreille d'un sourd. Six mois après la publication du rapport à l'Officiel, un certain Coizeau, secrétaire général de la Société industrielle d'énergie électrique, demande au ministre des Travaux publics la concession de la ligne Ghisonaccia-Calvi par Solenzara, Porto-Vecchio, Bonifacio, Figari, Sartène, Propriano, Grosseto, Cauro, Ajaccio, Piana et Galeria avec embranchement de Sagone à Vico, soit – bagatelle ! – plus de 400 kilomètres de réseau électrifié.

Le « projet » atterrit naturellement sur le bureau de l'Ingénieur en chef des Ponts et chaussées à Ajaccio qui, dès le 27 juillet 1910, l'exécute sans ambages : « Faute de renseignements, ni d'étude sur les dépenses de l'établissement, ni sur le trafic probable des lignes envisagées, il n'est pas possible de donner suite à la demande de M. Coizeau, qui pourra éventuellement se mettre sur les rangs pour être admis au concours relatif au programme en préparation sur Ajaccio-Sartène, ce qui n'empêche pas Olmeto, soucieux de ne pas être sacrifié sur l'autel d'une extension tous azimuts à son détriment, de défendre ses droits au train. »

Jean-Victor Porro, boulanger
à Sartène, vécut une véritable passion pour la photographie et laissa d'innombrables documents de la vie de sa ville et de sa région. Mais il ne put jamais fixer son objectif sur le train, et pour cause…

En novembre 1911, le Sénat décide de distraire la ligne Ajaccio-Propriano de la concession accordée « à titre éventuel » en 1883 à la CFD (Compagnie des chemins de fer départementaux, exploitante du réseau existant) pour exploitation par traction à vapeur. Six mois auparavant, le « Congrès des maires des cantons de Santa Maria Sicchè et de Petreto-Bicchisano » a réclamé la desserte qui n'était plus envisagée d'Azilone, Forciolo, Argiusta et Moca, tandis que les trois conseillers généraux de la région entendent qu'Olmeto, « centre oléicole important », ne soit « sous aucun prétexte écarté du tracé ». Quoi qu'il en soit, est-il prescrit, cette partie du réseau devra faire l'objet d'une concession spéciale à titre de chemin de fer électrique « dont les ingénieurs de la Corse étudient en ce moment le programme en vue de l'ouverture d'un concours pour la concession de cette ligne ».

Là encore, l'élaboration du tracé suscite bien des désirs et convoitises. En 1913, le village d'Aullène demande que le tramway électrique traverse son enclave de Monaccia et se propose de céder gratuitement les terrains d'assiette. Campo, Zigliara, Olivese et Sollacaro le revendiquent aussi, préférant l'évitement d'Olmeto dont la gare serait alors implantée au col de Celaccia. Comme Grosseto, qui ne veut pas de modification du tracé, Olmeto réitère sa position de 1911 et va plus loin : à partir d'Azilone, il faut un embranchement sur Zicavo ; voire sur le col de Verde, en passant par Olivese et Guitera les Bains, ce qui ne laisse guère indifférente la municipalité de Zicavo, pour qui la desserte des Bains et celle du canton s'impose : « Guitera est la station thermale incontestablement la plus fréquentée de l'île – il est vrai qu'un millier de curistes par an viennent y soulager leurs rhumatismes avec ses eaux sulfureuses chaudes – elle est appelée par la multitude, la beauté de ses sites pittoresques, ses belles forêts de sapins et de châtaigniers, et la salubrité de son climat à être un jour non seulement un important centre touristique, mais même un lieu de villégiature pour la saison estivale à la condition cependant qu'on lui donne les moyens de communications indispensables à sa prospérité et à son développement ». Les municipalités de Ciamanacce, Cozzano, Corrano et Zevaco s'associent à cette motion, souhaitant aussi être desservies.

Le 1er décembre 1910, Adolphe Landry, député de Calvi depuis huit mois, évoque devant le conseil général la construction de la ligne Ajaccio-Bonifacio, « dont l'étude se fait actuellement par les soins des Ponts et chaussées avec une lenteur qui fâche ». Sur leur lancée, les conseillers généraux demanderont même, en 1913, la prolongation de la ligne de Propriano-Zonza jusqu'à Aullène et la construction d'un chemin de fer électrique par Bavella !

Dans l'extrême sud, on ne demeure pas davantage les bras croisés. Bonifacio estime que les terrains de l'Hospice (40 000 m²) valent au moins dix mille francs alors que la CFD n'en offre que trois mille, Porto-Vecchio trouve trop lointain l'arrêt d'Arca, Figari veut sa gare le plus près possible de Tivarello, au lieudit Filori et non à Campomezzana, sis à proximité immédiate du marais de Pisciocane : « Filori est le point le plus proche de Tivarello, Caldarello, Monaccia et du port de Figari ».

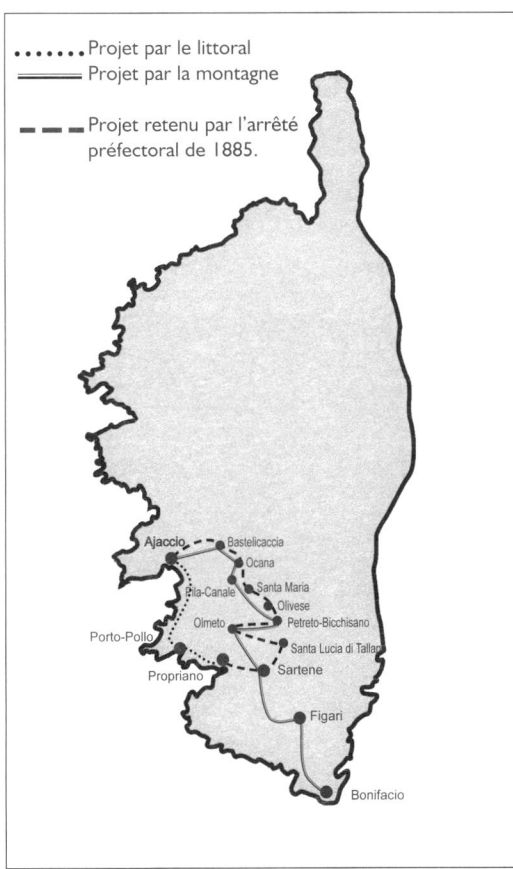

...... Projet par le littoral
——— Projet par la montagne
— — — Projet retenu par l'arrêté
        préfectoral de 1885.

Le 11 juin 1914, l'avant-projet est présenté par les Ponts et chaussées de la Corse. Mais survient la « Grande guerre », la « der des der » comme on avait cru devoir l'appeler, et tous les projets sont, effort de guerre oblige, bloqués sans autre forme de procès. Et dire que le 3 juin 1911, le quotidien ajaccien *La Jeune Corse* avait publié l'engagement devant une délégation de Corses de Paris du ministre des Travaux publics Dumont : « On achèvera la ligne Ghisonaccia-Bonifacio, puis on construira de Bonifacio à Ajaccio un chemin de fer à traction électrique. Les travaux commenceront dès le vote du Parlement. Pour Ajaccio-Calvi, on verra plus tard »…

Dernier feu en 1921, avec un rapport au préfet au conseil général : « L'avant-projet de chemin de fer électrique d'Ajaccio à Sartène et Bonifacio a été adressé à l'administration supérieure en juin 1914. Depuis, le ministre des Travaux publics a demandé de présenter ce qu'il est advenu des propositions pour la formation d'une brigade d'agents pour les opérations sur le terrain et la mise au point de l'avant-projet ». Landry tonne : « Faisons d'abord Ghisonaccia-Bonifacio ! ». Et le vieux conseiller général Paul Quilici tire philosophiquement l'enseignement de ces débats qui n'en finissent pas : « Lorsque le chemin de fer arrivera à Sartène, il y aura longtemps que nous serons morts ».

Sartène photographié à l'époque par Laurent Cardinali.

Bonifacio, premier et dernier acte

ORSQUE, LE 1er DÉCEMBRE 1911, la Chambre des députés déclare d'utilité publique la construction de la ligne Ghisonaccia-Bonifacio, l'ultime section du réseau à vapeur commencé une trentaine d'années auparavant, le vent qui souffle sur les *Bocche* est celui de l'espoir. Initialement, on l'a vu, il s'agissait de construire un chemin de fer corso-sarde devant accueillir le trafic plus rapide des voyageurs entre le Continent et l'Algérie. Aujourd'hui, il s'agit de désenclaver Bonifacio et de lui donner autant de chances de développement qu'au reste de l'île. Il restera ensuite à relier Sartène à Ajaccio et à Bonifacio, tâche autrement redoutable et onéreuse, c'est là une tout autre histoire…

La Compagnie des chemins de fer départementaux (CFD), concessionnaire, a dressé les plans. On sait depuis 1882 que le train viendra de Porto-Vecchio, traversera Figari (Tivarello), puis descendra sur la côte qu'il longera à partir de La Testa. De là, il ira à Bonifacio par Ventilegne, la Tonnara et La Trinité. Son parcours sera ensuite à peu près parallèle à la route nationale, passant toutefois sous les falaises par deux tunnels, l'un de 176 mètres à l'Orti Duzi, l'autre de 80 à proximité de la gare, laquelle est prévue à la Spiaggia, sur la rive Est du goulet, où existera longtemps, par la suite, le stade François-Roitel.

Les plans de la gare de Bonifacio avaient été dressés dès 1911. La ligne devait passer sous les falaises Nord par deux tunnels, dont l'un de 176 m. et la station être construite à la Spiaggia, sur la rive Est du goulet (à droite), là où existera longtemps par la suite, le stade François-Roitel.

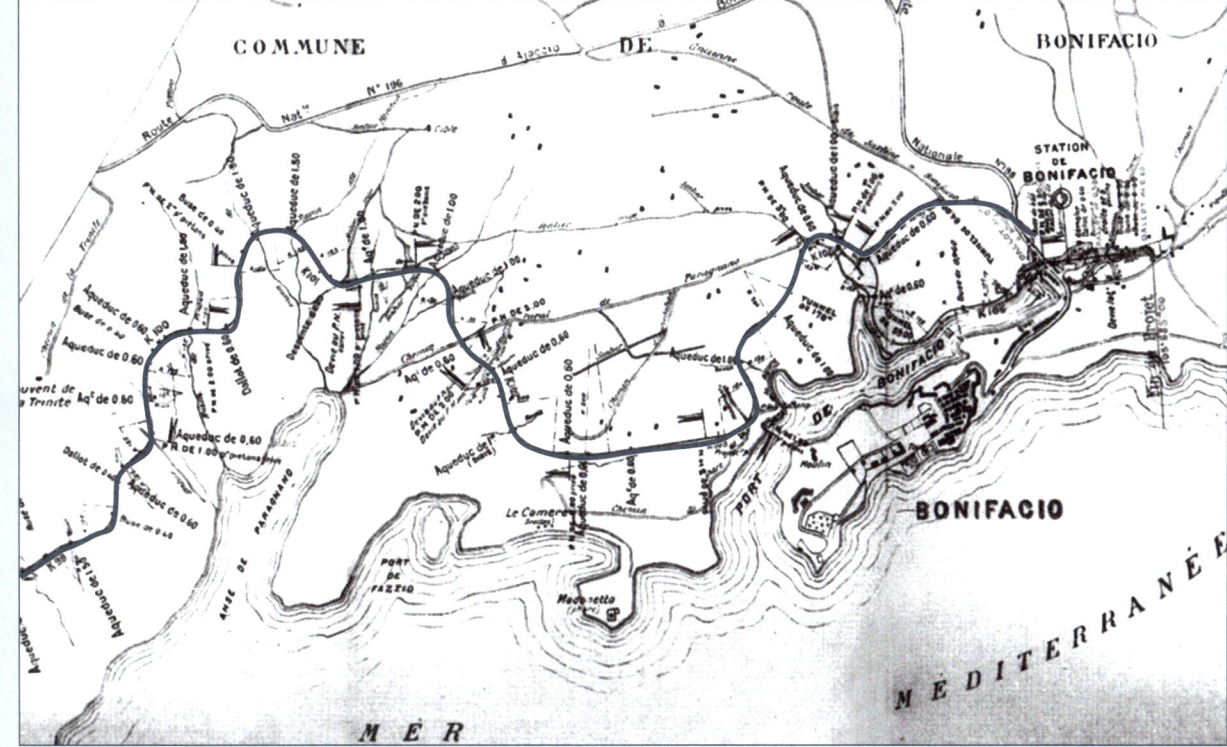

Nous sommes au cœur de l'été 1912. Dans l'immédiat, le problème posé est de caractère immobilier. Sur le plan général, on le sait, le montant des indemnisations accordées aux expropriés a suscité débats, contestations et concessions. C'est pourquoi, le 5 octobre 1909, le conseil général s'est engagé à prendre à son compte le tiers des dépenses, et plus en cas de dépassement des sommes prévues. « Qu'arriverait-il si toutes les communes demandaient une indemnité pour le passage de la voie ferrée ? demande le maire Philippe Santini. Le montant prévu par les Ponts et chaussées serait dépassé et le Département, et par la suite les communes, seraient obligées de verser cet excédent dans les caisses de l'État. Les communes qui auraient vendu leurs terrains réaliseraient d'un côté un bénéfice et subiraient de l'autre une perte ». Dès lors, doit-on ou non céder gratuitement les terrains communaux nécessaires à l'exploitation du chemin de fer ? Saisi le 26 février 1911 et, ensuite, un an après presque jour pour jour, le conseil municipal a répondu favorablement à la demande de l'État.

Ce 11 août 1912, neuf mois après la déclaration d'utilité publique, l'heure de la délibération a sonné. Le maire signale en conséquence « l'intérêt majeur que l'Administration attache à la prompte solution de cette affaire qui traîne depuis si longtemps, ainsi qu'à la cession gratuite des terrains, dont le principe a déjà été adopté ». Le registre des délibérations témoigne de la vivacité de la discussion, « la plupart des conseillers présents (13 sur 21) étant hostiles à la cession gratuite ». L'un de ceux-ci, Pierre Bourdeloup, qui est leur porte-parole, affirme que la commune n'est pas en état de faire le sacrifice qui lui est demandé, évalue à 40 000 ou 50 000 francs au moins la valeur des terrains demandés, et cite « l'exemple des grandes villes, Paris entre autres, qui disposent de millions et qui, pourtant, ne cèdent jamais gratuitement, même à l'État, un pouce de leurs terrains ». Il accepterait cependant la cession gratuite « si l'État se montre reconnaissant envers la commune » en lui facilitant « par tous les moyens dont il dispose l'accomplissement des projets d'adduction d'eau potable, la construction du groupe scolaire, etc, inscrits au programme de la nouvelle municipalité ». Le maire admet l'argumentation, mais plaide pour la cession gratuite et souligne que « l'achèvement de la ligne sera une source de revenus et de prospérité », ce pourquoi les communes concernées « doivent en faciliter l'accomplissement, même au prix de lourds sacrifices ».

En fin de compte, le conseil municipal, « convaincu que le gouvernement, dans sa bienveillante sollicitude, saura tenir compte à la commune du sacrifice qu'elle fait », cède « gratuitement et sans réserves » les terrains communaux traversés par la voie ferrée et ceux qui sont nécessaires à l'emplacement de la gare. On l'avait donc échappé belle si l'on songe, comme l'avait laissé entendre le maire, qu' « un

La philosophie et le fatalisme exprimés à travers une carte-postale : « le déraillement du rapide de Bonifacio ». À l'entrée de la ville, l'âne jeté à terre pour les besoins d'une image ironique.

temps-là, de Bonifacio sur ses célèbres falaises.

refus aurait pu indisposer la CFD et l'amener à réserver pour un autre point de la ligne, moins exigeant, les bâtisses auxiliaires à la gare ». L'acte de cession à la compagnie est signé le 13 juin 1913.

Mais de sombres nuées se sont amoncelées sur l'Europe. L'année suivante, tandis que l'on débat encore sur le point de savoir si le train de Bonifacio sera à vapeur ou électrique, la guerre éclate, qui ne prendra fin qu'en 1918, laissant exsangues la France et les autres belligérants. Le conflit est-il à peine achevé que le conseil général revient à la charge : le train doit décidément arriver jusqu'à Bonifacio. Le dossier traîne quelques années à Paris et les parlementaires multiplient les initiatives.

Finalement, en avril 1928, alors que les travaux commencent entre Ghisonaccia et Solenzara, le ministre des Travaux publics informe Adolphe Landry que le conseil général des Ponts et chaussées a « suggéré de limiter provisoirement l'exécution du projet à la section Solenzara–Porto-Vecchio, étant donné d'une part le chiffre élevé de dépense que la combinaison doit laisser à la charge de l'État et, d'autre part, l'intérêt qu'il y aurait, au point de vue économique, de desservir le plus tôt possible le centre important de Porto-Vecchio ». « Consulté », le ministre des Finances donne son accord. Il en sera ainsi et Porto-Vecchio sera atteint en 1935. Mais la seconde guerre mondiale aura pour Bonifacio les mêmes conséquences que la précédente. Qui plus est, on n'entendra plus siffler le train en plaine orientale. Et en 1955 le conseil municipal sera saisi d'un nouvel ordre du jour relatif aux

À peine élu député de Calvi, Adolphe Landry entame des démarches qui, comme toutes les autres, s'avèreront vaines.

PRÉFECTURE
DE LA CORSE

CABINET
DU PRÉFET

REPUBLIQUE FRANÇAISE

Petit Bastiais - 6 Décembre 1910

Le Chemin de Fer
D'AJACCIO A BONIFACIO
Les Démarches
DE M. LE DEPUTÉ LANDRY

On sait que le projet de loi déposé au mois de juin dernier par M. Millerand, alors ministre des / à Ajaccio puisse suivre à très bref délai celle de la ligne de Ghisonaccia à Bastia, M. Landry, à son / question sera poussée avec toute la célérité désirable et que je ne manquerai pas de vous tenir au courant terrains aliénés sans indemnité. Il prendra acte de l'aboutissement des démarches de son maire, Don-Mathieu Tramoni, auprès de l'administration des Domaines, « tendant à obtenir au profit de la commune la rétrocession à titre gratuit des diverses parcelles de terrain cédées en 1913 en vue de la construction de la voie ferrée ». En autorisant leur président à accomplir les formalités réglementaires de rétrocession, les édiles inscriront en tête de leur délibération : « considérant que le projet de construction de la ligne ferrée est Ghisonaccia-Bonifacio est définitivement abandonné »

C'était le 4 septembre 1955. Et ce « pris acte » sonnait comme un glas…

Des trains que jamais on ne vit

DANS UNE ÎLE MONTAGNEUSE, aux communications difficiles sinon très malaisées, l'aspiration à l'établissement du seul moyen connu de transport collectif, le chemin de fer, est immense. Dans la seconde partie du XIXᵉ siècle, tandis que les liaisons entre Ajaccio, Bastia, Calvi et Ghisonaccia sont désormais assurées par le train à vapeur, les demandes de création d'autres lignes sont nombreuses, soutenues et suivies par les élus. On n'en construira aucune, pour des raisons de rentabilité... Puis, au XXᵉ siècle, les services d'autocars et les automobiles viendront remplacer les diligences et les berlines. Alors, le sort de ces trains sera réglé.

De Folelli à Orezza-les-eaux

« Le chemin de fer d'Orezza doit être une source de richesse, non pas seulement pour la région traversée, mais encore pour toute la Corse, et principalement pour les villes d'Ajaccio et Bastia ». L'affirmation péremptoire est signée Auguste Billès, industriel, et Jean-Baptiste Olivieri, ancien conducteur des Ponts et chaussées, qui ont constitué à Bastia une société en vue de construire le chemin de fer d'intérêt local de Folelli à Orezza-les-eaux. Tandis que les conseils municipaux, à commencer par celui de Carcheto le 8 août 1886, prennent des délibérations évidemment favorables, cette société dépose dès le 14 août (la relation de cause à effet crève les yeux !) une demande de concession. Elle se propose de construire une ligne à voie (très) étroite de 0,75 mètre sur une longueur de 90 kilomètres, entre Folelli et Ponte-Leccia, en passant par Taglio, Pruno (Campupianu), Rimitoriu, A Garanza, Orezza, Campana, le col de Prato et Morosaglia.

Les ouvrages d'art à construire seraient peu nombreux, mis à part un pont sur le Fiumaltu et deux tunnels, l'un de 66 mètres à Pintiriani, l'autre de 59 mètres à A Garanza.

Le conseil général, sur avis de l'Ingénieur en chef, estime le 6 septembre que la section Orezza–Ponte-Leccia est inutile, bien trop onéreuse, et en préconise l'abandon, en précisant que l'écartement de la voie autorisée devra être d'un mètre, comme sur les lignes en construction d'Ajaccio à Bastia, de Ghisonaccia et de Calvi. Le 24 septembre, cette assemblée – compétente en matière de réseau d'intérêt local à l'inverse des réseaux d'intérêt général, qui est affaire d'État – accorde aux demandeurs une concession « à titre éventuel » qui lui permet d'élaborer opérations préparatoires et avant-projet. Une commission d'enquête est instituée le 21 juin 1887 par arrêté préfectoral, qui donne un avis favorable.

Billès et Olivieri adressent alors un rapport circonstancié au conseil général en vue de leur accorder une garantie d'emprunt de 3 %. Sur la base de leurs prévisions chiffrées tout de même optimistes (107 000 voyageurs et 35 000 tonnes de marchandises transportés par an), elle ne sera, disent-ils, que nominale, étant entendu que si tel n'allait pas être le cas, le département serait remboursé lorsque les recettes se relèveraient. Leur plaidoyer se veut extraordinairement persuasif : Malgré une production annuelle de plus d'un million de bouteilles, Orezza est au dernier rang des

La gare de « Folelli-Orezza »,
ainsi dénommée parce qu'elle desservait la station et la fameuse source d'eau ferrugineuse, et parce qu'elle devait être le point de départ de la ligne projetée.

stations thermales en dépit de la richesse de ses eaux, elle sera « avec le chemin de fer sans rivale au monde ». D'ailleurs, nos compatriotes retour d'Afrique ou d'Amérique sont guéris de l'anémie et complètement rétablis après quinze ou vingt jours de traitement. Le nombre des « buveurs d'eau », actuellement de mille cinq cent, s'accroîtra dans des proportions considérables : les étrangers viendront pour y suivre un traitement sérieux, les autres par désœuvrement pour accompagner leurs amis ou changer d'air. Pour les accueillir convenablement, on créera des hôtels confortables, des promenades ombragées, un élégant casino, des villas : en un mot, Orezza deviendra une station à la mode, et les compagnies maritimes profiteront de cette affluence de voyageurs.

Mais ce n'est pas tout : l'État pourra construire un hôpital militaire important où viendront se remettre « après quelques mois de séjour aux colonies nos braves soldats et marins, épuisés, anémiés par un climat insalubre et les chaleurs tropicales ». Et puis, Ajaccio, déjà station hivernale, deviendra le trait d'union entre l'Algérie et Orezza, et Bastia recevra non seulement les voyageurs venant de Nice et de Livourne, mais fournira aussi denrées et marchandises nécessaires à l'alimentation et au bien-être des curistes. Bref, l'île tout entière profitera de l'établissement de cette ligne, d'autant qu'après entente avec la Compagnie des chemins de fer départementaux, moyennant droit de péage sur ses lignes, « nos trains pourront se rendre directement de Bastia à Orezza-les-eaux et vice-versa sans aucun transbordement à la gare de Folelli ».

Et d'ajouter : « Plus le nombre de buveurs et touristes fréquentant Orezza sera grand, plus le département en retirera d'avantages et de bénéfices. On ne va pas dans une ville d'eau sans y faire de dépenses ; on veut le nécessaire, le confortable, le luxe même ».

Un tableau idyllique, on en conviendra, de nature à émouvoir les cœurs les plus endurcis ! Le conseil général approuve le 9 septembre 1888 le cahier des charges comportant la garantie de 3 % avec l'obligation de mettre en circulation deux trains quotidiens dans chaque sens, et il accorde le 21 septembre 1888 la concession définitive pour la construction et l'exploitation pendant 99 ans de la ligne Folelli-Orezza (20 km). Le dossier est transmis à Paris. Mais le 25 avril 1889, une lettre ministérielle fait savoir que l'instruction est incomplète, les conférences mixtes réglementaires n'ayant pas eu lieu et, au surplus, que « l'entreprise se présente dans des conditions particulièrement défavorables ». Il faudrait donc que le département et la source d'Orezza acceptent de porter la garantie à 5 %. En l'état, « il n'y a pas lieu, pour l'instant, d'autoriser l'exécution des travaux ». Le 9 septembre, l'Ingénieur en chef prend acte d'une nouvelle délibération du conseil général et fait appel « au patriotisme des communes pour qu'elles cèdent gratuitement les terrains, et aux particuliers pour qu'ils le fassent dans des conditions raisonnables ». Les conférences mixtes donnent avis favorable le 27 février 1890, un nouveau projet est établi par Billès et Olivieri le 26 novembre.

Le ministère soulève alors des incompatibilités techniques entre les normes imposées aux lignes d'intérêt général et aux lignes d'intérêt local et il fixe à 5 % le montant de la garantie d'emprunt que devra accorder le conseil général. Celui-ci répond qu'il n'en a pas les moyens, et demande à l'État, qui refuse, de se substituer à lui pour les 2 % supplémentaires. Les tergiversations vont se poursuivre pendant plusieurs mois, jusqu'à ce que le conseil général demande, le 8 août 1892 une nouvelle mise à l'enquête qui ne sera jamais prescrite.

Ainsi sera clos le dossier du chemin de fer d'Orezza. Mais il restera à la population de la région une consolation : la station la plus proche s'appellera Folelli-Orezza.

La ligne du Cap Corse

« Est-il encore possible qu'en l'an 1892 on ait encore, pour se transporter d'un point à un autre d'un département français, à subir une journée de diligence ? Et cela, alors que le Sénégal a son chemin de fer ! ». *Le Petit Bastiais* du 17 juin de cette année-là revient non sans agressivité sur le dossier de la ligne Bastia-Rogliano qu'il a ouvert six années auparavant, et que bien avant, dès 1874, le comte Valery – l'armateur bien connu et sénateur de la Corse – et ses collègues Gaudin et Giovannetti ont déjà traité devant le conseil général. Ce train « traverserait une des contrées les plus populeuses, les plus actives et les plus riches de l'île, expose-t-il. Il relierait en outre à Bastia la baie de Macinaggio qui est un précieux point de relâche pour de nombreux navires par les gros coups de vent d'Ouest et de Sud-Ouest. Enfin, il aurait un intérêt stratégique important dans le cas où la Corse serait appelée à jouer le rôle de sentinelle d'observation que lui donne sa situation dans la Méditerranée ».

Il s'agirait d'une ligne d'intérêt local de 45 kilomètres de longueur, à écartement de 0,75 mètre, pour la construction de laquelle Octave Nobili, candidat à la concession, demande au département une garantie d'emprunt de 3 %. Le conseil général entend Nobili le 21 avril 1886, qui se propose d'établir une ligne qui ferait le tour du Cap par Rogliano, Canari et Saint-Florent et qui, par la suite, pourrait même être raccordée à Palasca, à la ligne de Balagne. Le 25 septembre 1887 un arrêté préfectoral prescrit des études sur la section Bastia-Rogliano. L'enquête d'utilité publique, limitée par l'administration à la section Bastia–Erbalunga (9 km), a lieu en 1888, la concession à Nobili accordée le 11 septembre 1889. Curieusement, l'enquête publique pour les sections Erbalunga–Santa-Severa et Santa-Severa–Rogliano s'était déroulée en 1887, mais le concessionnaire n'avait pas présenté les études demandées et le projet était donc resté sans suite.

Le 20 septembre 1890, le conseil général adopte quoi qu'il en soit un rapport d'Antoine Gavini, qui fait valoir que Nobili accepte deux modifications à ses yeux décisives, l'une de nature à permettre de réduire le coût des dépenses, l'autre de

À Stazzona, l'un des plafonds
de la maison Pietri est orné depuis la fin du XIXe siècle d'un trompe-l'oeil plein d'espoir : l'arrivée d'un bateau dans un port insulaire et celle du train à la source, deux éléments alors décisifs pour la prospérité de la station. Michel Raffalli, propriétaire de la maison, a sympathiquement permis à notre confrère Jacques Paoli de réaliser ces photos.

la convention financière avec le département. Gavini se déclare donc favorable à la garantie de 3 %, au surplus étendue aux deux sections en panne. Le débat est vif. Le conseiller Giuseppi souligne que les terrains communaux des localités traversées sont cédés gratuitement d'une part et, d'autre part, que « les propriétaires se sont engagés à faire la cession de leurs terrains à un prix uniforme et à peine rémunérateur » : « Ces sacrifices témoignent de l'importance que les populations du Cap Corse attachent à la construction de ce chemin de fer ». Le préfet rétorque que le département, en raison de sa situation financière, ne peut accorder la garantie de 3 %, qui représente une somme à payer annuellement de 130 000 francs. Il demande le rejet des conclusions du rapport, lequel, avec l'appui du sénateur De Casabianca et du maire de Bastia Bonelli, est cependant adopté par 30 voix contre 5 et 5 abstentions.

Point final au projet en août 1892, au grand dam du principal quotidien bastiais : devant les tergiversations du concessionnaire, le conseil général se déclare délié de tout engagement. Le train ne sifflera jamais dans les gares de Pietranera, Erbalunga, Sisco, Pietracorbara, Luri, Meria et Macinaggio, ni dans quelques haltes intermédiaires, Miomo et Santa-Severa entre autres.

Le train du Liamone

C'est la ligne Ajaccio-Vico ou chemin de fer de la Cinarca. Son point de départ : Baleone, entre les gares de Caldaniccia et Mezzana. Tracé et stations projetés par les Ponts et chaussées : Afa, Appietto, Calcatoggio, Saint-André d'Orcino, Cannelle, Sari d'Orcino, Ambiegna, Arro, Lopigna, Cruzzini (pont de Trughia), Murzo, Letia, Vico. Soit une soixantaine de kilomètres à voie étroite.

Tout commence en septembre 1887 lorsque, à l'initiative du comte Multedo, conseiller général de Vico et futur président du Parti bonapartiste, le conseil général vote un crédit de 3 000 francs pour les études confiées à l'administration. Menées jusqu'à Sari, elles ne peuvent, faute de nouveaux crédits publics, être poursuivies jusqu'à Vico.

C'est sur la base des indications présentées par les Ponts et chaussées le 14 mars 1888 que, le 21 septembre, l' « Entrepreneur-constructeur de chemins de fer, ports et canaux » (Henrique et Vernandon) se déclare disposé à continuer ces études à ses frais, à condition que préférence lui soit donnée à l'heure de la concession, avec subvention ou garantie d'intérêt. Le conseil général accorde l'autorisation demandée et la préférence sollicitée, mais sans engagement financier. Le 25 octobre, la délibération est communiquée à l'Entrepreneur-constructeur qui la laisse sans réponse.

Ainsi le train à vapeur sur le réseau projeté du Liamone passe-t-il définitivement sur une voie de garage. Mais on en reparlera une vingtaine d'années plus tard sous une autre forme.

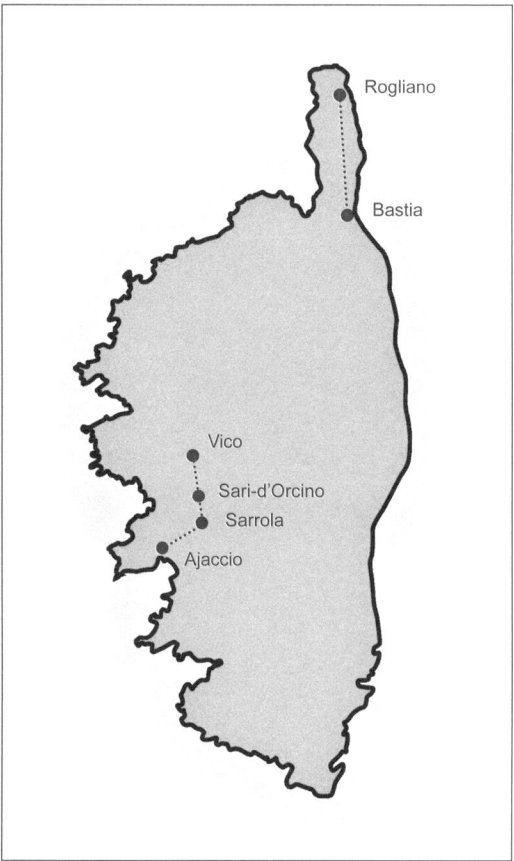

Deux autres projets avortés : la ligne du Cap-Corse et celle du Liamone.

La traction électrique

U COURS DE LA SECONDE MOITIÉ du XIXᵉ siècle, l'énergie électrique fait son apparition. La décennie 1880 est marquée par trois inventions décisives : le transport du courant, le transformateur et l'alternateur. La centrale à vapeur est rapidement remplacée par la centrale thermique, puis par la centrale hydraulique. La force motrice est ici fournie par l'eau déversée sur une roue équipée d'un axe qui actionne la génératrice d'électricité.

Dans son édition du 22 décembre 1888, *Le Petit Bastiais* s'extasie sur ces inventions : « Notre siècle, qui a déjà vu s'accomplir tant de merveilles scientifiques, marquera sa fin par les plus étonnantes applications de l'électricité aux choses usuelles de la vie ». Le quotidien cite l'exemple de la Suisse, pays de montagne comme la Corse, où l'on réalise des prodiges grâce à l'électricité : « une région autrefois presque inaccessible est éclairée par la lumière électrique et desservie par un chemin de fer dont les trains sont mis en mouvement par l'électricité, et cette électricité, d'où provient-elle ? De machines actionnées par un cours d'eau. De sorte que ce sont, en Corse, les massifs montagneux comme le Niolo, les localités comme Corte, Vico, Saint-Pierre de Venaco, Vivario, Bocognano, etc, qui pourront les premiers bénéficier des premières découvertes. Pourquoi ? C'est qu'été comme hiver, on dispose dans ces régions de masses d'eau assez considérables pour mettre en mouvement les machines qui engendrent l'électricité ».

D'ailleurs, en Europe, l'électricité surpasse la vapeur. En 1903, une automotrice allemande à traction électrique n'a-t-elle pas roulé à plus de 210 km/h sur une ligne expérimentale ?

Dans leur ouvrage, publié chez Albiana en 2002 (« *Une île, des hommes, la lumière* »), la C.M.C.A.S. et la C.C.A.S. de Corse, émanations d'Electricité-Gaz de France, expliquent entre autres les premiers pas de l'énergie électrique. On y apprend que la première centrale hydraulique a été installée et mise en service en 1901, à Corte, dans un ancien moulin du Tavignano. Des perspectives nouvelles sont, dès lors, ouvertes aux entreprises désireuses de s'investir dans la construction, jugée rentable, de voies ferrées. D'autant que, on l'a vu, l'ingénieur général Fontaneilles a dit en 1909 les avantages de la traction électrique : des convois composés d'une simple automotrice, ou d'une automotrice avec

> Si tous les projets – dont certains bien utopiques – avaient pu être réalisés, l'île aurait été dotée de plusieurs centaines de kilomètres de chemin de fer électrique.

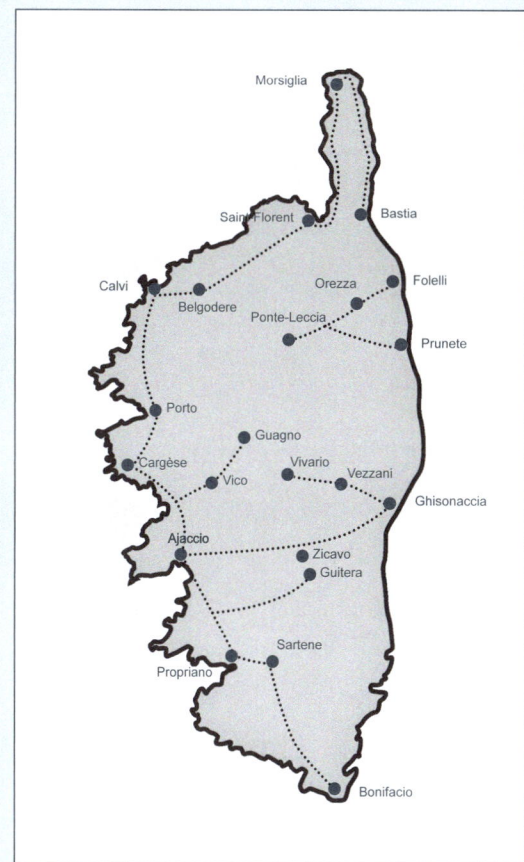

une ou deux remorques, une fréquence des départs au moins doublée, et la possibilité de distribuer au public l'énergie électrique. Ainsi, « une usine à construire pour le chemin de fer pourrait fournir lumière et force motrice d'Ajaccio jusqu'à Bonifacio et Porto-Vecchio ».

Encore faudrait-il disposer de ce fabuleux outil. Car si l'on sait que la Corse dispose d'une exceptionnelle richesse en eau (elle reçoit 8 milliards de mètres cubes par an), il n'en est pas moins vrai que ses cours d'eaux sont des torrents, par définition, très irréguliers, très abondants pendant la saison froide, pratiquement à sec les mois d'été. De plus, en altitude, les fortes précipitations se déversent avec violence dans le lit des torrents en raison de l'imperméabilité des roches qui les reçoivent. Le 21 août 1914, le préfet adresse à Paris un cri d'alarme : « Les moulins de Corse sont dépourvus d'eau car les torrents sont à sec ». Si donc l'énergie hydraulique doit être utilisée sur les lignes de chemin de fer, il est nécessaire, en période d'étiage, de doubler ces centrales par des centrales thermiques. Ce qui en augmente considérablement le coût.

N'empêche, projets et délibérations fleurissent. On a déjà évoqué l'initiative d'un certain Coizeau, qui ne voulait rien de moins que construire un réseau électrifié de Ghisonaccia à Calvi en passant par Ajaccio et la côte occidentale. « Il n'a qu'une idée très vague de l'importance de la concession sollicitée, fait observer l'Ingénieur en chef des Ponts et chaussées à l'appui de son refus. La section Calvi-Sagone (90 km), par exemple, traverse une région quasi inhabitée. Elle ne peut être comprise au nombre des lignes à construire à brève échéance ».

Bien au contraire, le conseil municipal de Letia (4 juin 1911) réclame la ligne, avec embranchement sur Vico et Guagno-les-bains, et « prolongement éventuel sur Corte » ! Les élus de Cargèse (25 juin 1911) protestent contre le refus : « le projet risque d'être indéfiniment retardé. Il faut le construire au plus vite afin de remédier à l'état d'isolement dans lequel nous végétons ». Ceux de Galeria partagent cette position : « construisez-le sans retard », et ceux d'Evisa voudraient eux aussi être desservis par le train, ou le tramway (car les deux termes sont

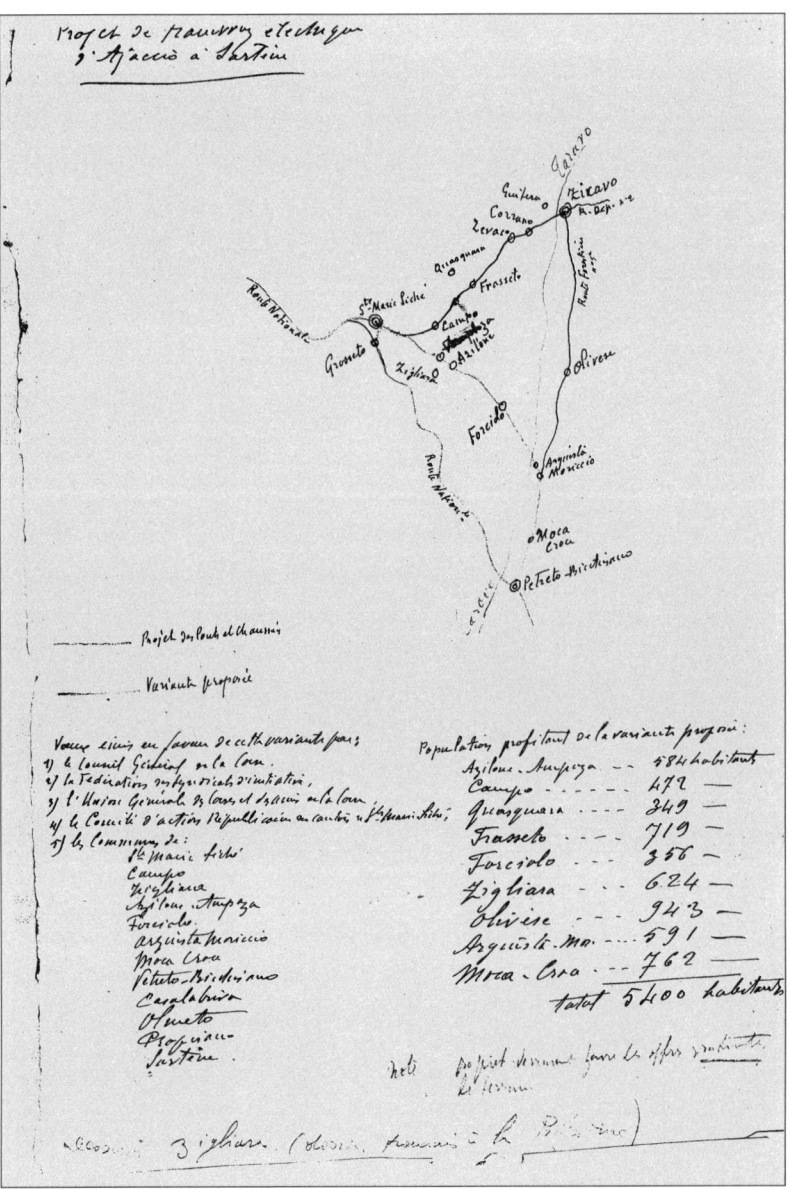

contre-projet soutenu par douze communes des cantons de Santa-Maria Sicchè, Petreto-Bicchisano, Olmeto et Sartène, avec cette note : « propriétaires devront faire les offres gratuites de terrain ».

LA CORSE

126

PROJET D'UN TRAMWAY ÉLECTRIQUE

Sous ce titre, nous lisons dans la « Revue de la Corse » d'avril 1931 :

Nous sommes informés qu'une demande de concession pour la construction d'une ligne de tramways électriques entre Furiani et Erbalunga a été déposée à la Préfecture de la Corse en décembre dernier. Ce projet, déjà ancien et demeuré sans suites, consisterait aujourd'hui à créer une ligne d'électrobus entre les deux localités ci-dessus indiquées. La demande est actuellement soumise à l'examen de l'Ingénieur en chef du Département qui a été prié par notre Préfet d'activer l'étude du dossier. Nous souhaitons qu'elle soit favorable, car un tel service de transports serait appelé à rendre des services innombrables à la population de Bastia et de sa banlieue. Notre principale ville de la Corse, à laquelle le dernier recensement a attribué 37.000 habitants est encore desservie par les

indifféremment employés) de la Spelunca, appuyés le 10 septembre 1912, par leurs collègues d'Ota-Porto !

Le conseil général a entre-temps adopté à l'unanimité un vœu de Dominique Pugliesi-Conti, député-maire d'Ajaccio – contresigné par les leaders de l'époque : Landry, Balesi, Pierangeli, Gabrielli et Giacobbi – assurant que les usines électriques éventuellement construites à Ajaccio pour alimenter la ligne de Bonifacio produiront « très probablement une force suffisante à l'électrification de la ligne Ajaccio-Calvi » dont il demande la création. Les signataires se heurtent au veto du ministre des Travaux publics. Là-dessus, le conseiller de Vico, Gallini, annonce que l'entreprise Abel et Piantanelli, se propose d'établir un tramway électrique non seulement d'Ajaccio à Bonifacio, mais aussi de Folelli à Orezza, de Bastia à Ile-Rousse par le tour du Cap corse, et Saint-Florent. Elle se porte également candidate à la ligne Calvi-Ajaccio par Galeria, Evisa, Vico, Guagno, Cargèse, etc., soit au total quelques 600 kilomètres. Elle souhaite devenir concessionnaire de la distribution d'énergie électrique, s'engage à doter toutes les communes traversées de l'éclairage public ainsi qu'à fournir l'énergie applicable à l'industrie. L'ambition d'un tel programme confine à l'utopie. Le préfet se déclare extrêmement réservé et les Ponts et chaussées demandent des dossiers complets, et tous les détails sur l'aménagement de la chute du Vecchio concédée par la commune de Vivario.

Une autre société, Adonis-Barit, se manifeste aussi en septembre 1912. Si la concession lui est accordée, elle s'engage à construire dans un délai de trois à dix ans quatre lignes d'intérêt local (420 km au total) : Ajaccio-Bonifacio par Sartène et Propriano ; Ajaccio-Porto par Mezzavia, Afa, Appietto, Calcatoggio, Tiuccia, Sagone (avec embranchement sur Vico), Cargèse, et Piana ; Calvi-Bastia par la haute Balagne, les Agriate, Saint-Florent, Morsiglia et Macinaggio. Cette société entend installer trois usines hydroélectriques : « Dans un pays aussi accidenté que la Corse, soutient-elle, l'emploi de la traction électrique est tout à fait indiqué. Il permettra en outre l'utilisation de la houille blanche en quantité suffisante à la traction projetée tout autant qu'à l'éclairage des villes et villages traversés ». Ce sont les principales rivières rencontrées sur le tracé qui permettront la production de l'énergie électrique.

Adonis-Barit reçoit, en 1914, le soutien de l'écrivain Albert Quantin, venu en 1912 chercher des réponses « aux nombreuses questions soulevées par la Corse ». Dans l'une des 440 pages de son ouvrage *La Corse*, on peut lire un vibrant plaidoyer pour l'exploitation électrique des réseaux envisagés, avec cette conclusion : « Quant à la ligne d'Ajaccio à Calvi, électrifiée par l'usine d'Ajaccio ou par les eaux du Liamone, elle ferait cesser la position en cul-de-sac de Calvi, bouclerait la ceinture des côtes et mettrait en valeur la partie de la Corse appelée au plus bel avenir touristique ». Et d'ajouter, péremptoire : « Tant que le circuit des chemins de fer de l'île ne sera pas bouclé, les Corses seront fondés à prétendre que le gouvernement de la France ne remplit pas son devoir à leur égard ».

Enfin, c'est l'existence d'un torrent et de ses affluents issus d'un important bassin-versant, le Fiumorbu, qui conduit en avril 1918 le conseiller général de Ghisoni, Antoine Griscelli, à demander la construction d'un barrage hydroélectrique, « ce qui permettra la création de tramways électriques sur divers points de l'île, notamment de Vivario à Ghisonaccia par Vezzani et Ghisoni, de Prunete à Ponte-Leccia par Alesani et Orezza, de Folelli à Orezza et autres routes aussi intéressantes ». Est également suggérée l'électrification de toutes les voies ferrées créées ou à créer.

Mais il apparaîtra aussi, en 1919, que la « Force hydroélectrique » insulaire ne peut négliger le régime torrentiel des 38 ou 40 cours d'eau concernés et qu'il faudra donc élaborer un programme de retenues ou de réservoirs.

Parallèlement, on aura voulu établir des services de tramways de Bastia à Erbalunga et de Bastia au cimetière d'une part et, d'autre part, du centre-ville d'Ajaccio à Aspretto et au Scudo (par le port et par le Casone). On utilisa, dans la cité impériale, une voie métrique nettement visible sur des cartes postales d'époque, boulevard Lantivy et à l'Ariadne-plage, qui avait été posée dans les années 1860 pour transporter jusqu'au port des matériaux pondéreux nécessaires à son agrandissement. Selon une tradition orale, cette ligne aurait pu être exploitée quelque temps par un tramway tracté par un cheval.

Tous ces projets, programmes ou simplement idées seront abandonnés au lendemain de la guerre 1914-1918.

Toutefois, en 1930, un projet de tramway électrique Furiani–Toga avec embranchement sur Cardo, la gare et le port, sera déposé par un Corse éminent de l'extérieur, Vincentelli, président de la Chambre de commerce d'Anvers. Comme tous les autres, il n'aura pas de suite. Car la Corse était déjà entrée dans le siècle de l'automobile. Depuis 1919, des sociétés de transports routiers avaient été créées, tels les « Ateliers Atlas de Corse » à Ajaccio, qui desservaient trois lignes principales Ajaccio–Vico, Ajaccio–Sartène et Bastia–Centuri–Saint-Florent–Bastia avec des voitures pouvant transporter vingt à cinquante voyageurs, 500 kg de messagerie et remorque pour deux tonnes de marchandises ; et dix-huit lignes secondaires un peu partout, avec des voitures mixtes pouvant transporter dix à vingt voyageurs, 500 kg de messageries et 1 000 de marchandises.

Détail pittoresque : la liaison Ajaccio-Calcatoggio-Sari-Lopigna (52 km) était couverte en quatre heures par des voitures à moteur, mais la correspondance du col d'Ambiegna à Casaglione assurée par « une voiture à traction animale ». Par-delà, « les populations espèrent que la réfection des routes se poursuivra rapidement afin de faciliter l'exécution de ce beau programme et afin d'encourager la création de nouvelles lignes que cette société ne manquera pas de mettre à l'étude dès qu'elle le pourra ».

Le rail avait, ainsi, trouvé un concurrent sérieux…

En voiture,
s'il-vous-plait !

Une Balagne en rouge et vert

A PARTIR DU MOMENT où les travaux ont été entrepris entre Ajaccio et Mezzana et entre Bastia et Corte, en attendant Mezzana-Corte, on multiplie les enquêtes d'utilité publique : Casamozza-Bonifacio, Ponte-Leccia-Calvi, Ajaccio-Propriano et même Bastia-Macinaggio. Mais il y a des priorités en matière de financements : le 5 août 1882, la loi déclare d'utilité publique la ligne de Casamozza au Fiumorbu (Ghisonaccia), le 19 décembre 1883, c'est Ponte-Leccia-Calvi. Toutefois, si le tracé en plaine orientale ne pose pas problème, tel n'est pas le cas en Balagne. Dans sa séance du 11 mai 1879, réuni sous la présidence de son maire Jean-Augustin Alfonsi, le conseil municipal de Calvi a d'ailleurs pris les devants.

« Ému d'apprendre que l'étude du tracé d'un chemin de fer négligeant complètement la Balagne pour traverser des contrées insalubres, stériles, désertes et fort éloignées de tous les centres de populations, vient d'être ordonnée », il adopte une motion détaillée, adressée au président du Sénat, au préfet et aux parlementaires de l'île. Les « contrées insalubres » en question sont la vallée marécageuse de la Navaccia, l'Ostriconi, la basse vallée du Regino, les « *padule* » du littoral entre l'Ile-Rousse et Algajola. Ainsi seraient « laissés de côté » presque tous les villages de la Balagne. Il n'est dans la motion fait allusion qu'à un bruit, mais « ce bruit qui paraît fondé alarme les habitants de Calvi autant que les habitants des autres communes, et cela est bien naturel car l'idée seule d'une éventualité aussi contraire aux intérêts du pays jette le découragement parmi les populations qui espéraient jouir bientôt des avantages d'un chemin de fer et qui se voient menacées d'en être entièrement privées ». Les édiles calvais plaident pour un tracé qui longerait la RN 197 (actuellement le CD 71) de Belgodere au col de San-Cesareo : « c'est précisément tous ces villages populeux, situés au milieu des cultures les plus riches et les plus productives, et qui font de la Balagne le jardin de la Corse – comme l'appellent notre célèbre géographe Malte-Lebrun et tous ceux qui l'ont visitée après lui – que l'on voudrait priver des bienfaits d'une voie ferrée ».

Autre argument : « C'est dans les vallées et les vallons que se trouvent de nombreux ruisseaux servant aux irrigations nécessaires et mettant en mouvement les nombreuses

LE CHEMIN DE FER
DE LA BALAGNE
~~~

Encore un mot sur le chemin de fer de Calvi à Ponte-Leccia.

La Chambre, *en connaissance de cause*, a enfin adopté le tracé vert, c'est-à-dire, non le chemin de fer de la Balagne, mais le chemin de fer de l'Ile-Rousse. Pauvre Calvi ! ton histoire que l'on peut lire sur tes maisons ébréchées par les boulets ennemis a été oubliée ! Ile-Rousse, fille de la haine contre toi, est chargée de te tuer — c'est la chambre qui le veut ; — mais ta mort c'est notre agonie, c'est notre ruine ; c'est-à-dire l'agonie et la ruine des neuf dixièmes de l'arrondissement : car Ile-Rousse seule est *verte* et le reste est *rouge*. Deux mille *verts*, vingt mille *rouges* !! Il n'est donc plus vrai que les intérêts particuliers doivent s'effacer devant les intérêts généraux ! l'Ile-Rousse et les mines du usines à huile et à farine, outillée aujourd'hui d'une manière assez rudimentaire, il est vrai, mais qui n'attendent que la création d'un chemin de fer pour se développer, se perfectionner, se compléter en un mot ». D'autre part, peut-on laisser croire « qu'attirées par les avantages de la voie ferrée les populations abandonneraient leurs coteaux fertiles et salubres pour un littoral malsain où la malaria règne en maître pendant presque toute l'année ? C'est là une illusion, une vaine espérance, car voilà bientôt un siècle que le pays jouit d'une paix profonde et, cependant, ce mouvement ne s'est pas encore produit, bien qu'il existe des routes nationales longeant la côte et traversant les terrains en question ». Enfin, les agriculteurs s'y heurteraient à des difficultés considérables en raison de la pauvreté du sol, « les vents de la mer y contrariant en outre toute espèce de plantation ». Étrangement, les opposants à la déviation routière de l'Ostriconi, plus d'un siècle plus tard, s'appuieront eux aussi, mais vainement, sur l'argument du vent dévastateur…

La seule section insulaire à double voie, de Ponte-Leccia au proche passage à niveau. À droite, la ligne de Bastia, à gauche celle de Calvi.

Le texte de la motion du conseil municipal de Calvi recouvre sept pages du registre des délibérations. L'écriture en est fine et serrée. Et l'éventualité d'une guerre n'y est pas ignorée, le tracé par l'intérieur, à l'inverse du tracé côtier, mettant alors à l'abri d'une intervention ennemie, qui « pourrait en une nuit débarquer les troupes nécessaires pour détruire une partie de la voie ferrée et en jeter les rails à la mer ». Parallèlement, de nombreux conseils municipaux réclament le train, dont Calenzana, la commune la plus peuplée de Balagne avec près de 3 000 habitants, soit un millier de plus que Calvi et l'Ile-Rousse.

Le débat va gagner toute la région dès lors que le projet est officiellement soumis à l'enquête publique. L'alternative est la suivante : le train ira à Calvi en passant par l'Ile-Rousse (74 km), ou bien par Muro et Aregno (65 km), l'Ile-Rousse étant dans ce cas desservie à partir de ce village par un embranchement de 12 km de longueur. De Ponte-Leccia à Palasca, la portion commune aux deux tracés est de 28 km. Il est demandé aux municipalités, au conseil général, au conseil d'arrondissement de Calvi et naturellement à la commission d'enquête de choisir entre le « tracé rouge » et le « tracé vert ». Synthèse des avis majoritaires, cette commission se prononce pour le tracé rouge.

Le Parlement est appelé à trancher. Extrait détaillé de l'exposé des motifs de la proposition de loi déposée début mai 1882 à l'Assemblée nationale :
« Le premier tracé (c'est-à-dire le rouge) se détache, à Ponte-Leccia, du chemin de fer en construction d'Ajaccio à Bastia, franchit le col de Novella après avoir desservi Pietralba et Palasca, passe en tunnel sous le mont Fratinegri, dessert Belgodere puis, se développant dans la vallée haute du Regino jusqu'au col de San-Cesareo, dessert Occhiatana, Ville di Paraso, Speloncato, Feliceto, et Muro. Après avoir franchi le col de San-Cesareo en tunnel, le tracé se dirige sur Calvi par Aregno, Lumio et Calenzana. Un embranchement partant d'Aregno et passant près de Corbara est prévu pour desservir l'Ile-Rousse, une des localités les plus importantes de la région septentrionale de la Corse.
Le second tracé (le vert) se détache de Palasca, dessert Belgodere et atteint l'Ile-Rousse en passant par Regino. La ligne se dirige ensuite vers Calvi en suivant le littoral et en desservant Algajola ».

Dans sa saisine de la Chambre des députés, le gouvernement juge que le tracé rouge desservirait les portions les plus riches du pays et donnerait une recette kilométrique plus élevée que la « direction rivale » ; il se prononce nettement en sa faveur. Ainsi écarte-t-il le tracé vert, qui « se maintiendrait pour atteindre l'Ile-Rousse dans le fond de la vallée basse du Regino sans desservir aucun centre de population et qui, en outre, suivrait entre l'Ile-Rousse et Calvi un littoral malsain, presque sans culture et inhabité ».

Ponte-Leccia, passage obligé vers la
Balagne, sa « grue » pour alimenter en eau les locomotives, et son buffet, dont Lorenzi di Bradi, dans sa *Corse inconnue* donne une description sans aménité : « On déjeune dans un buffet. C'est un hangar ? Je m'attable avec tant d'autres. Bon ! des truites. La rivière n'est pas loin. "On n'en a pas toujours !" me dit une brave femme qui nous sert. Vin rosé, un sec, mais diablement agréable. Aussi, les bouteilles se vident. On mange en silence. Le soleil entre, les mouches bourdonnent. Et après ? Un ragoût. Mon compagnon de route est à côté de moi. Il met les bouchées doubles et boit la bouche pleine. Il prétend que de cette façon le manger est plus savoureux. Ce ragoût sent la chèvre. Ensuite, un plat de haricot est le bienvenu. Et autour de nos assiettes les mouches s'acharnent. "Il doit y avoir du broccio", me souffle mon voisin. Il disait vrai, et sous prétexte que le ragoût était mauvais, il s'en gave. À la fin, repu, il allume un cigare ».

Or, la Chambre ne va pas approuver la proposition du gouvernement, préférant suivre le rapporteur de sa commission des travaux publics, Francisque Reymond à l'appui des arguments suivants : d'une part, les vœux des populations « sont très partagés », et « l'ardeur de la lutte d'intérêts qui existe entre Calvi et l'Ile-Rousse suffit à expliquer le nombre de pétitions envoyées et de signatures recueillies » ; d'autre part, la construction du tracé rouge coûtera plus cher que celle du tracé vert ; enfin, au point de vue du trafic et du développement des relations commerciales, « en raison de la situation de l'Ile-Rousse et des excellentes conditions naturelles de son port, il est conforme à l'intérêt général de s'en tenir au tracé vert qui, avec une dépense beaucoup moindre, consacre les droits acquis, maintient la situation relative de chacun en l'améliorant et sans faire aucun tort à Calvi, permet de tirer un parti utile des sacrifices dont le port de l'Ile-Rousse a été l'objet ».

En haute Balagne, l'émotion le dispute à l'indignation. Le 24 juin 1882, le maire de Speloncato fait publier dans *Le Petit Bastiais* la pétition aux sénateurs, contresignée par la quasi-totalité des conseillers généraux et maires de l'arrondissement.

Le train en gare de Calvi

Ils protestent « énergiquement » contre le vote de la Chambre des députés contraire « aux vœux exprimés par la grande majorité des habitants » et « supplient » les membres de la chambre haute de « vouloir bien réparer une injustice qui porte une si grave atteinte à leurs intérêts particuliers aussi bien qu'aux intérêts généraux du pays ». Le commentaire est particulièrement acide, sinon déplacé : « La Chambre des députés, en « connaissance de cause », a enfin adopté le tracé vert, c'est-à-dire, non le chemin de fer de la Balagne, mais le chemin de fer de l'Ile-Rousse. Pauvre Calvi ! ton histoire que l'on peut lire sur tes maisons ébréchées par les boulets ennemis a été oubliée ! Ile-Rousse, fille de la haine contre toi, est chargée de te tuer – c'est la Chambre qui le veut – mais ta mort, c'est notre agonie, notre ruine, c'est-à-dire l'agonie et la ruine des neuf dixièmes de l'arrondissement : car Ile-Rousse seule est verte et le reste est rouge. Deux mille verts, vingt mille rouges ! ».

Gare de CALVI – Arrivée du Train

À Calvi, l'arrivée du train attirait toujours la foule.

Certains, à Paris, sont accusés de « penser et d'agir » pour « ces braves Balanins, si primitifs, si naïfs, si crétins mêmes, qu'ils ne savent pas ce qui leur faut ». On les consulte, ils répondent clairement : « le conseil général, le conseil de l'arrondissement de Calvi, la commission d'enquête, la chambre de commerce de Bastia, toute la Balagne enfin, excepté Ile-Rousse, crièrent d'une voix unanime : le tracé rouge ! Et l'administration, et notre honorable député M. Graziani appuyèrent chaudement le désir des populations. Qui pouvait douter du succès ? Mais non. Tous ceux qui demandaient le tracé rouge ne comprenaient rien : ils ne voyaient pas leurs propres intérêts ». Les pétitionnaires entendent alors porter l'estocade en s'en prenant nommément au rapporteur :
« M. Reymond, un vieil ami de… la Balagne, a vu plus clair que tout ce monde-là, et a dit à la Chambre : « C'est le tracé vert qu'il faut voter ; c'est le tracé vert qu'il faut donner à ce pays que j'ai exploré, il y a 25 ans, en simple pionnier, pendant que d'autres vivaient au milieu des douceurs parisiennes. Votez le tracé vert ; les Balanins ne savent pas choisir ». Et la Chambre a voté ! Pauvre Balagne ! Il est écrit *che tu non avrai mai bene* ! ».

Plus tard, le long du rivage, la CFC mettra en service, avec succès, ses « trains-tramways » avec arrêts facultatifs à la demande.

Le Sénat examine le projet le 4 août 1882. Rapporteur de sa commission spéciale, M. Cuvinot demande la discussion d'urgence, expose l'économie de la proposition de loi et le vote des députés. « Les arguments invoqués en faveur de l'un et l'autre tracé ont été examinés avec le plus grand soin, déclare-t-il. Après cet examen, nous pensons, d'accord avec la Chambre, qu'il convient de donner la préférence au tracé par l'Ile-Rousse. C'est le plus économique. Il offre au point de vue commercial et industriel une supériorité incontestable ». En conclusion, « il est urgent de statuer et de mettre fin à des discussions qui, à la longue, pourraient dégénérer en regrettables conflits ». Et le Sénat choisit, lui aussi, le tracé vert. Tout espoir est-il perdu ? De nouvelles rumeurs se font pourtant jour, dont on trouve l'écho *Le Petit Bastiais* du 6 mars 1883 :

un croisement d'autorails à Algajola

« Il serait question de modifier le tracé vert adopté par le Parlement. De nouvelles études seraient faites pour que le nouveau tracé, partant de Calvi, passe près de Calenzana et aboutisse à Muro par un tunnel sous le contrefort qui sépare Cassano de Muro. C'est sur Muro aussi que se dirigerait l'embranchement partant de l'Ile-Rousse. De Muro à Ponte-Leccia, ce serait l'ancien tracé rouge. On dit que les habitants de l'Ile-Rousse et leurs protecteurs se rallieraient volontiers à ce nouveau tracé, qui ferait de leur ville le point central du chemin de fer vers lequel aboutiraient celui de Calvi et celui de la haute Balagne ».

Et le signataire de ces lignes, qui se définit modestement comme « Un promeneur », de conclure : « Si ce n'était là le rêve de quelque homme de bien et si l'on pouvait revenir sur la question des tracés, il est certain que celui-là trouverait beaucoup d'adhésions et donnerait satisfaction à la plus forte somme d'intérêts en jeu. Les cantons de Muro et de Calenzana, les plus importants de l'arrondissement, seraient ainsi desservis par le chemin de fer ».

Pendant plusieurs mois, durant les travaux, la gare de Palasca fut le terminus de la ligne de Ponte-Leccia.

Ce ne sont là que bruits sans fondement. Le 19 décembre 1883, l'État concède à la Compagnie des chemins de fer départementaux (CFD) la construction des lignes de Ponte-Leccia à Calvi sur le tracé vert et de Casamozza à Ghisonaccia. Les travaux commencent au début 1886, et la première section, de Ponte-Leccia à Palasca est ouverte à l'exploitation le 10 janvier 1889. Mais des éboulements compromettent l'évolution normale du chantier, nécessitant même l'établissement d'une déviation entre Novella et Palasca. Il s'y ajoute le départ saisonnier des ouvriers italiens et les difficultés relatives à l'expropriation des terrains, y compris le choix de l'emplacement de la gare d'Ile-Rousse, qui doit être implantée sur un terrain militaire (et fortifié). Le conseil général s'inquiète de ces retards. Il prend une motion « tendant à obtenir que les travaux entre Calvi et l'Ile-Rousse soient activement poussés, de façon à ce que cette section puisse être exploitée dans le plus bref délai ». Réponse du ministre des Travaux publics le 1er avril 1890 : « La CFD conduit avec toute la célérité désirable les travaux de cette section, dont l'infrastructure sera complètement terminée d'ici à deux mois. Mais les bâtiments de la station de l'Ile-Rousse, qui n'ont pu être commencés que plus tard à raison de la longue instruction qu'a nécessitée la question du choix de l'emplacement ne pourront pas être achevés avant la fin de l'été. Il ne m'est pas possible, dès lors, de fixer dès à présent l'époque exacte à laquelle pourra avoir lieu l'ouverture de la section de Calvi à l'Ile-Rousse ».

Le 15 novembre 1890, le premier train entre à Calvi, mais il faudra encore plusieurs mois pour que le trafic soit organisé dans des conditions acceptables. À partir de 1891, deux trains quotidiens dans chaque sens desserviront la Balagne, mettant trois heures pour relier Calvi à Ponte-Leccia, cinq et demie à Bastia ou Ghisonaccia, plus de sept à Ajaccio. La gare de Calenzana sera celle de Lumio ; Belgodere aura une halte proche du village et sa station, à l'Aja alla Leccia, distante (seulement) de 1 500 à 4 000 mètres des cinq agglomérations environnantes (Costa, Occhiatana, Belgodere, Ville di Paraso, Speloncato) ; et la gare de Pietralba ne s'appellera pas « Castifao-Pietralba » pour la raison bien simple que, reliée par un chemin carrossable à Ponte-Leccia, Castifao ne l'est à la gare de Pietralba que par « un simple sentier ».

classique : l'autorail Renault
longeant la baie de Calvi.

De Vizzavona au Vecchio

*L*ES DEUX RÉALISATIONS les plus spectaculaires du réseau sont le tunnel de Vizzavona et le pont du Vecchio, celle-ci n'étant toutefois effective que cinq ans après celle-là. Mais lorsque la loi du 27 décembre 1879 déclare d'utilité publique la ligne de Mezzana à Corte, les travaux ont déjà été entrepris sur les sections Ajaccio-Bocognano et Bastia-Corte. Le 1er février 1888 le train relie Bastia à Corte, et le 1er décembre Ajaccio à Bocognano. Parallèlement, la liaison Casamozza-Ghisonaccia est ouverte le 17 juin 1888 et la liaison Ponte-Leccia-Palasca le 10 janvier 1889. C'est dire que l'on travaille d'arrache-pied un peu partout depuis le début des années quatre-vingt.

C'est, précisément, le 26 avril 1880 qu'intervient la décision ministérielle autorisant les ingénieurs à attaquer le percement du « souterrain de la Foce di Vizzavona » par les deux têtes (d'abord une « petite galerie » de deux mètres de diamètre) et à l'aide de quatre puits verticaux profonds, respectivement, du sud au nord, de 151, 245, 185 et 84 mètres. Encore faut-il, loin de tout moyen adapté de communication, installer le chantier. La municipalité de Bocognano a, fort opportunément, facilité les choses en cédant gratuitement à l'État l'emprise de la voie ferrée sur les terrains communaux traversés, dont une surface de 10 269 mètres carrés à la tête Sud du tunnel, « l'embouchure », comme l'appellent les ingénieurs, de sorte que le lieudit jusqu'alors désigné par le nom du torrent, affluent de la Gravona, U Ripargulu, sera rapidement corsisé en « Imbusciura ».

D'entrée de jeu, on commence par le fonçage des puits. Mais on constate très vite que cette opération va s'avérer excessivement onéreuse et que le déblai et la maçonnerie de la galerie d'axe évidemment élargie (4, 20 mètres) exécutés à l'aide de ces puits génèreront d'importants retards. Alertée, l'administration nationale confie aux Ponts et chaussées insulaires mission de se rendre dans les Alpes étudier les nouveaux procédés de perforation mécanique utilisés au mont Cenis et au Saint-Gothard. Étude concluante mais, indique un rapport officiel au conseil général de la Corse, « les machines et appareils commandés en décembre 1880 et janvier 1881 n'ont pu être montés que très lentement à Vizzavona à cause de la difficulté des transports, par une saison défavorable et avec des moyens de transport absolument insuffisants ». On a même ouvert un chemin de 1 200 mètres de longueur de la route nationale au Ripargulu et élevé aux lieu et place de l'ancien pont génois sur la Gravona un pont que l'on peut encore voir et emprunter en contrebas du pont de la voie ferrée.

« Les machines perforatrices, indique encore le rapport, peuvent être actionnées séparément ou à la fois par des machines à vapeur et par des turbines hydrauliques qui reçoivent à la tête nord les eaux de Fulminato et à la tête sud celles du Ripargulu. Les perforatrices n'ont pu cependant marcher qu'à partir du 1er juin 1881 ». L'innovation est qualifiée d'heureuse, car l'avancement quotidien est de trois mètres à chaque tête, si bien que la « petite galerie », première étape, pourra être percée courant décembre 1882, « c'est-à-dire trente mois avant l'époque où les ingénieurs espéraient l'avoir terminée par les procédés ordinaires ». De plus, la calotte du souterrain pourra être élargie et maçonnée au fur et à mesure, ce qui doit, est-il prévu, permettre de livrer le tunnel à la circulation au commencement de 1884.

Les conditions paraissent donc réunies pour le déroulement normal des opérations, salué le 4 décembre 1881 par la « Fête des ouvriers mineurs » organisée à l'occasion de la Sainte-Barbe, leur patronne, à Vizzavona par les entreprises adjudicataires, et relatée, photos à l'appui, par L'Illustration du 12 février 1882. À Vizzavona et au Ripargulu ont été en effet élevés une vingtaine de bâtiments qui abritent personnels et matériel, ainsi que des poudrières. Les ouvriers sont également logés sur place, une trentaine de particuliers y ayant aménagé cantines, épiceries (où l'on vend également du matériel de couchage), « gourbis » (logements très sommaires), auberges et même petits jardins potagers Les ingénieurs, quant à eux, sont logés au col, à mi-chemin des deux têtes du tunnel, dans l'immeuble construit à leur intention, dénommé « Maison des ingénieurs », qui deviendra en 1890, après avoir reçu d'autres aménagements, l'Hôtel du Monte d'Oro.

Le jour de la fête, le chanoine Guiderdoni prononce une allocution « devant les ouvriers du tunnel de la Foce », les cadres des entreprises et l'ingénieur en chef Dubois, « noble représentant de cette science qui, rapprochant les distances, comble les vallons, aplanit les montagnes et marche sur des ailes de feu, grand ouvrier de la prospérité future de ce pays de Corse que vous aimez déjà ». « Messieurs et bien chers frères, commence le chanoine, le premier mot de cet entretien sera une parole de félicitation et de remerciement pour vous tous qui avez eu la pensée et pris l'initiative de cette fête en l'honneur de votre saine et héroïque patronne, afin d'appeler sur ces chantiers les bénédictions d'en haut ». Il reprend naturellement les thèmes développés par l'évêque De la Foata lors de l'inauguration des travaux au tunnel d'Aspretto, trois années auparavant, rend hommage à l'écrasant labeur des travailleurs et conclut : « Du sein de cette montagne où votre marteau frappe le roc à six cents mètres sous terre, votre âme n'a pas besoin de soupiraux pour s'élever vers Dieu. Au Ciel

Le 4 décembre 1881, la « Fête des ouvriers mineurs » organisée en gare de Vizzavona, vue par L'illustration. À cette occasion, le chanoine Guiderdoni prononce une allocution dont le texte est édité.

ALLOCUTION
PRONONCÉE
PAR M. LE CHANOINE GUIDERDONI
DEVANT
LES OUVRIERS DU TUNNEL DE LA FOCE
A L'OCCASION
DE LA SAINTE-BARBE
LEUR FÊTE PATRONALE
LE 4 DÉCEMBRE 1881.

MESSIEURS ET BIEN CHERS FRÈRES,

Le premier mot de cet entretien sera une parole de félicitation et de remerciement pour donc vos pensées et vos aspirations, là sont les joies de la patrie, là les souriantes espérances, là enfin le repos dans le sein de Dieu après les labeurs, les angoisses et les crucifiements de la vie présente ».

Le Petit Bastiais triomphe par anticipation. On lit dans son numéro du 2 mai 1883 ces lignes enthousiastes : « Il fut un temps où les habitants de ce côté de la Corse étaient jusqu'à un certain point étrangers à ceux du Liamone. Il arrivait même que de pauvres piétons et des cavaliers soient ensevelis sous des avalanches de neige. Souvent, les communications étaient suspendues pendant une semaine entière. Encore deux ans, et ces obstacles auront entièrement disparu, ces dangers ne seront plus à craindre. On pourra déjeuner à Bastia et aller souper à Ajaccio. Une fusion entre deux populations en quelque sorte rivales, plus étroite et plus intime, va résulter nécessairement du rapprochement des distances ».

La tête Nord du tunnel de Vizzavona sous la neige, un jour d'hiver.

Il a toujours été osé de jouer les prophètes. Ainsi, une fois réalisée la liaison Ajaccio-Bastia, après l'achèvement de la section Vizzavona-Corte, le besoin d'aller d'une ville à l'autre n'apparaîtra pas forcément : en 1895, on ne dénombrera que 15 passagers par jour, de bout en bout, sur les 200 000 transportés sur l'ensemble du réseau…

À l'arrivée des trains, pendant la saison, les fraises des bois sont proposées aux passagers.

La conduite d'un aussi extraordinaire chantier ne peut évidemment aller sans aléas, mais les travaux sont rapidement repris au début de l'été 1881 et, de part et d'autre, l'activité est celle d'une ruche. Mais un grave incident vient le 3 septembre 1882 troubler l'ordonnancement du chantier. À 1 700 mètres de la future gare de Vizzavona, un torrent souterrain jaillit dans la galerie qu'elle remplit en un rien de temps, causant la mort par noyade de trois ouvriers (quatre autres périssent aussi entre 1881 et 1883, et douze sont blessés par des éboulements). Des murs sont emportés, entraînant le déversement d'autres ruisseaux. On s'attache à construire des murs pour faire barrage, dont le plus important à un millier de mètres de l'entrée, on tente d'évacuer la masse d'eau par pompage. Vainement. Deux mois après, la galerie reste inondée sur une longueur de 600 mètres. 6 000 mètres cubes d'eau s'y sont amassés. L'évacuation ne pourra plus se faire que par gravitation, étant entendu que le percement du tunnel, arrêté côté nord, se poursuit à partir du Ripargulu. Lorsque la jonction entre les deux galeries sera opérée, c'est au fleuret unique qu'à 4 mètres, l'on traversera le « front ». L'eau, paisiblement, s'écoulera alors vers la Gravona.

L'inondation retarde considérablement le chantier : cinq années seront nécessaires pour qu'enfin la voûte soit élargie, maçonnée (elle est entièrement en pierres de taille) et que soient posés le ballast, près de 5 000 traverses (1 250 par km) et les rails. Le 14 juillet 1889, le tunnel est ouvert au trafic. Long de 3 916 m, il comporte une niche de garage tous les 50 mètres ; sa déclivité est de 20 millimètres par mètre : 824 m d'altitude tête sud, 906 tête nord, au point culminant du réseau.

Terrassiers, tailleurs de pierre, mineurs, maçons, bûcherons, muletiers, télégraphistes, commerçants, transporteurs, il y a, le long des 16 km qui séparent Ucciani de Vizzavona, tout une humanité laborieuse attachée au travail et au gain. Entre ces deux points, on aura dans l'espace d'une dizaine d'années construit trois gares et leurs bâtiments annexes ; cinq maisons cantonnières dont l'une avec passage à niveau sur la RN 193 ; cinq tunnels dont celui de Vizzavona ; vingt ponts ou viaducs en maçonnerie totalisant un kilomètre de longueur dont les deux plus grands du réseau (Granato, entre Tavera et Bocognano : 7 arches de 17 m d'ouverture chacune ; Pughjola, à Bocognano : 7 arches de 15 m) ; plus de 3 km de voies d'accès vers les gares ; des ponts permettant de franchir la voie ferrée, etc.

Une fois réalisée la percée alpine, on construit la section Vizzavona-Vivario sur un tracé particulièrement accidenté, puis le grand viaduc sur le Vecchio : 140 m de longueur, 94 m de hauteur, 4 m de largeur, deux culées de rive évidées par une double arcature de 8 m de diamètre, et deux piles en pierre taillée de 80 m reposant dans le lit du torrent, trois travées métalliques longues pour les deux premières de 44 m, et la centrale de 52 m. La décision ministérielle en a été prise le 31 décembre 1889 l'ordre de construction (coût : 360 000 francs, 400 000 en réalité) donné le 5 juin 1890, les adjudications prévues cinq mois plus tard. La partie métallique sera réalisée par la Compagnie des établissements Eiffel (devenue en 1893 la Société de constructions de Levallois-Perret), les lots en maçonnerie par l'entreprise Vignolle.

Si la décision définitive a tardé, c'est parce que le passage par Corte a posé problème. Après avoir écarté le tracé de la ligne Bastia-Aleria le long du Tavignano, l'une des options retenues consistait à descendre de San-Quilico par le viaduc d'Aghilli, long de 130 m (14 arches de 9 m d'ouverture) jusqu'au confluent du Vecchio et de gagner Vivario en remontant la rive droite de ce torrent. L'établissement d'un embranchement vers Corte était dans ce cas indispensable. On décida finalement de toucher directement cette ville, puis de desservir les villages du Venacais et donc de franchir le Vecchio sur un grand ouvrage.

La compagnie de l'illustre Gustave Eiffel (son épouse est corse, issue d'une famille cap-corsine), qui a construit le viaduc de Garabit, dans le Massif Central, et la tour qui, à Paris, porte son nom, a la haute main sur la totalité du chantier. Dans l'espace de deux années, le viaduc est achevé, bien que les composantes du tablier métallique – poutres en treillis multiple montées une à une – aient dû être transportées de Corte au Vecchio à dos de mulets, la construction de la ligne étant encore

Avancement des travaux du Vecchio.
La constructions des piles en pierre taillée de 80 m de haut reposant dans le lit du Vecchio fut, en raison des techniques d'alors, une oeuvre véritablement remarquable. Au premier plan du premier cliché, deux bergeries aujourd'hui disparues qui s'élevaient à proximité du pont sur lequel on franchissait le torrent au XVIIIe siècle.

en cours. Les travaux sont rondement menés et la pose du tablier achevée le 1er octobre 1892. Aussi la compagnie demande-t-elle le mandatement des sommes qui lui sont dues après réception provisoire des travaux, laquelle est effectuée au terme des mesures de flèche comportant le stationnement sur l'ouvrage pendant deux heures et le passage d'un très lourd convoi : deux locomotives et une douzaine de wagons chargés au maximum, soit près de 250 tonnes. Le 27 juillet 1893, le ministre des Travaux publics fait droit à la réclamation du constructeur. Compte tenu du fait que « les épreuves sous charge roulante n'ont pu être effectuées, l'état d'avancement des terrassements au-delà de la travée métallique ne permettant pas encore le passage du train d'essai » d'une part et, d'autre part, « l'époque d'achèvement de l'ouvrage, qui remonte déjà plus de neuf mois, son exécution soignée et les circonstances qui ont empêché jusqu'ici la réception provisoire », ordre est donné au préfet de verser à l'entreprise les sommes réclamées. Le pont du Vecchio a été classé monument historique le 20 juillet 1976.

La section Vizzavona-Vivario ouverte le 1er octobre 1892, quinze mois seront, cependant, encore nécessaires pour la jonction Vivario-Corte, enfin livrée au trafic le 3 décembre 1894. Ce jour-là, le train reliera pour la première fois les deux pôles de la Corse. Mais à 20 km/h, la durée du trajet dépassait sept heures. La révolution tant réclamée, tant attendue, était désormais accomplie dans une île où l'on ne se déplaçait jusqu'alors qu'en diligence (trois jours pour Ajaccio-Bastia) ou en berline (moins de deux jours) sur de méchants chemins, d'ailleurs enneigés et aléatoires pendant plusieurs mois durant la mauvaise saison. Connurent ainsi un développement certain, sur le parcours, quelques simples hameaux, tels Francardo, où étaient déjà des scieries, Ghisonaccia avec son nouveau quartier « Ghisonaccia gare », et Vizzavona, avec ses magnifiques promenades sous bois, ses auberges, son Grand Hôtel de la forêt et son Hôtel du Monte d'Oro, ses villas, son florissant commerce de la neige stockée l'hiver pour l'été à l'entrée Nord du tunnel.

Devenue station d'été par la grâce du train, Vizzavona l'ignorée allait ainsi attirer une large clientèle d'Ajacciens et de touristes qui, le dimanche venu, gagneront pendant plusieurs décennies ses frais ombrages en prenant à partir du 12 août 1890, le « train de plaisir » très prisé, comme en témoigne le quotidien local *La République* du 25 juillet 1896 : « C'est demain que la CFD organise son train de plaisir entre Ajaccio et Vizzavona. Nous savons de source certaine que tout le *high-life* ajaccien se dispose à profiter de cette distraction hebdomadaire qui devient décidément à la mode. Nous ne saurions trop féliciter la direction des CFD de cette intelligente initiative ». On quitte Ajaccio à 7 h 34 pour arriver à Vizzavona à 9 h 51, et Vizzavona à 17 h 10 pour être rendu à Ajaccio à 19 h 03. Et l'aller et retour coûte cinq francs en première classe, quatre francs en seconde, deux francs cinquante en troisième…

Au lendemain de la Grande guerre, en 1923 plus précisément, la compagnie s'attachera à une meilleure promotion du Train de plaisir. Elle annoncera que des aller et retour avec 50 % de réduction en 2ᵉ et 3ᵉ classe seront désormais délivrés en vue de l'excursion à Vizzavona : des billets collectifs au bénéfice de groupes de 16 ans au moins, aux membres – cinq au moins – du Club alpin français, et d'artistes dramatiques – six au moins. Et cela en vue de « voyager économiquement ».

Bellacoscia et le ministre

I L PLEUT. Une pluie continue comme en réservent souvent les jours et les nuits d'automne. Le 8 octobre 1898, le ministre de la Marine Édouard Lockroy, arrive à Saint-Florent à bord du croiseur-cuirassé « Ponthuau ». Il entame en Corse son « voyage militaire » qui va le mener à Bastia, Ajaccio, Propriano, Bonifacio et Porto-Vecchio. Venant de Toulon, il se rend à Bizerte (ce sont deux des plus importantes bases navales françaises en Méditerranée) et, au passage, il s'est promis d'examiner les conditions dans lesquelles certains ports de l'île pourront être fortifiés. « La Corse, vient d'écrire *Le Temps*, sera le poste avancé qui permettra aux torpilleurs, même à l'escadre, de porter l'action maritime dans les eaux étrangères ». En fait, les eaux italiennes. À Bastia, répondant au discours du maire Auguste Gaudin, le ministre ne le dissimulera pas : « En face, à quelques heures, il y a la formidable place de guerre italienne, La Spezia »…

Lockroy n'est pas venu seul. Avec lui, une vingtaine de représentants de la presse parisienne, appelés à témoigner que la France saura éventuellement se défendre sinon attaquer. Et accessoirement à découvrir cette île mystérieuse que le ministre connaissait d'ailleurs déjà pour l'avoir parcourue en 1895 avec la Commission extraparlementaire de la Marine. Le 12 mai de cette année-là, il avait même confié ses impressions à *L'Éclair* : « On n'y rencontre guère de paysan voyageant ou se promenant sans son couteau ou son fusil… On y montre avec respect au touriste qui traverse l'île la maison de Bellacoscia. D'ailleurs, quelques centaines de personnes, à l'heure qu'il est, tiennent le maquis ».
Ainsi avertis, nos confrères étaient tout yeux et tout oreilles. Leur attente devait être comblée au-delà de toute espérance !

L'accueil de Bastia au ministre est digne d'un chef d'État : illuminations, musique (militaire), fête populaire avec bataille de confetti et, lors du départ, une salve de 17 coups de canon. Un train spécial quitte Bastia le dimanche 9 octobre à 7 heures pour arriver à Ajaccio à 16 heures. Entre-temps, un arrêt à Vizzavona où le préfet Cassagneau offre au Grand Hôtel de la forêt, alors l'un des palaces de l'île, un déjeuner dont je ne résiste pas au plaisir de reproduire le menu, concocté par le fameux chef Joseph Baretti :

Hors d'œuvre varié ; fritures de truites de Fulminente ; tournedos à la Béarnaise ; chaufroid de perdreaux en Belle-vue ; jambon de Bayonne aux épinards sauce Madère ; poularde de Bocognano à la broche ; salade de Vizzavona ; haricots de Vivario à la maître d'hôtel ; pêches à l'amiral ; desserts. Pour arroser ce

sompteux repas, un vieux vin de Corte, du blanc de Porticcio, du rouge de Sari d'Orcino, du blanc de Tallano, du champagne Moët et Chandon, et pour finir, café et liqueurs.

Après l'étonnante « réception » par les pseudos-bandits, le ministre Lockroy présidera un très fin et copieux déjeuner au Grand Hôtel de la forêt, alors l'un des palaces de l'île.

Le solide appétit de nos voyageurs est réputé, la seule lecture du menu suffit à l'ouvrir. Mais le propriétaire du Grand Hôtel, Martin Muraccioli, entrepreneur de travaux publics, homme de vaste culture, qui est aussi maire et conseiller général de Bocognano, sait cultiver l'humour. Compte-rendu du *Phare de la Corse*, hebdomadaire bastiais :

« À Vizzavona, M. Muraccioli avait réservé au ministre et à son escorte une surprise tout à fait locale. Au moment où M. Lockroy débouchait sur la place de la gare, il fut salué par une charge de mousqueterie exécutée par une quinzaine de paysans vêtus suivant la mode ancienne, de *pannu corsu* et *baretta misgia*. Tous avaient leur carchera et ressemblaient en tous points, avec leurs barbes hirsutes, aux vieux bandits d'autrefois. Parmi eux se trouvait le vieil Antoine Bellacoscia, qui avait pris la direction de la troupe. Les journalistes furent émerveillés de cette réception, ils serrèrent la main à l'envi aux bandits amateurs qu'ils photographièrent dans toutes les poses. On les exposera à Paris et une fois de plus, la Corse reprendra le boulevard, avec sa légende. Déjà, dans *L'Éclair*, n'a-t-on pas annoncé qu'il y a plus de 800 bandits au maquis, mais qui ne sont plus sauvages puisqu'ils se dérangent pour voir un ministre et même lui faire escorte ».

Plus précis sera justement *L'Éclair*, et sa relation est assurément un beau morceau d'anthologie. Qu'on en juge :

« On avait pris la précaution d'aligner les bandits à la sortie de la gare et nous fûmes reçus avec force pétarades. Ils avaient de grandes barbes blanches et les yeux doux, des tas de poignards et de pistolets à la ceinture, un fusil de chasse dans les mains. Ils étaient vêtus d'un complet de velours marron et leurs bottes étaient convenables cirées. Sur leur tête pendait le bonnet noir phrygien. Ils étaient commandés par Bellacoscia, qui a tant de vrais crimes sur la conscience et à cause duquel tant d'honnêtes gendarmes ne voient plus la lumière du soleil. Tout notre monde officiel n'eut pas plus tôt aperçu ce groupe de bandits qu'il se jeta dessus. J'assistai à une effusion qui sera le plus beau jour de ma vie. Le trouble que j'en ressentis ne me permet pas de m'exprimer autrement.

« Emmanuel Arène en habit, la poitrine barrée de tricolore, serra sur son cœur et embrassa sur les deux joues l'illustre bandit. M. Lockroy s'avança, lui tendit largement la main, serra longuement la sienne, agita à plusieurs reprises la tête, exprimant ainsi une admiration qui, officiellement, devait rester muette. Le chef de cabinet Ignace prenait des instantanés de brigands avec une hâte fébrile. Le général Brunet faisait fonction de gardien de la paix, refoulant les curieux à seule fin que le général Delambre dessinât plus facilement ce héros national.

« Le commissaire spécial lui apporta une boîte de cigares. M. Lockroy ne daigna point adresser la parole au capitaine qui avait osé arrêter cet homme. Tout le monde comprit, le malheureux aussi ! Il gémit : « Ma carrière est brisée ! ». Bellacoscia s'éloigna d'un pas naturel, sans forfanterie, le fusil en bandoulière, fumant le cigare du commissaire spécial, une main appuyée au poignard à manche d'ivoire que lui donna jadis Edmond About en lui recommandant de « ne pas le laisser dans la plaie » et regardant la montre merveilleuse que lui donna le roi de Saxe et se demandant s'il n'était point l'heure du déjeuner.

« Je l'arrêtai un instant : pardon, lui dis-je, tous ces bandits qui sont avec vous, ce sont de vrais bandits ? Eh non ! me répondit-il en haussant les épaules : ce sont de la fripouille ! ».

La pluie avait cessé. Et tout le monde avait naturellement pris le parti d'en rire. Mais l'affaire ne devait pas en rester là…

Donc, la presse parisienne fait ses choux gras du pittoresque spectacle auquel, on peut le penser, le célèbre Emmanuel Arène, député d'Ajaccio, brillant chroniqueur et grand initiateur de la légende des Bellacoscia, n'est probablement pas étranger. Son confrère Ange Gualdemer n'écrit-il pas dans *Le Gaulois*, un journal cher au cœur du « Rè Manuellu » :

« Bellacoscia nous attend, flanqué de huit de ses amis, tous armés jusqu'aux dents : le stylet à la ceinture et le fusil au bras. Ils nous couchent même en joue et ils tirent. Hé, là-bas ! Mais c'est pour rire, ou plutôt pour nous saluer. Les fusils sont chargés à poudre. On serre la main à Bellacoscia, car on la lui serre ! On lui demande même de ses nouvelles et de celles de ses bandits, ses frères. Ils sont morts, paraît-il […] Le succès de Bellacoscia est à son comble. On le photographie de face, de profil et de trois quarts. L'ancien bandit s'y prête, sous l'œil attendri des gendarmes qui, eux, il faut bien le dire, n'ont aucun succès ».

Le ministre de la Justice, pour sa part, est loin de partager l'attendrissement supposé des gendarmes. Certes, acquitté en 1892 par la cour d'Assises de Bastia, Antone Bellacoscia vit à Bocognano les dernières années d'une existence mouvementée. Il a été relevé de la mesure d'interdiction de séjour dont il avait fait l'objet, et il est par conséquent parfaitement en règle. D'ailleurs, ne reçoit-il pas, dans sa maison des Corsacci, d'innombrables touristes et photographes ? L'équipée de Vizzavona n'était donc pour lui qu'une aimable sortie : comment, lui qui a toujours – même lorsqu'il tenait le maquis – été en bons termes avec les maires de son village aurait-il pu refuser son concours au bonapartiste Martin Muraccioli alors qu'il avait en 1881 fait du républicain Basile Vizzavona le parrain de son premier enfant, Paul-Joseph ?

Un mois après, le 9 novembre 1898, le ministre de la Justice adresse au président du Conseil, ministre de l'Intérieur, une lettre de sept pages fondée sur le rapport que le procureur général près la Cour d'Appel de Bastia lui a fait de « l'incident qui s'est produit à Vizzavona et qui a causé une assez vive émotion en Corse » : « au moment où il sortait de la gare et où les honneurs lui étaient rendus par un peloton de gendarmerie, un groupe de sept ou huit hommes, armés de fusils, salua le ministre de plusieurs salves. L'attention du cortège se porta aussitôt sur les manifestants, vêtus de costumes étranges, et qui avaient à leur tête l'ancien contumax Bellacoscia, cinq fois condamné à mort pour assassinat. C'est alors que M. Emmanuel Arène député d'Ajaccio, l'aurait présenté au ministre qui, quelque peu surpris, serra la main que lui tendait l'ancien bandit et s'éloigna rapidement sans mot dire, pour passer en revue les gardes forestiers. L'incident aurait presque passé inaperçu s'il n'avait été souligné par l'attitude de plusieurs journalistes qui entourèrent le groupe des pseudo-bandits pour interroger Bellacoscia et prendre sa photographie. D'après les renseignements fournis à M. le Procureur général, ce serait M. Muraccioli qui aurait organisé cette manifestation. On l'a vu, quelques instants avant l'arrivée du train, occupé à ranger les divers individus destinés à figurer les bandits corses à la suite de Bellacoscia ».

Les Bellacoscia ont toujours eu un faible pour le train. Après l'épisode du voyage de Sadi-Carnot en 1890, le « bandit-retraité », Antoine (3ᵉ à partir de la droite, au second plan) posait déjà en 1897 avec quelques-uns de ses frères, dont certains devaient assurément faire partie de « l'expédition » de Vizzavona.

L'auteur de la lettre, Petitier, directeur des Affaires criminelles et des Grâces, qui signe par délégation du ministre de la Justice, ne cache pas son indignation, non plus que celle des magistrats et des gendarmes. Il rappelle que ceux-ci font aux bandits une chasse sans merci, que plusieurs d'entre eux ont, cette même année, essuyé des coups de feu et subi des blessures dont deux furent mortelles. Il précise la situation de ce « célèbre Bellacoscia ». Interdit de séjour en Corse après son acquittement, il s'était installé à Marseille : « quelques mois après, il sollicita la suspension, pendant quatre mois, de l'arrêté pris contre lui. Il réside, paraît-il, depuis plusieurs années en Corse et sa présence paraît tolérée par l'administration ». Étonnant constat, cette « tolérance » étant de notoriété publique depuis plus de cinq ans !...

N'importe. Le ministre de la Justice demande alors l'expulsion immédiate de Bellacoscia et la révocation de M. Muraccioli, qui « produiraient un excellent effet sur l'esprit public en Corse et feraient disparaître la déplorable impression de la manifestation de Vizzavona ». Au surplus, le ministre de la Marine s'associerait volontiers à ces mesures. Enfin, l'expulsion de Jacques, le frère d'Antoine et fameux bandit lui-même, est également requise. Mais le Procureur général devait être le seul en Corse à ignorer que Jacques était mort au cours de l'hiver 1895-96. Il conclut : « La famille Bellacoscia dit, très haut, que les lois ne sont pas faites pour elle et se flatte de devoir à de hautes influences cette situation aussi illégale que privilégiée ».

Faut-il alors engager des poursuites ? Prudent ou circonspect, le ministre de la Justice entend connaître la position du chef du gouvernement. La réponse figure en grosses lettres sur la lettre déposée aux Archives nationales : « Vu. M. Petitier, affaire classée. Pas de suite à donner » Sauf pourtant pour le quotidien républicain *Bastia-journal*.
Le 16 octobre 1898, il y est affirmé que « jamais spectacle n'avorta plus piteusement ». Certes, il y avait là Bellacoscia, « empereur, tsar, roi et pape du maquis » mais, au lieu de quelques fripouilles, l'on n'avait pu « trouver, pour faire escorte à l'illustre bandit aujourd'hui en retraite dix ou quinze personnes ayant une douzaine d'assassinats à leur actif ? Vraiment, le métier se perd, au point que l'on assiste à la fin d'un monde... »

Le journal s'attache *in fine* à tirer l'enseignement de l'aventure : « Le tourisme et le banditisme semblent marcher de pair et, dans un avenir prochain, nos grands hôtels mettront sur leurs cartes-réclames : visite de bandits, à domicile, sur les grandes routes, dans les montagnes, etc. Les malins ajouteront en grosses lettres : bandits garantis authentiques. Il faut donc conserver soigneusement nos bandits et, si possible, en augmenter le nombre, car on ne pourrait longtemps compter sur les figurants. Le « truc » finirait vite par être connu et le visiteur n'aurait plus confiance ». En conclusion, il faut supprimer « toutes entraves liées à la libre expansion du banditisme et pour conserver à notre pays son originalité et faire plaisir à ceux qui viennent nous visiter, nous « *occire* » réciproquement ».

Le conseil a été entendu : l'originalité est conservée.

Les Bellacoscia chez le Président

LORSQUE LE PRÉSIDENT de la République Sadi-Carnot effectue en 1890 son voyage officiel en Corse, c'est en train qu'il arrive à Bocognano, fief des célèbres bandits Bellacoscia, qui tiennent le maquis et y font salon depuis quarante ans. Dans cette gare pavoisée, où il est attendu avec les officiels de sa suite (au nombre desquels le député Emmanuel Arène) par la population autour du maire, du conseiller général, des instituteurs et du curé, trois visiteuses inattendues : la femme d'Antoine, l'aîné, et deux des filles de Jacques, son cadet. Elles sont venues solliciter la grâce de leurs chers bandits. Mais rien ne se passera à Bocognano : elles iront en train, puis en calèche, jusqu'à Corte, où elles seront présentées à Sadi-Carnot, lequel leur donnera un sage conseil : qu'ils se constituent prisonniers, et la justice jugera. Antoine l'écoutera, se remettre deux ans plus tard entre les mains des gendarmes et la Cour d'assises de Bastia l'acquittera en prescription de ses crimes. Jacques n'en fera rien. Il mourra au maquis.

Dans le périodique *L'univers illustré*, le dessin d'après nature de Charles Morel, envoyé spécial sur l'île : « les filles des bandits présentées à M. Carnot ».

En gare de Bocognano, le 22 avril 1890, la femme d'Antoine et les deux filles de Jacques, demandent au président Sadi-Carnot, la grâce de leur époux et oncle.

La vitesse, le confort et le reste

U N TRAIN DOIT-IL ÊTRE DÉCIDÉMENT CONFORTABLE, ou bien lui suffit-il d'assurer le déplacement des voyageurs ? Quel est l'impact du chemin de fer sur le développement et la transformation économique des régions desservies ? On le demande en 1908, pour les besoins de la « Grande Commission », au directeur du réseau, qui répond : il n'a pas, ou pas encore, rapproché les centres habités les uns des autres en 1907, quatre voyageurs par jour en moyenne entre Ajaccio et Bastia ; il a généré à Casamozza et Barchetta, où sont des usines de tannin, la construction de quelques maisons, et Ghisonaccia la création d'un petit hameau baptisé « Ghisonaccia-gare ». En revanche, son impact est important à Francardo en raison des activités du village : briqueterie, tuilerie, scierie, fabrique de chaux et fonderie de cuivre. De même à Vizzavona, désert avant le train, devenue station d'été avec deux hôtels et plusieurs chalets.

Il importe toutefois de relever que la construction et la mise en service du chemin de fer n'ont pas, comme avait cru devoir l'annoncer le préfet dans son discours au conseil général en 1868, « détourné au profit du département une partie du courant d'émigration qui se porte chaque année vers le Midi de la France ». Elles ont au contraire coïncidé avec la crise économique européenne et, s'agissant de la France, avec la conquête d'un empire colonial qui a attiré plusieurs milliers d'insulaires. La densité des échanges ne pouvait donc que se trouver réduite, diminuée en tout cas. Il n'empêche que le service rendu était considérable, puisqu'à la veille de la guerre 1914-1918, l'exploitation s'avérait bénéficiaire, ce qui n'allait pas durer, ni pendant le conflit, ni par la suite. « Dans l'espace de vingt ans, fera remarquer dans son rapport de 1911 Dominique Pugliesi-Conti, député-maire d'Ajaccio, le nombre de voyageurs est passé de 220 000 à 400 000 ». La compagnie dispose alors de 24 locomotives, 46 voitures à voyageurs, 20 fourgons à bagages et 290 wagons à marchandises.

Le confort des voyageurs n'est pourtant pas, à l'époque, la préoccupation majeure de la CFD, concessionnaire confirmé du réseau. Tous les trains sont mixtes, c'est-à-dire tous les convois sont composés de wagons de voyageurs et de marchandises. Le choix des horaires est fonction de cette option. En 1907, il faut 8 h 26 pour relier les deux villes principales, 3 h 20 pour Bastia-Corte, 4 h 30 pour Ajaccio-Corte, 2 h 15 pour Ajaccio-Bocognano, 4 h 30 pour Bastia-Ghisonaccia, 5 h pour Bastia-Calvi, 3 h 15 pour Ponte-Leccia-Calvi, et enfin près de 9 h pour Ajaccio-Calvi ! Dans la

A la lanterne !

RÉCRIMINATIONS EN 1892 : la gare de Bastia est trop petite. Ses abords et l'avenue qui y conduit ne sont pas éclairés, bien que les trains arrivent tard le soir (Entre 19 et 20 heures, de Ghisonaccia comme de Calvi et Corte). Il est donc recommandé que les voitures (à chevaux) qui viennent attendre les voyageurs soient munies de lanternes.

plupart des gares, les arrêts sont interminables en raison des manœuvres nécessitées par le débarquement et l'embarquement des marchandises. De plus, il y a le rite du buffet.

Ah ! Les buffets… Rares sont les gares qui n'en ont pas. Il y a incontestablement un détournement de la clientèle qui se restaurait dans les auberges du bord de la route au temps des diligences.

Le célèbre lamentu de Maria-Felice d'Acquanera, aux environs de Cervioni, donne le ton : « On ne vend

plus de fourrages, peu de pain et pas de vin, les semaines s'écoulent sans que l'on vende le moindre petit verre. Pour nous autres aubergistes, cela est l'ultime la ruine ! ». C'est la compagnie qui, moyennant redevances et après avis favorable des Ponts et chaussées, accorde l'autorisation d'en installer. Leur implantation n'est pas gratuite, tant s'en faut, au point que le sieur Jacques Giambelli, le buffetier de Vivario, demande le 8 mars 1894 que sa redevance annuelle de 1 400 francs soit réduite à 600 « en raison de la prolongation du chemin de fer jusqu'à Corte ». Vivario a en effet été pendant quatre années le terminus de la ligne d'Ajaccio. La mise en service du pont du Vecchio a en effet permis de joindre Venaco (arrêt-buffet), Corte (autre arrêt-buffet), d'où le manque à gagner invoqué, et naturellement, Bastia.

L'un des principaux buffets est celui de Casamozza, passage obligé des lignes centrale et orientale. Celui de Ponte-Leccia, au carrefour de la Balagne, est également très fréquenté. Les trains y stationnent assez longtemps pour permettre aux voyageurs de se restaurer, mais pas autant qu'à Corte, où la durée de l'arrêt (une demi-heure) autorise un repas « pieds sous la table ». Dans un premier temps, toujours en 1909, le conseil général demandera que l'arrêt-déjeuner soit reporté à Vivario, c'est-à-dire de 9 h 56 à 11 h 36. Puis, c'est l'accélération de la marche des trains qui deviendra le mot d'ordre des élus. L'un des premiers d'entre eux est le vicomte Piazza-Alessandrini, avocat, conseiller général d'Oletta, qui affirme que par la réduction de la durée des arrêts, le trajet de Bastia à Ajaccio peut être réduit à six heures. L'année suivante, en 1911, le député Landry réclame l'accélération de la vitesse par l'acquisition de machines plus puissantes, l'abaissement des tarifs, le remplacement de l'un des trois trains mixtes quotidiens par un train de voyageurs, et la couverture des quais d'Ajaccio et Bastia.

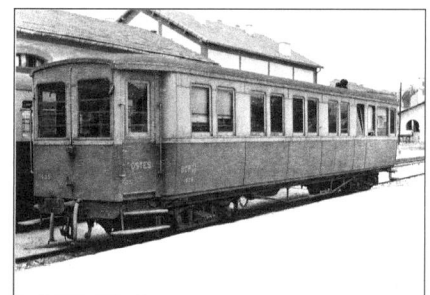

Désinfection

En 1910, sur 39 gares ouvertes, il en est 14 où des wagons ayant servi à transporter du bétail sont à désinfecter au lait de chaux. En premier lieu, Furiani, la plus proche des abattoirs de Bastia, où ont transité plus de 3 000 bêtes, dont 2 290 à l'arrivée ; ensuite Ajaccio, avec 724 bêtes, puis Aleria avec 395. Les prescriptions d'hygiène n'étaient pas, on le voit, prioritaires…

Serions-nous si loin de la découverte de la vitesse, telle que décrite en 1888 par un lecteur niolin du *Petit Bastiais*, Jean-Jacques Albertini, décrivant avec un lyrisme évidemment échevelé son « voyage initiatique » de Francardo à Bastia et retour ? Son train, « nouveau Pégase », repart de Casamozza : « Les naseaux puissants du cheval-colosse vomissent des tourbillons d'une fumée noirâtre ; ses frémissements redoublent. Un cri terrible, s'échappant de sa brûlante et caverneuse poitrine de fer, est jeté de temps en temps aux échos d'alentour. Dans les bois, dans les vallées, tout s'ébranle, tout tressaillit ; et sur son passage aussi rapide que l'éclair, le taureau au front large, saisi d'épouvante et de terreur, beugle et court se cacher dans le maquis. La cavale, à la croupe frémissante, hennit et, dans sa course désordonnée, elle se précipite dans le ravin ; le chien du berger aboie, le troupeau de moutons se débande et fuit au loin dans la plaine. Un paysan, notre compagnon de voyage, qui assiste pour la première fois à une pareille scène, lève au ciel des yeux d'étonnement et d'admiration indicibles »…

Les voitures à couloirs offraient également, mais en première classe, un compartiment-salon avec fauteuils pivotants, canapés et fauteuils déplaçables.

Un quart de siècle après cet étonnant voyage, on en est encore à réclamer un peu plus de rapidité et de confort. Les voitures à essieux d'alors (elles sont en bois) sont toujours en service. Elles offrent une douzaine de compartiments dont chacun dispose de sa portière, soit plus de cent places réparties en premières, deuxièmes et troisièmes classes, celles-ci équipées de simples bancs latéraux en bois. Le chauffage est absent mais, dans les gares de montagne, l'hiver venu, les agents remplissent d'eau chaude puisée aux chaudières des locomotives les bouillottes d'un mètre de long sur lesquelles les passagers peuvent se réchauffer les pieds.

Au lendemain de la Grande guerre, le train se modernise. Les locomotives Mallet à quatre cylindres, qui vont deux fois plus vite que les antiques « Fives », arrivent et, avec elles, des voitures en tôle et à couloirs. La *Revue du Touring-club de France* salue l'innovation au printemps 1921 : « La CFD vient de faire un effort méritoire en mettant en service, sur le trajet de Bastia à Ajaccio, un nouveau matériel de transport […] pourvu des perfectionnements les plus récents, où le souci du confort, de l'hygiène et de l'esthétique a été poussé à un très haut degré. Voitures à bogies et à couloirs, auxquelles on accède par les plates-formes des extrémités, chauffage à l'eau chaude par thermosiphon, éclairage électrique, grand compartiment-salon avec sièges confortables du type des automobiles, représentés par deux fauteuils pivotants, deux larges canapés et deux fauteuils déplaçables disposés respectivement face

Sifflez, svp

PAR ARRÊTÉ MINISTÉRIEL du 2 mai 1930, l'emploi du sifflet par le mécanicien comme moyen d'avertissement est obligatoire avant la mise en marche des trains militaires, à l'entrée des tunnels, à l'approche de certaines gares, passages à niveau et de certaines tranchées en courbe.

à face, tels sont les principaux traits caractéristiques de la partie des wagons réservée à la première classe (14 places), et le reste à l'avenant (25 places en deuxième, 50 en troisième, plus une vingtaine de strapontins ou pliants). L'Île de Beauté se trouve ainsi dotée d'un matériel roulant qui répond à toutes les exigences du confort moderne ». Ces « voitures à couloirs », selon l'expression populaire, sont également équipées de toilettes.

Mais il fallait accélérer la marche. En 1932, la CFD prend dans ce but des dispositions draconiennes, essentiellement en remédiant aux retards pris dans les stations. Constat de base du directeur, M. Polart : « les voyageurs se présentent souvent en très grand nombre aux guichets au tout dernier moment et, dans ces conditions, les agents ne peuvent malgré leur diligence, arriver à délivrer et composter les billets, enregistrer et charger les bagages dans les cinq ou dix minutes qui précèdent le départ du train. Il est donc prescrit aux chefs de gare de Bastia, Corte, Ajaccio, Ile-Rousse et Calvi de délivrer les billets et d'enregistrer les bagages la veille du départ et, dans les gares de l'intérieur, de fermer les guichets avant l'arrivée du train et au plus tard, cinq minutes avant le départ. Parallèlement, la durée des arrêts est réduite au minimum ».

En 1933, un gain de près d'une heure est obtenu sur les longs trajets par l'accélération de la marche dans les rampes, la réduction des arrêts dans les gares intermédiaires, et la suppression de l'arrêt-déjeuner. « J'ai observé, en effet, déclare Polart, que très souvent le nombre de personnes déjeunant effectivement dans nos buffets était restreint, et il m'a semblé anormal de continuer à faire attendre ainsi 80 à 90 % de nos voyageurs pour permettre à quelques-uns de déjeuner, d'ailleurs très hâtivement ». À partir du 1er mars, des paniers-repas seront distribués sur commande à Vivario et Corte, où l'arrêt ne dépassera plus six minutes.

« En conclusion, la marche régulière d'un train est subordonnée à la prévoyance de la direction, à la discipline et à l'activité de nos agents, mais aussi à l'exactitude et à la bonne volonté du public. Unissons donc nos efforts et le résultat désiré ne manquera pas d'être atteint. »

La même année, on institue des « trains-paquebots », dits « trains maritimes » légers (une locomotive, un fourgon, une ou deux voitures à couloirs) qui relient les deux villes – port à port – en 5 h d'abord, puis en 3 h 50 grâce à la suppression d'arrêts intermédiaires sans objet. Leur vitesse moyenne dépasse 40 km/h, soit deux fois plus que les trains de naguère. En France continentale, les autorails ont fait leur apparition. En 1934, un Bugatti a atteint 400 km/h et, en 1935, il a couvert le trajet Paris-Strasbourg à 140 de moyenne.

L'accélération de la marche des trains en Corse

Cet été, nous avons eu le plaisir de saluer M. Polart, le sympathique directeur à l'exploitation des chemins de fer de la Corse, au moment où il étudiait les moyens de mettre en service des trains plus rapides, répondant au désir de vitesse et de sécurité des usagers. Nous sommes heureux de publier avec le nouvel horaire adopté, un exposé des raisons et des avantages de ces modifications, qu'a bien voulu nous adresser M. Polart :

I. — LIGNE ENTRALE BASTIA-AJACCIO

Poursuivant l'effort que j'ai entrepris, non seulement dans le but d'obtenir une plus grande régularité de marche, mais aussi pour réduire au maximum les durées de trajet, j'ai reculé d'environ une

Ponte-Leccia à 18 heures 25 au lieu de 14 heures 39, pour arriver à destination à 21 heures 23.

Cette disposition est adoptée : Le dimanche pour permettre au voyageurs devant s'embarquer à Ile-Rousse par le courrier de 23 heures de ne quitter Bastia que par le train de 16 heures 20 ou Ajaccio par celui de 12 heures 55.

Le mardi pour conduire à Calvi les voyageurs débarqués à Ile-Rousse à 18 heures 45.

J'ajoute que cette combinaison permet aux habitants de la Balagne de se rendre à Corte et d'en revenir dans la même journée, après y avoir séjourné de 11 heures à 16 heures 16.

III. — LIGNE DE LA COTE ORIENTALE

Dans *Le petit Marseillais* du 20 février 1933, les explications de M. Polart, directeur de la CFD, en réponse à une demande souvent formulée.

Chacune des salles d'attente de gare était équipée d'une pendule à balancier en plomb qui actionnait aussi l'horloge à deux faces posée sur le quai.

Catastrophe à Caldaniccia

L E 11 JUILLET 1888, moins d'un mois après l'ouverture au trafic de la section Ajaccio-Mezzana, la rumeur envahit Ajaccio : le train a déraillé à Caldaniccia, on dénombre vingt morts et blessés ! La foule se rend sur les lieux. Il ne s'agit que d'un petit accident, qui a fait deux blessés légers et trois contusionnés.

À partir de 1937, les autorails sont mis en service et c'est un progrès considérable.

En juin de la même sont débarqués à Bastia les premiers des douze autorails, aussi rapides que les trains maritimes, qui seront, avec ou sans leur remorque, mis en service le 16 mars 1937 sur la ligne Ajaccio-Bastia, et le 15 mai 1938 sur la ligne Bastia-Porto-Vecchio. Ce spectaculaire progrès ne tardera cependant pas à prendre fin : la nouvelle guerre mondiale éclate qui entraînera entre autres les malheurs du réseau ferré. Toutefois, à la faveur de la concession du réseau à deux nouveaux concessionnaires successifs dans les années soixante et soixante-dix, des autorails plus maniables que les gros Renault en service depuis 1948, on affichera ainsi des horaires fort acceptables : 3 heures de Bastia à Ajaccio pour le rapide, 4 pour l'omnibus. Mais la dégradation progressive de la voie aura pour conséquence l'allongement de la durée du parcours, de sorte que l'espoir de voir la circulation ferroviaire enfin et durablement établie ne résidera plus que dans le processus de modernisation lancé en 2003 par la Collectivité de Corse et la SNCF.

La CFD a subi durant son existence des critiques souvent sévères et pas toujours imméritées. Mais elle s'est toujours efforcée de répondre aux vœux du public : trains spéciaux pour l'atterrissage à l'Arinella du premier avion en 1912, pour les matches de football à Furiani, ainsi que pour les finales à Ajaccio, Corte et Bastia, pour les courses hippiques à Vignetta (où était même prévu l'arrêt des trains réguliers), pour la foire de Corte et pour les chasseurs en plaine orientale.

À l'occasion d'un événement véritablement exceptionnel le 15 août 1938 : l'inauguration de la statue monumentale de Napoléon au Casone (aujourd'hui place d'Austerlitz). Douze trains spéciaux proposés au départ de Calvi, Porto-Vecchio, Corte et Bastia, y compris des rames offrant lits et couchettes avec l'horaire suivant : départ de Bastia le 15 août à une heure du matin, arrivée à Ajaccio-port à 8 heures, départ d'Ajaccio à minuit et demi, arrivée à Bastia à 8 heures. S'il n'en coûtait que 40 francs aller et retour en banquettes de 3e classe et 80 francs la couchette en 2e, le lit complet avec toilettes revenait à 240 francs.

Ce fut la première fois que l'on pût se déplacer en wagon-lit sur le réseau corse. Il n'y en eut pas d'autre.

Hippolyte Richaud : l'un des premiers inspecteurs de la CFD, nommé à Ajaccio en 1898, il n'en repartit jamais et sa famille fit souche dans la région.

Dommageables innondations

L'AUTOMNE 1888 EST TRÈS PLUVIEUX. Le 15 novembre 1888, sur la ligne Casamozza-Tallone-Ghisonaccia, en service depuis le 17 juin, la circulation est interrompue pendant trois jours à Folelli : le Fiumaltu a débordé et inondé sur plus de 400 mètres la gare et ses abords. Les trains en provenance de Casamozza et de Ghisonaccia y sont arrêtés et leurs passagers transbordés.
En janvier 1890, un important éboulement, provoqué par l'infiltration des eaux de pluie qui ont miné les thalwegs, s'abat sur la voie entre Casamozza et Barchetta. Une déviation de plus de 300 mètres de longueur doit être établie afin de rétablir le trafic. Les trains y passeront pendant plus de 30 ans. Jusqu'au percement d'un tunnel. En novembre 1907, une grande partie de la plaine orientale est sous les eaux par suite de pluies diluviennes. Le Fium'Alisgiani déborde à Alistro avec une violence telle qu'il emporte une locomotive et des wagons, qu'il jette sur la voie. Le trafic sera interrompu pendant dix jours.

La tragique avalanche de Bocognano

C E SAMEDI SOIR 4 février 1934, alors que depuis trois jours la neige tombe à gros flocons et que le vent souffle en tempête sur les montagnes, accumulant d'impressionnantes congères, il fait à Ajaccio aussi doux que d'habitude. Mais dans les villages, personne ne ferme l'œil. L'effrayant et interminable ouragan, la nuit précédente, a semé la mort dans les montagnes.

À Ortiporio, petit village de Castagniccia, une avalanche a emporté une dizaine de maisons dans les hameaux de Prunelli, Latario et Camera. « Ce fut comme un formidable coup de tonnerre », ont raconté les survivants, réveillés ahuris et épouvantés, en chemise de nuit dans les décombres et sous la neige. Toutes les communications coupées, il faudra attendre quatre jours pour que parviennent les secours de Bastia. C'est le cordonnier Spinabella parti le samedi matin, sur des skis de fortune, qui donna l'alerte. Parvenant par la vallée d'Agumizza à gagner la gare de Barchetta, il informa le chef de gare qui put faire passer le tragique message jusqu'à la ville.

À Bocognano, l'avant-veille vers 22 heures, quatre hommes à bord d'un train chasse-neige (une locomotive, un fourgon) étaient partis vers leur destin. En traversant la localité, le chauffeur Battesti avait actionné le sifflet de la locomotive, et ce coup de sifflet, raconteront les témoins, était véritablement lugubre.

Partout, la neige monte avec une extraordinaire rapidité. Le jeudi 2, son épaisseur dépasse un mètre en moyenne altitude, deux, voire trois plus haut. Les bûcherons italiens disséminés dans les forêts entament leur calvaire pour regagner l'agglomération la plus proche. L'accumulation de la neige fait basculer les rochers et provoque d'innombrables avalanches.

Au kilomètre 111 (*u cent'e ondici*, comme l'appellent les cheminots), à quatre cents mètres de l'entrée Sud du tunnel de Vizzavona, en aval du pont sur la Gravona, le chasse-neige se trouve bloqué par la chute d'un grand pin, abattu par le vent en travers de la voie ferrée. La congère qui s'y est formée est aussi haute que la locomotive. L'équipage du petit convoi parvient à gagner à pied l'entrée du tunnel, où se trouve un poste téléphonique de secours relié aux gares de Vizzavona et Bocognano. Sans nouvelles du chasse-neige depuis le vendredi matin à 9 heures, le chef de cette gare a alerté sa hiérarchie, tandis que les quatre hommes n'ont eu d'autre ressource que d'aller s'abriter dans la maisonnette cantonnière où vivent le cantonnier Saliceti, sa famille – sa femme, leurs deux enfants – et un ouvrier italien naturalisé français Nino Magna. L'inspecteur Moracchini,

le chef de train Barbagelata, le mécanicien Delfini et le chauffeur Battesti se frayent très péniblement un chemin jusqu'à l'abri qu'ils croient providentiel. À 1 h 30, une double avalanche emporte le bâtiment. Neuf morts...

Bloquée par une énorme congère provoquée par un pin abattu par le vent, la locomotive chasse-neige et son fourgon ont dû être abandonnés par leurs équipages qui devaient trouver refuge dans la maisonnette cantonnière 300 m plus loin.

De Bocognano, sous la direction du chef de brigade de gendarmerie et de deux gendarmes, tandis que la tempête continue à faire rage, une dizaine de villageois entreprennent le dimanche matin de se frayer un chemin le long de la voie. Leur courage et leurs efforts sont vains : ils sont contraints de rebrousser chemin. Le lundi, le tocsin appelle les habitants, dont une soixantaine se réunissent, se lient par des cordes en plusieurs équipes, et s'efforcent de cheminer contre la neige et le vent. Mais ils ne peuvent atteindre la maisonnette fatale, et doivent à la nuit tombante regagner le village, où ils peuvent heureusement ramener Simon Rossi (Simunchjinu), sa femme

et leur fils infirme. Tous trois vivaient dans une modeste demeure, entre route nationale et voie ferrée, que l'avalanche avait littéralement évitée, l'épargnant par miracle. De la cheminée montait un filet de fumée : Simon Rossi brûlait son plancher pour ne pas mourir de froid avec les siens. Pendant ce temps, Bocognano et Tavera étant isolés, deux gendarmes porteurs d'un message du maire au préfet purent gagner à pied la gare d'Ucciani, distante de 13 kilomètres et y prendre le train pour Ajaccio.

Dans la nuit de lundi à mardi, l'ouragan a pris fin. Le mardi matin, les Bocognanais repartent pour l'Imbusciura. Ils ont été devancés par une équipe de skieurs venus

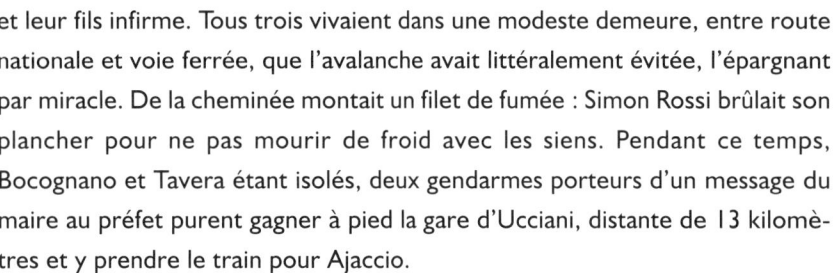

En voiture, s'il-vous-plait !

d'Ajaccio qui leur apprendra que la maison cantonnière est détruite. Après plusieurs heures d'une marche particulièrement difficile, la colonne de secours, parvient dans l'après-midi sur les lieux. Une vision d'apocalypse s'offre à ses regards. Là où était la maisonnette, ils découvrent la traînée de l'avalanche. Alentour, des congères de plusieurs mètres. Paysans et gendarmes s'attachent à rechercher les corps des victimes, ensevelis sous la neige et les ruines de la maisonnette. Ils se sont munis de civières de fortune, hâtivement « bricolées » pour le transport de ces malheureux. L'un d'eux respire encore faiblement, le chauffeur Dominique Battesti. On le ramène à Bocognano où il décédera à son arrivée. Il sera inhumé dans son village, Venaco, dont le maire, le futur sénateur et ministre Paul Giacobbi, dira dans son hommage funèbre, que ce souffle de vie ne lui avait donné « sur ses compagnons de malheur que le tragique avantage d'un martyre plus long ».

Le trafic ferroviaire reste interrompu entre Vivario et Bocognano. Un train tracté par un chasse-neige à double traction a été bloqué à Tattone, où douze passagers ont pu être hébergés et

Envoyés d'Ajaccio, les chasseurs alpins venus prêter main-forte à la population de Bocognano, qui s'était spontanément mobilisé.

LA CATASTROPHE DE LA MAISON CANTONNIERE DE VIZZAVONA

EDITIO

La courageuse attitude des habitants de Bocognano

(De notre envoyé spécial)

AJACCIO, 12 février. — Au moment où se dresse le bilan de l'épouvantable calamité qui s'est abattue sur la Corse, il n'est pas superflu de souligner encore une fois l'héroïque dévouement

111

alimentés en gare même. De même à Bocognano, où vingt passagers et agents d'un convoi également bloqué ont été les « hôtes » du chef de gare pendant six jours. Les maisons regorgeaient à l'époque de provisions pour l'hiver, ce qui explique que personne n'est mort de faim pendant ces sombres jours.

Pendant ce temps, avec l'aide efficace des militaires en garnison à Bastia, Corte et Ajaccio, les cheminots redoublent d'efforts pour rétablir le trafic. Le train arrive à nouveau à Vizzavona le 11 février, mais la voie jusqu'à Bocognano n'est dégagée que le 14, un grave éboulement « descendu de la montagne » (trois millions de mètres cubes selon *Le Petit Bastiais*) ayant « enseveli la voie » après avoir défoncé la route.

Interrompues depuis le 2 février, les liaisons entre Ajaccio et Bastia ne reprendront que le 14 pour les dépêches postales, et le 20 pour les passagers. Certains cantons resteront isolés pendant trois à quatre semaines, et le col de Vizzavona, débloqué au pic et à la pelle, ne sera rendu à la circulation (« véhicules munis de chaînes uniquement ») que le 4 avril.

La Corse passa plus d'un mois dans les tranchées ouvertes tant bien que mal, elle fit à ses morts de solennelles obsèques (la gare d'Ajaccio avait été transformée en chapelle ardente). Elle participa à la grande souscription au profit des familles des victimes, jugea écœurantes les polémiques complaisamment alimentées par des journaux plus soucieux d'exploitation politique que d'information, et trouva enfin normal que ses parlementaires firent voter quinze millions de crédits destinés à aider les familles éprouvées comme à rétablir les communications.

Sur le cours Napoléon, dans l'émotion et le recueillement, la passage du convoi funèbre de l'infortuné agent Jean-Paul Barbagelata, tragiquement disparu à l'âge de 29 ans.

La tragique avalanche de Bocognano aura été la plus grande catastrophe qui endeuilla le chemin de fer de la Corse.

Le dernier train de Porto-Vecchio

ORTO-VECCHIO, mercredi 25 septembre 1935, 6 h 20. Le premier train pour Bastia, où l'arrivée est prévue à 11 h 02, s'ébranle avec quarante-cinq passagers. À 7 h 20, c'est le train venant de Bastia qui s'engouffre dans le tunnel de La Torretta et, à 12 h 30 précises, entre en gare de Porto-Vecchio. Soixante-deux passagers en descendent. Certains viennent de Bastia, d'Ajaccio, de Corte ou de Calvi *via* Casamozza (c'est là qu'ont lieu les croisements avec les convois de la ligne centrale), les autres de Ghisonaccia, Solenzara, et des gares ou arrêts qui viennent d'être ouverts : Favone, Figa, Santa-Lucia/Conca, Lecci et Torre. C'est un grand jour assurément, mais nulle manifestation officielle ne le marque. La gare est construite à la Marine, entre le rivage (aujourd'hui port de plaisance) et la petite ville élevée sur la colline, alors encore ceinte de la plupart des remparts qui l'avaient autrefois rendue facile à défendre.

Pourquoi l' « inauguration » d'une ligne tant attendue sans la moindre solennité ? « Il est impossible d'obtenir la présence d'un ministre avant les élections sénatoriales qui vont se dérouler dans 48 départements de la France continentale », explique le correspondant local de *Bastia-Journal* qui publie plus de deux semaines plus tard, le... 12 octobre, une brève relation de l'événement :

« L'arrivée du train. Le 25 septembre, on a entendu pour la première fois à Porto-Vecchio le cri strident de la locomotive. C'est en effet à cette date qu'a été ouverte à l'exploitation la nouvelle ligne ferrée de Solenzara à Porto-Vecchio. Bien que le premier jour l'arrivée du train n'ait été inaugurée par aucune cérémonie officielle, la population de notre ville s'était portée en grand nombre à la gare pour témoigner de l'intérêt qu'elle porte à notre nouvelle voie ferrée. Le premier train est arrivé au milieu de l'enthousiasme général, orné par de grands drapeaux tricolores. La cérémonie officielle d'inauguration de la gare de Porto-Vecchio n'aura probablement lieu que lors de la session du conseil général ».

D'une telle cérémonie, on ne trouve trace ni dans les quotidiens de l'époque (4 à Ajaccio, 2 à Bastia), ni dans les hebdomadaires. Il est vrai que les temps n'allaient guère se prêter à la fête : avènement de la gauche au pouvoir avec le Front populaire en 1936, revendications réaffirmées de Mussolini, menaces de guerre en 1937 puis – avec la mobilisation générale – en 1938 et, finalement, éclatement du terrible conflit mondial en 1939. Il n'empêche que Porto-Vecchio, à laquelle les dénombrements de population attribuaient plus de cinq mille habitants, était devenue la troisième gare du réseau, immédiatement après Bastia et Ajaccio. Elle n'allait pourtant fonctionner que huit ans, mais personne ne pouvait le prévoir, ni même le redouter, à l'ouverture de cette nouvelle section de 41 km, grâce à laquelle l'île disposait désormais de 335 km de voies ferrées.

Porto-Vecchio, maintenant reliée à l'ensemble du département, peut voir l'avenir en rose. « Tout vient à point à qui sait attendre, avait pu écrire dans le même *Bastia-Journal*, le 19 septembre 1935, l'ancien directeur de *La Corse touristique* François Pietri. Et l'arrondissement de Sartène, qu'un destin malveillant a jusqu'à ces derniers temps en marge du progrès, enfin réveillé de sa léthargie, enregistre chaque jour des réalisations d'un intérêt puissant. Camille de Rocca Serra est certainement le plus veinard de nos parlementaires. On le dit même le plus malin, ce qui d'ailleurs pourrait être vrai ».

Cet éloge du maire de Porto-Vecchio, élu député en 1928, réélu en 1932 et 1936, n'est pas usurpé. En effet, la décision gouvernementale du 6 août 1928 prescrivant la construction de la section Solenzara-Porto-Vecchio n'est pas, ou pas encore, suivie d'effet. Le 25 mars 1929, U sgio Camiddu profite d'une séance de nuit pour faire inscrire, presque subrepticement, les crédits indispensables, non sans avoir secoué l'indifférence retardatrice de la Direction des lignes nouvelles au ministère des Travaux publics. C'est dans son esprit le prélude à l'achèvement de la liaison jusqu'à Bonifacio par Figari (40 km). Entre les deux villes, les acquisitions foncières sont d'ailleurs réalisées, le projet étudié dans ses moindres détails et l'emplacement de la gare terminale choisi depuis… 1882 !

Mais, en ce mercredi ensoleillé de l'automne 1935, à une semaine de la rentrée des classes, on n'en est pas là. Deux trains par jour circuleront dans chaque sens entre Bastia et Porto-Vecchio, et un cinquième assurera la liaison Ghisonaccia-Bastia de manière à permettre aux passagers de prendre dès le matin la correspondance d'Ajaccio et de Calvi. Dans les mois suivants, une liaison quotidienne Ghisonaccia-Porto-Vecchio et retour sera établie pour répondre aux besoins, tout comme elle existe entre Bastia et Corte d'une part, Corte et Ajaccio d'autre part. Dès le 15 mai 1938, une spectaculaire innovation : la mise en service des autorails en plaine orientale – quatorze mois après Bastia-Ajaccio – permet de couvrir en trois heures les 135 km du parcours. Curieusement, *La Dépêche corse*, quotidien d'Ajaccio, s'attache à insérer le doute dans les esprits en saluant irrespectueusement « la livraison au trafic du légendaire tronçon ferroviaire Solenzara–Porto-Vecchio » et poursuivant :
« Légendaire, parce que tout ne l'est-il point de ce qui touche à notre anachronique réseau ferré ? Notre chemin de fer départemental se trouve aujourd'hui en cruelle et ironique compétition avec la route, faute d'avoir su l'améliorer quand il le fallait, et bien avant ce jour, son matériel, ses horaires et aussi son personnel. Déjà, avant la guerre (1914-1918), au lieu de se pencher sur son réseau, de l'ausculter, d'en saisir les lentes et spasmodiques pulsations pour y porter remède, elle laissait la compagnie P.L.M. se substituer obscurément à elle par un embryon de service automobile de transport en commun. Ce mode de locomotion s'étant

COMPAGNIE DE CHEMIN DE FER DEPARTEMENTAUX

RESEAU DE LA CORSE

OUVERTURE
DE LA LIGNE DE PORTO-VECCHIO

La Direction a l'honneur d'informer le public que la nouvelle section *Solenzara-Porto-Vecchio* de la ligne de la Côte Orientale sera ouverte à l'exploitation à partir du Mercredi 25 Septembre prochain.

Cette ligne sera desservie de la façon suivante :

SENS BASTIA-PORTO-VECCHIO.

Deux trains circuleront chaque jour avec les horaires suivants :

Départ de Bastia, 7 h. 20 — 15 h. 10, Arrivées à Porto-Vecchio, 12 h. 30.— 20 h. 17.

SENS PORTO-VECCHIO-BASTIA

Deux trains circuleront chaque jour en bout :

1°. — Un train semi-direct

Départ de Porto-Vecchio, 6 h. 20 — Arrivée à Bastia, 11 h. 02.

2° — Un train omnibus

Départ de Porto-Vecchio, 13 h. — Arrivée à Bastia, 18 h.

Un troisième train assurera chaque jour le service Ghisonaccia-Bastia dans les conditions suivantes

Départ de Ghisonaccia, 6 h. — Passage à Casamozza, 8 h. 09 — Arrivée à Bastia, 8 h. 58.

Ce train permettra aux voyageurs résidant sur ce parcours de trouver à Casamozza la correspondance avec le train omnibus du matin se dirigeant sur Ajaccio et avec l'autorail Bastia-Ajaccio les jours où celui-ci a lieu, c'est-à-dire les lundi, jeudi et Samedi du 25 Septembre au 14 Octobre inclus et les dimanche, lundi et jeudi à partir du 15 Octobre.

C'est par cette simple annonce parue dans les journaux insulaires que fut annoncé le 20 septembre 1935 l'ouverture, cinq jours plus tard, de la ligne de Porto-Vecchio.

développé avec la rapidité que l'on sait, notre vieille et asthmatique CFD court la poste. Elle a secoué la légende du tronçon bas-oriental de son réseau pour en faire une réalité que sa négligence avait laissé, excuser le mot, se manger aux myrtes… D'autre part, son autorail essaye bien d'en mettre un coup, mais la fable du lièvre et de la tortue est éternelle ».

N'empêche. Porto-Vecchio s'était convertie au chemin de fer, m'avait expliqué Pierre-Toussaint Alessandrini, son dernier chef de gare. La ligne travaillait au maximum en voyageurs et en marchandises. D'ailleurs, en 1949, lorsque l'entreprise adjudicataire est venue commencer son œuvre de démolition, une manifestation spontanée de protestation a eu lieu. Les Porto-Vecchiais se refusaient à voir enlever les rails. L'entreprise dut se replier…

Au départ de Solenzara, un train pour Porto-Vecchio.

hélas provisoirement. Pierre-Toussaint Alessandrini avait été nommé en 1936 à la direction de cette gare, avec sept agents sous ses ordres. C'est lui qui devait avoir le triste privilège de donner le départ au dernier train, huit années presque jour pour jour après celui du premier.

Ce convoi quitte Porto-Vecchio à une date que l'on ne peut déterminer avec précision, mais qui se situe aux environs du 15 septembre 1943. Le 8 septembre, l'annonce de la signature de l'armistice entre l'Italie et les Alliés a une double conséquence : la prise du pouvoir par les patriotes corses dans les principales communes de l'île d'une part et, d'autre part, l'établissement à Bonifacio d'une tête de pont allemande en vue de l'occupation progressive de la côte orientale jusqu'au nord de Bastia. Il s'agit pour le maréchal Kesserling d'assurer dans les meilleures conditions l'évacuation des troupes nazies stationnées en Sardaigne et en Corse, soit environ 40 000 hommes. Porto-Vecchio est occupée dès le 10 septembre (ils s'étaient préalablement emparés de la base italienne de La Maddalena) et tout trafic ferroviaire est d'ailleurs suspendu sur l'ensemble du réseau.

Premier autorail sur la ligne Bastia–Porto-Vecchio, le 15 mai 1938, et les 135 km. du parcours couvert en trois heures.

Il reste en gare une locomotive, la 314, désignée comme les autres par son numéro gravé en lettres noires sur le fond vert-bouteille qui était la marque de ces « Compound », petites machines alertes et rapides. Il y a aussi sept wagons couverts que les Allemands vont charger d'obus et de munitions en vue de les transporter jusqu'à Bastia. L'équipage de la locomotive est réquisitionné : Georges Tho, le mécanicien, Luzi, le chauffeur, et Joseph Ciabrini, qui y était affecté en renfort. Le charbon est en effet, depuis que le conflit a éclaté, de très mauvaise qualité : sa combustion le transforme en mâchefer, matière vitreuse particulièrement encombrante, ce qui implique le nettoyage fréquent des foyers et donc du personnel supplémentaire.

Ce jour-là, le convoi s'ébranle vers 11 heures. Personne n'entend le sifflet de la locomotive et pour cause : qui aurait le cœur de l'actionner comme quand tout va bien ? Dans le fourgon, un capitaine allemand veille. Le train passe sans s'arrêter à Lecci, Santa-Lucia, Fautea, Tarco, puis stoppe à Favone. « Avarie de la locomotive », expliquent les cheminots à l'officier. Une « avarie » organisée, puisque Ciabrini a, au passage, jeté à la mer la pièce qu'il savait pouvoir être appelé à remplacer, une entretoise. Voici donc le convoi arrêté sans espoir de le voir repartir. Sauf pour le capitaine qui se dirige vers la route nationale et se juche sur la première moto venue. Il se fait conduire au dépôt des locomotives à Bastia, y prend une entretoise de rechange et regagne Favone. Mais il lui a fallu trois jours ! Ciabrini, la

La gare de Porto-Vecchio était rapidement devenue la troisième du réseau par le volume de son trafic passagers et marchandises.

rage au cœur, doit effectuer la réparation. Et le train peut repartir. Il file le long de la plaine, traverse à Aleria le grand viaduc métallique du Tavignano, qui a été miné, puis Prunete, Moriani (dont la gare s'appelle alors A Padulella) et Folelli. Il arrive à Arena-Vescovato. Il n'ira pas plus loin. Les travées du pont à double voie, le seul du réseau, pendent lamentablement dans le Golo : les Italiens ont fait sauter l'ouvrage.

Avec l'accord de l'officier allemand, la locomotive peut repartir haut le pied pour Porto-Vecchio. Du moins l'espère son équipage. Elle n'ira pas plus loin que Santa Lucia car un autre pont ferroviaire a sauté, celui de Fiume d'Oso. Les trois hommes pourront regagner leur ville sur le point d'être évacuée par l'ennemi (23 septembre).

Quand la Corse sera libérée et le trafic ferroviaire rétabli, grâce aux Américains, entre Ajaccio et Bastia, on s'attachera à récupérer le matériel roulant partout où il s'en trouve. Un camion-remorque de l'US Army embarquera la 314 et la ramènera à Bastia où elle reprendra du service. Elle ne reviendra plus jamais à Porto-Vecchio, ni l'autorail 106, ni les autres. Les dégâts de la guerre ne seront pas réparés. « Il en coûterait trop cher », assurait le ministre concerné en promettant une autostrade, route telle que personne ne regretterait le train.

C'était la maisonnette cantonière au passage à niveau des Quatre-Chemins. Épargnée par la guerre, elle avait été rapidement vendue et reconvertie.

Au début du troisième millénaire, il n'est pas sûr qu'il ait été bon prophète.

Un demi-siècle
de luttes

Mort annoncée d'une ligne « décadente »

ORSQUE L'INSURRECTION LIBÉRATRICE est déclenchée, le 9 septembre 1943, par le Front national de libération de la France, qui regroupe dans l'île toutes les organisations de résistance, le réseau ferré atteint sa longueur maximale avec 365 km. Il compte cinq cent cinquante-sept agents et un important matériel roulant : 27 locomotives, 12 autorails et 8 remorques, 640 wagons de voyageurs et de marchandises. La ligne de la plaine orientale est ouverte jusqu'à Porto-Vecchio. Commencée dans les années 1880, elle avait atteint Tallone le 1er février 1888, Ghisonaccia le 17 juin de la même année, puis – longtemps après – Solenzara le 3 septembre 1930 et Porto-Vecchio le 25 septembre 1935, en attendant d'être enfin prolongée jusqu'à Bonifacio.

Le 6 mai 1934, la presse se faisait l'écho de l'état d'avancement des travaux de la ligne.

L'état des travaux de la ligne Solenzara à Porto-Vecchio

L'infrastructure est terminée. On va poser les voies les équiper et construire les gares

La section de la voie ferrée Solenzara-Porto-Vecchio constitue le deuxième anneau de la ligne Ghisonaccia-Bonifacio dont le premier est Ghisonaccia-Solenzara (en exploitation depuis septembre 1930) et le dernier Porto-Vecchio-Bonifaccio (pour lequel les crédits ne sont pas encore votés).

Sa construction fut commencée en 1931. L'infrastructure fut divisée en trois lots et vient d'être terminée il y a quelques semaines. Les bâtiments à l'exploitation sont en cours d'exécution. La pose des voies va commencer sous peu. Simultanément seront aménagées les différentes installations annexes (alimentation d'eau, barrière pour passage à niveau, clôture, téléphone, etc...)

L'achèvement total est prévu pour fin 1935, c'est-à-dire dans les délais impartis par l'Etat au concessionnaire, la Compagnie de chemins de fer départementaux.

Le coût total des travaux approchera de 50 millions, soit un peu plus d'un million le kilomètre, puisque la longueur totale de la nouvelle artère est de 41 kilomètres.

Ces frais sont justifiés par la nature tourmentée du terrain, qui exigea un cube de terrassements élevés (certaines tranchées dépassent 12.000 m3), de nombreux et coûteux ponts et ponceaux, murs de soutènement, etc...

Par ailleurs, l'allure générale de la voie, plan et profil, est analogue à celle du réseau déjà exploité, c'est-à-dire que les rayons minimums sont de 125 m. et les rampes maximum de 20 mm. par mètre.

Si nous rentrons dans la description du tracé, nous pouvons diviser la ligne en trois parties bien distinctes.

1° Celle allant du km. 0 au km. 17. Accidentée, voire même sauvage en certains points, elle demeure cependant riante de par la proximité de la mer et la végétation générale couvrant les pentes. Le premier parcours est éminemment touristique. Comme nous l'avons dit, il est établi en corniche et au voisinage immédiat des flots. Les vues gracieuses s'y succèdent sans interruption, à chaque marine pour ainsi dire. Les plus remarquables sont celles de Canelle, Favone, Tarco, Conca. La zône techniquement, la plus délicate, était la première. Elle comporte en effet un pont en maçonnerie à deux arches de 12 m. 50 dont les fondations furent foncées dans une lagune avec des murs de soutènement ininterrompus sur près d'un kilomètre, et dont les pieds sont baignés par les vagues. Une première halte de Favone, dessert au km. 10 un arrière pays important. Un second arrêt à Figa fournit un débouché à différents hameaux. Au km. 17 enfin, un éperon abrupt a nécessité l'exécution d'un souterrain de près d'un demi-kilomètre. A sa sortie la rivière de Conca est franchie par un pont en maçonnerie de 15 mètres de portée.

A nouveau, des murs de soutènement, une tranchée importante, puis le voyageur, après un dernier regard sur la majestueuse marine de Conca, abandonne le rivage.

Nous devons citer encore dans ce dernier tronçon les traversées des vallées précitées, celles de Favona et Tarco. Le constructeur a dû prévoir pour l'une un pont surbaissé en maçonnerie à deux arches de 15 m. et pour l'autre un tablier métallique de 35 m.

2° Celle allant du km. 17 au km. 36, à l'intérieur des terres et dont l'aspect rappelle celui de la ligne orientale.

Du km. 17 au km. 32, région de plaine avec végétation abondante. Grands alignements et rampes adoucies. Deux grands fleuves sont enjambés par des ponts à tablier métallique de 35 m. de portée, le Cavo et le Fiumba d'Oso.

Du km. 32 au km. 36, zône assez tourmentée aux environs de la Trinité. Tranchées parfois entièrement constituées par d'immenses blocs granitiques. Une station importante a été prévue à Sainte-Lucie, deux haltes ou arrêts à Lecci et Torre.

3° Celle allant du km. 36 au km. 41, à nouveau en bordure de la mer, sur la lisière Ouest du golfe de Porto-Vecchio.

Le dernier trajet est comme le premier très pittoresque. La ligne court à mi-coteau en bordure de mer. Il s'agit d'ailleurs d'un site réputé, le golfe de Porto-Vecchio.

L'emplacement d'une gare de première classe a été heureusement choisie à proximité du port au pied des murailles de la ville. L'intérêt économique de l'avant-dernier tronçon de la ligne qui est appelée à relier un jour Bastia à Porto-Vecchio, présente un intérêt économique considérable car, la nouvelle voie assurera :

1° Un accroissement du trafic voyageurs et marchandises sur le grand port de aBstia et ceci dans une proportion d'autant plus forte que la rapidité des communications sera mieux assurée;

2° Un débouché nouveau vers le Sud de la fertile région de Fiumorbo;

3° Un développement très rapide de Porto-Vecchio et de sa région.

De Casamozza à Porto-Vecchio (135 km), on dénombre 17 gares ou stations, 70 ponts ou ponceaux, un unique tunnel, celui de Tarco (ou de Fautea), long de 421 m et 160 passages à niveau. Le 4 octobre 1943, après le passage des troupes allemandes évacuées de Sardaigne, on peut commencer à dresser le bilan des destructions ou des dommages : 450 m de ponts (dont les 7 ouvrages importants de Casamozza à double voie, long de 80 m, de Folelli, 60 m, du Tagnone, 70 m, du Tavignano 75 m), de Puzzichello (45 m), de Fiume d'Oso (45 m), et de Cannella, (50 m), 5 stations (dont les gares de Bastia, Prunete, Solenzara, et la halte de Favone), 4 dépôts à locomotives, 6 bâtiments annexes à marchandises, 15 locomotives, 3 autorails, 25 wagons de voyageurs et 250 de marchandises. Tout ce matériel était, assez inexplicablement concentré à Bastia, cité écrasée par les bombes à plusieurs reprises. Le tunnel de la Torretta, entre Bastia et Lupino, avait vainement été miné par les Allemands : l'explosion de la charge, qui était très importante, devait en effet provoquer l'effondrement de la voûte.

D'autres dégâts notables sont enregistrés après le sabotage du cœur des aiguillages, du foyer des locomotives et des boîtes à graisse de wagons. Entre Casamozza et Ponte-Novu, deux tunnels et deux ponts (Prunelli di Casaconi et Ponte Albanu) ont été endommagés. Le Génie de l'armée américaine les remettra rapidement en état, de même que celui de Casamozza, l'utilisation de ces ouvrages étant indispensable à l'effort de guerre : en 1944-1945, plus de 60 000 tonnes de bombes et munitions, et 15 000 de produits alimentaires, seront acheminés par trains d'Ajaccio à Casamozza, à destination des 17 terrains d'aviation créés par l'aviation alliée, bases de 2000 bombardiers et chasseurs pendant cette période. Un colonel U.S., Swierski, a d'ailleurs été installé à Ajaccio, dans le bureau même de l'inspecteur divisionnaire – c'était mon père – alors responsable de l'exploitation jusqu'à Corte. Sa mission : organiser et coordonner le trafic ferroviaire militaire.

Le train circulera à nouveau à partir du 15 janvier 1944 de Bastia à Casamozza, mais seulement le 10 juillet jusqu'à Ajaccio, car il a fallu lancer une nouvelle travée métallique sur le Golo, en remplacement de celle qui avait été dynamitée. Les autorails, quant à eux, ne seront remis en service que le 1er juin 1945 à raison toutefois d'un par jour, les lundis, mercredis et vendredis entre Bastia et Ajaccio, les mardis, jeudis et samedis entre Ajaccio et Bastia. Encore leur fallait-il quelque quatre heures et demi pour couvrir la distance

Parallèlement aux destructions sur le réseau ferré avaient été mis hors d'usage : 138 ponts et ponceaux routiers, dont 113 sur les routes nationales, 17 sur les routes départementales et 10 sur les chemins vicinaux. La RN 198, qui dessert l'ensemble de la plaine, était particulièrement touchée : on dénombrait la destruction d'une cinquantaine d'ouvrages, dont ceux du Stabiacciu, 83 m ; de Cateraggiu, 100 m ; de Solenzara, 66 m ; Fiumaltu, 50 m ; Petrignani, 50 m ; Alistro, 45 m ; Fium'Alesani, 45 m, et Chebia, 45 m.

Ce sont ces destructions, plus encore que celles subies par le chemin de fer, qui expliquent l'abandon de celui-ci par les pouvoirs publics. La section Cazamozza-Folelli (11 km) était encore ouverte, elle le fut jusqu'en 1953. Mais les Américains ne jugèrent pas utile de rétablir le trafic au moins jusqu'à Aleria ou Ghisonaccia, non parce qu'il y avait trois ou quatre travées métalliques à poser, mais parce que le réseau ne disposait plus du matériel suffisant pour acheminer le matériel militaire.

L'explosion d'Ajaccio

LE 23 FÉVRIER 1945, à 15 h 35, un wagon de huit tonnes d'explosifs en cours de chargement fait explosion en gare d'Ajaccio. Dramatique bilan : vingt-quatre morts, dont les huit militaires qui effectuaient le chargement, qui sont littéralement déchiquetés et ne pourront être identifiés, deux cents blessés, 40 immeubles sinistrés ou endommagés sur une longueur de plus de 800 m, du carrefour de Castelvecchio à la place Abbatucci. De même, les ateliers de la marine militaire sur les quais de l'Amirauté sont gravement endommagés et onze marins tués.

Ces explosifs étaient des mines anti-chars et anti-véhicules allemandes, cédées au service des Ponts et chaussées de Corte pour des travaux de démolition, qui avait demandé à l'armée de lui livrer la moitié de ces mines déposées à Castelluccio.

Tout une ville, couverte par un immense nuage de fumée jaune, est sinistrée. Dix jours plus tard, la foule particulièrement dense vient rendre à la mémoire des victimes un ultime hommage. À la suite de ce drame, les mines restantes au dépôt seront détruites sur place ou immergées par la Marine.

Dans un premier temps, en 1945 et 1946, l'administration passe commande aux Chemins de fer algériens d'une travée de 20 m destinée au pont de Prunelli di Casaconi, puis d'une travée de 20 m pour le pont de Lupino, puis encore deux tabliers métalliques de 35 et 42 m qui sont d'abord loués. En 1947 sonne le glas de la ligne orientale. Se faisant l'écho des revendications des élus, l'ingénieur en chef de la Corse, Vasseur, a multiplié les appels au secours en vue de remettre la ligne en service. Vainement. Car il y a à Paris une véritable conspiration de techniciens et de comptables, qui n'ont d'autres préoccupations que la rentabilité et, ce qui est sans doute plus légitime, les priorités à respecter dans l'œuvre immense de reconstruction du pays, donc de l'affectation des crédits destinés à réparer les dommages de guerre.

Dans cet ordre d'idées, la CFD, compagnie exploitante pendant soixante ans, n'a rien à réclamer, sa convention avec l'État étant venue à expiration en 1945, et n'ayant été prorogée de facto que jusqu'à la fin des hostilités. Elle est ainsi, depuis lors, un exploitant sans droits ni titre, dont les syndicats locaux de cheminots ne veulent d'ailleurs plus, réclamant à cor et à cris la nationalisation du réseau, comme le gouvernement multipartite du général de Gaulle l'a fait pour les grands services publics nationaux, en particulier et en l'occurrence, avec la création de la SNCF.

À quelques kilomètres de Cateraggio et à proximité de la gare d'Aleria, le viaduc du Tavignano : 75 m de long et deux travées métalliques.

Image de synthèse réalisée par Sonia Bausson, de Tallone, sur les indications d'un témoin, Antoine Andrei, ancien maire de Pianello : les deux travées du ponts précipitées dans le lit du fleuve après le dynamitage du pilier central par les Allemands pendant leur retraite, dans la seconde quinzaine de septembre 1943.

L'année 1946 est marquée par les revendications en cascade, dont la presse locale – à l'exception du *Patriote* et de *Terre corse*, journaux communistes, et de *L'Action*, journal socialiste – se fait peu l'écho. Le temps de la grande médiatisation, qui permettra de sauver la ligne de Balagne, puis la ligne centrale, n'est pas encore venu, de sorte qu'il n'est pas de mobilisation possible de l'opinion. Déjà, en 1945, Dominique Poli, chef de la Résistance, à Solenzara, avait réclamé la remise en service de la ligne orientale, et le congrès du Parti socialiste la reconstruction des réseaux ferroviaire et routier. Le 10 février 1946, Raoul Benigni écrit aux ministres de l'Intérieur et des Transports publics, en sa double qualité de secrétaire général de la Fédération corse du P.C.F. et de conseiller général de San-Martino di Lota, préconisant la mise en œuvre de huit mesures, dont la restauration du réseau

ferré, qui accuse un déficit d'un million de francs : « afin de ne pas le laisser plus longtemps déficitaire, il convient de lui assurer une pleine vitalité, sans quoi la plaine orientale risquerait de se dépeupler totalement » !

Le 29 avril, les deux conseillers généraux radicaux-socialistes de Bastia, le docteur Charles Zuccarelli et Jacques Faggianelli, font adopter à l'unanimité par l'assemblée départementale le rétablissement d'urgence de la ligne orientale, précisant que « sa portion jusqu'au Tavignano peut et doit être remise en état à peu de frais ». Il suffirait en effet de lancer deux travées métalliques sur les ponts de Folelli et du Tagnone. En mai, Faggianelli présente son rapport général sur le Plan de développement. Pour le conseil général, il semble même ne pas faire de doute que la ligne sera rétablie, puisqu'il est demandé de la prolonger jusqu'à Bonifacio et, « éventuellement, d'achever la ceinture de l'île par voie ferrée avec une ligne de trolleybus Ajaccio-Sartène-Bonifacio ». Benigni fait observer que court le bruit de l'abandon. Paul Giacobbi, président, lui rétorque : « Le rapport qu'on vous a lu précise qu'elle sera reconstruite ». Il n'est, dans les archives, nulle trace de ce rapport. Le 5 mai, sur intervention de Benigni, cette assemblée demande pourtant, toujours à l'unanimité, que la ligne Folelli-Porto-Vecchio soit remise en état « dans le plus bref délai afin de rendre viable l'exploitation du réseau et de pourvoir la région la plus riche de transports réguliers ».

Les deux seules gares détruites par les Allemands pour protéger leur repli : Solenzara et Prunete-Cervioni.

Il est vrai que, si la Commission de coordination du rail et de la route, qui se réunit régulièrement à Ajaccio, délivre maintes autorisations de mise en service d'autocars et de camions dans la plaine et à partir de son piémont, la régularité des transports est loin d'être assurée comme naguère encore par le train. Ce sont là, on le comprend, des intérêts qui se conjuguent contre le rétablissement de la ligne. Et la civilisation routière n'est pas encore arrivée, qui compromettra la pérennité de tels intérêts…

Mais l'action continue. La France élit le 2 juin 1946 une nouvelle assemblée constituante. En Corse, le programme des listes en présence revendique entre autres la restauration du chemin de fer. En sa qualité de président de la Confédération corse de l'agriculture, Dominique Poli (par la suite maire de Sari-Solenzara et président de la F.D.S.E.A.) conseille aux cinq maires du Fiumorbu de demander aux quatre députés une intervention urgente des auprès des ministres, ce qu'ils font le 23 juillet en ajoutant : « Les populations sont indignées par la carence des pouvoirs publics, et des troubles pourraient se produire ». Le 1er août, sous la présidence du préfet Ravail, sont réunis les conseillers généraux et maires « intéressés à la reconstruction de la ligne ». On fait connaître à cette occasion le point de vue de l'ingénieur en chef Piraud, envoyé en Corse par le ministre des Transports pour instruire le dossier, dont le rapport, resté confidentiel, a été déposé en mars au ministère : « Pour des raisons d'ordre financier, rapporte *Le Petit Bastiais*, il paraît être favorable à l'organisation de transports routiers ». Les élus, quant à eux, réaffirment leur préférence pour le chemin de fer.

Lorsque, le 19 août, tous les élus des cantons de Prunelli di Fiumorbu et de Ghisoni se retrouvent à Migliacciaro, un vent mauvais souffle et le ton monte. Ils constatent que rien ne s'est passé depuis trois ans, décident de couper la circulation routière sur la RN 198 pendant… une demi-heure, et annoncent qu'ils démissionneront si aucun commencement d'exécution n'est constaté le 15 septembre. Parallèlement, l'Assemblée nationale est saisie d'une proposition de résolution déposée par les quatre députés de l'île, Jacques Gavini (Indépendant), Paul Giacobbi (Radical socialiste), Arthur Giovoni (Communiste.) et Adolphe Landry (Radical socialiste) :
« Détruit au cours de la campagne pour la libération de la Corse, le réseau ferré corse a été en partie remis en service depuis la libération du territoire. Il reste à remettre en état la partie de ce réseau qui dessert la région de la Côte orientale du département et relie cette partie de l'île à son débouché naturel, le port de Bastia. « La remise en service de cette voie ferrée d'exploitation facile et qui, avant guerre, était la plus rémunératrice de tout le réseau, est attendue avec impatience par les populations intéressées. Elle est indispensable au développement économique de cette région qui, par son développement agricole et son exploitation de chênes-lièges doit devenir l'une des plus riches de tout le département.

« Un certain nombre d'ouvrages d'art à reconstruire, la voie ferrée à remettre en place, l'ensemble des travaux à exécuter sont de beaucoup inférieurs à ce qui a été généralement fait dans les départementaux continentaux. À supposer même que la mise en train des travaux à exécuter doive être légèrement différée, il est indispensable qu'une décision de principe soit prise au plus tôt de façon à prendre dès maintenant les mesures nécessaires pour la conservation des matériaux et parties des voies restés sur place, et en particulier des travaux métalliques en voie de détérioration. En conséquence, nous vous proposons d'adopter la proposition de résolution suivante :
« L'Assemblée nationale constituante invite le gouvernement à prendre dès maintenant les dispositions nécessaires pour préparer

Endommagés pendant les hostilités, mais rapidement réparé par l'armée américaine, le pont de Prunelli di Casaconi, qui domine l'antique pont génois, et le ponte Albanu, qui franchit le Golu et la route nationale.

147 — Corse — PRUNELLI-DI-CASACCONI — Les 2 Ponts

Ancienne Maison Fabiani, C. Piaggi et Cie. Successeurs

dans le plus bref délai l'achèvement de la remise en état du réseau ferré de la Corse ».

François Vittori, qui ira quelques mois plus tard siéger au Sénat (alors appelé Conseil de la République), affiche sa détermination le 25 août : « La ligne sera rétablie, toute la population de la Côte orientale l'exige ». Il fait observer : « Depuis plusieurs mois, le réseau qui est dans un état lamentable n'a plus de direction ! ». Son administration étant confiée en régie au service des Ponts et chaussées, celui-ci n'a en effet ni les moyens, ni même probablement la volonté, d'assurer sa mission (si c'en est une !) dans des conditions convenables.

Le pont de Solenzara, légèrement endommagé, survécut à la guerre…

… mais c'est la grande crue du fleuve, en 1993, qui l'emporta.

On va, les 7 et 8 septembre, commémorer le 3e anniversaire du déclenchement de l'insurrection libératrice. Le gouvernement se fait représenter par Francisque Gay, ministre d'État (MRP), tandis que Laurent Casanova (PCF), ministre des Anciens combattants, vient de son côté participer aux cérémonies. Tous deux sont reçus à l'Hôtel de ville de Bastia par le maire, Hyacinthe de Montera, qui a confié à Jacques Faggianelli le soin d'exposer le problème du chemin de fer. Point de réponse du ministre d'État à l'énoncé de la revendication, mais plus qu'une allusion, plus tard, pendant la conférence de presse tenue à l'Hôtel de France : « Le ministre a déclaré que le tronçon détruit ne sera pas reconstruit, et que le réseau recevra en compensation une centaine de cars pour exploiter cette ligne par la route, lit-on dans *Terre corse*. Le ministre M.R.P. nous a promis aussi une autostrade, mais pour quand ?… ». Les cheminots tiennent leur congrès annuel pendant que Francisque Gay gagne Ajaccio, et délibèrent : « À la place d'une exploitation par la route qui serait catastrophique pour le réseau et ne donnerait pas satisfaction au public, ils proposent la remise en état du tronçon Folelli-Porto-Vecchio, la dotation par l'État d'un matériel moderne pouvant assurer aux voyageurs le maximum de vitesse et de confort, la réparation des gares, ateliers et dépôts endommagés, la nomination d'un directeur car, depuis très longtemps, les cheminots sont sans direction et le réseau à l'état d'abandon ». Ils adressent aussi une motion de sympathie aux populations des cantons du Fiumorbu et de Ghisoni, se déclarant « prêts à déclencher un mouvement de grève pour se solidariser avec elles et avec leurs élus ».

C'est alors que le préfet Jacques Ravail annonce que la ligne ne sera pas remise en état. Il s'attire le 29 septembre 1946 une véhémente réponse du Fiumorbais Justinien Dominici dans *L'Action*, qui l'invite à « agréer les protestations indignées de la population du Fiumorbo », qui « vit sans voie ferrée, sans eau potable, sans électricité, sans canaux d'arrosage, à côté de marais empestés en proie aux moustiques, à la fièvre, au feu, aux clans, aux techniciens et enfin, entre deux torrents non endigués qui emportent chaque année, à chaque crue, devant tant d'indifférence coupable, une bonne partie de leurs récoltes à la mer ! ».

Le 23 septembre, le conseil général a demandé à nouveau, sur proposition de treize de ses membres représentatifs de toutes les formations politiques insulaires, le rétablissement de la ligne, tandis que l'idée, mais cela n'ira pas plus loin, se faisait jour de la démission collective des élus et de la désertion des bureaux de vote lors du référendum constitutionnel du 13 octobre. Le 19 décembre, le maire communiste de Porto-Vecchio, Fabrice Pietri, suggère d'affecter à ce rétablissement une somme de 72 millions, produit des amendes infligées pendant la guerre et après, détenu par la direction départementale du Commerce qui va être dissoute. Raoul Benigni propose ensuite au conseil général de faire sienne cette demande.

1947 marquera-t-elle une évolution favorable ? Pas du tout, car bien au contraire, le tableau va s'assombrir. Le 30 janvier, le syndicat des cheminots annonce que la ligne de la Balagne est à son tour menacée de suppression – ce sera dans le rapport Piraud en cours d'élaboration – et qu'elle sera « remplacée par une liaison satisfaisante par des services d'autocars ». Réuni en assemblée générale le 14 février, il dénonce « le double danger ». Le sentiment général des Corses s'exprime alors nettement : « Où veut-on en venir ? Paris n'en fait-il pas trop pour satisfaire les lobbies insulaires qui ne cessent d'intriguer pour que soit rayé le chemin de fer de la carte ? ». Le pouvoir renoncera... pour recommencer quelques années plus tard, mais en vain. Cependant l'heure d'une vérité dramatique va sonner. Le 4 mars, un décret ministériel portant cessation de l'affermage du réseau a été pris, ce qui laisse au gouvernement les mains entièrement libres pour décider du sort du train corse sans avoir besoin de légiférer comme lors de l'établissement de ses lignes.

Extrait de la lettre ministérielle du 31 octobre 1947 à l'ingénieur en chef de la Corse, relative à l'utilisation des tabliers métalliques sur la route de la plaine orientale. Mais la circulation avait déjà été déviée par les ponts demeurés intacts, tel celui du Travu.

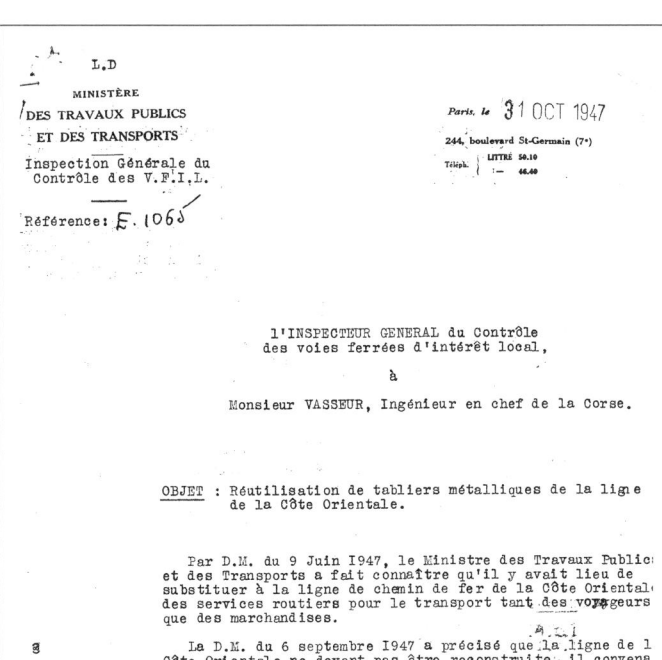

Le 9 juin, le ministre des Travaux publics et des transports (Jules Moch) du gouvernement tripartite (PCF, PS, MRP) de Paul Ramadier dont le communiste Maurice Thorez a été jusqu'au 4 mai, date de l'exclusion des ministres communistes le premier vice-président, et le démocrate-chrétien (M.R.P.) Pierre-Henri Teitgen le deuxième, informe le « Contrôle des voies ferrées d'intérêt local » qu'il y a « lieu de substituer à la ligne de chemin de fer de la Côte orientale des services routiers pour le transport, tant des voyageurs que des marchandises ».

Le 13 juin, au nom des quatre députés de l'île, Arthur Giovoni intervient à l'Assemblée nationale. Il demande au ministre des Travaux publics et des transports s'il a l'intention de faire procéder au rétablissement de la ligne de la côte orientale. « Monsieur Giovoni connaît ma réponse, je la lui ai déjà faite plusieurs fois par écrit », fait observer Jules Moch. Giovoni prononce alors un vibrant plaidoyer en faveur de la modernisation complète du réseau, et énumère les avantages humains et économiques du rétablissement, qui ne coûterait selon lui que 70 millions de francs environ :

« Pour conclure, dit-il, le réseau est livré à la seule initiative des cheminots. Il est géré par une délégation provisoire en attendant la formule qui réglera définitivement son sort, formule qu'on attend depuis longtemps. La direction actuelle travaille de son mieux et le réseau ne vit que grâce au dévouement des cheminots qui font des efforts inouïs pour utiliser un matériel à bout de souffle, désuet et réduit de plus de moitié.

« La population corse tout entière et les associations de Corse de la métropole et de la France d'Outre-mer se disent qu'on n'a jamais vu les pouvoirs publics se désintéresser aussi totalement d'un service public appartenant à l'État. On se demande là-bas si on n'a pas la volonté de faire mourir de sa belle mort le réseau des chemins de fer départementaux. S'inscrire contre la réfection de ce tronçon, c'est s'inscrire aussi contre le relèvement économique de ce département ».

Sèche et définitive sera la réponse de Jules Moch :

« Bien avant la guerre, la ligne de chemin de fer dont il s'agit était déficitaire. Voici, Monsieur Giovoni, la progression de sa décadence : le trafic voyageurs est tombé de 64 000 personnes transportées en 1929 à 48 000 en 1936 et à 46 000 en 1938 ; le trafic marchandises est tombé de 48 000 tonnes en 1929 à 34 000 en 1933, à 24 000 en 1936 et à 20 000 en 1938. La réfection de cette ligne coûterait pour l'infrastructure seule, non pas le chiffre que vous avez indiqué, mais 150 millions de francs, valeur à la fin de l'année dernière, non compris le matériel roulant. C'est là une dépense hors de proportion avec l'intérêt de ce chemin de fer.

« Nous élargissons actuellement les routes et nous multiplierons les services routiers, plus souples et plus économiques, étant donné les conditions du trafic sur cette partie de la ligne ».

Et le ministre décoche la flèche du Parthe :

« Je verrais une solution, si vous vouliez bien l'accepter, ce serait que ce chemin de fer départemental, qu'on dit je ne sais pourquoi d'intérêt général, et non pas d'intérêt local comme les autres, fût désaffecté en tant que chemin de fer concédé par l'État et rétrocédé au département. Nous verrions alors si le conseil général voterait les dépenses en question ».

Un gouvernant de la IVᵉ République n'était visiblement pas tenu de savoir que le réseau corse avait été classé d'intérêt général par la IIIᵉ. On peut être ministre et ignorer ses classiques. Boutade de Virgile Barel, député de Nice, qui voit bien que le dossier est clos : « Il ne reste plus qu'une solution : organiser une souscription publique parmi les Corses ! ».

Locomotives et wagons
hors d'usage après la tourmente de Bastia.

Il est vrai que la situation de l'île ne peut, à l'époque, donner au gouvernement de grands soucis. Dans son livre *Une si longue vie* (Robert Laffont, 1976), le ministre des Travaux publics et des transports sans interruption de 1945 à fin 1947, (gouvernements De Gaulle, Gouin, Blum et Ramadier) a dit l'ampleur de la tâche à laquelle il a été appelé à faire face : « J'ai présidé à la reconstruction de nos moyens de transport, tâche prioritaire commandant la réouverture des usines, le réapprovisionnement du pays, le retour à une vie plus proche de la normale. Durant ces deux années, nous avons rendu praticables trois ponts de plus de 40 m de portée par jour, cela fait mille par an et correspond à un programme de dix ans, 10 000 de nos viaducs routiers et ferroviaires étant détruits, résultats ayant stupéfait les financiers et ingénieurs américains auxquels le problème a été exposé ». On peut comprendre que, dans ces conditions, le cas de notre Côte orientale n'ait été qu'un détail,

mais puisque ce n'était qu'un détail, on aurait pu alors ou un peu plus tard trouver place pour la solution tant attendue.

Le 6 septembre 1947, une décision ministérielle précise : « la ligne de la Côte orientale ne devant pas être reconstruite, il convient de se servir du matériel de voie de cette ligne pour le réutiliser sur la ligne d'Ajaccio à Bastia », qui n'a pas été entretenue pendant la Seconde guerre mondiale, et depuis. Il s'agira, en fait, de remplacer quelques kilomètres de rails. Mais il y a plus grave, et l'on touche alors au fond du problème, car la remise en état du réseau routier coûte cinquante fois plus cher que celle de la ligne ferrée. Le 31 octobre de la même année, Vasseur reçoit une lettre de l'Inspecteur général chargé des voies secondaires au ministère : « La non-reconstruction de la ligne de la Côte orientale paraît poser le problème de la réutilisation des tabliers métalliques. Comte tenu du nombre très élevé de destructions intéressant le réseau routier, on peut penser que la reconstruction en définitif des ponts sur les routes nationales pourrait être facilitée et rendue moins onéreuse par le réemploi de certains tabliers de la ligne de la côte orientale. Du point de vue général, ce réemploi présenterait un intérêt économique certain, tandis que le maintien en place des tabliers risque de conduire à des dépenses frustratoires d'entretien ou à une perte sèche pour l'État du fait de leur disparition progressive par la corrosion. Je vous précise que, pour ma part, je suis résolu à donner un avis favorable à la réutilisation des tabliers à la reconstruction d'ouvrages routiers même si, du point de vue purement comptable, cela ne se traduirait pas par une contrepartie directe pour le réseau ferré ».

La cause est entendue. En 1948, un décret ministériel (8 février) fixe les conditions d'exploitation du réseau sous forme de régie confiée « à titre provisoire » aux Ponts et chaussées. La revendication devient sporadique, et d'aucuns saluent comme une victoire les nouveaux horaires sur la ligne de Balagne : trois trains par semaine, aller et retour entre Ponte-Leccia et Calvi, les lundis, mercredis et vendredis, à partir du 22 mars. Entre Folelli et Porto-Vecchio, les rails vont être progressivement enlevés, soit publiquement pour être réutilisés sur les deux autres lignes, ou être vendus sur le Continent, soit clandestinement lorsqu'ils longent le rivage de près, et embarqués de nuit sur des tartanes à destination de l'Italie voisine. Le 17 janvier 1949, la population de Porto-Vecchio mène un baroud d'honneur afin d'empêcher la dépose de la voie, une délégation se rend auprès de l'Ingénieur en chef, le syndicat agricole adresse une protestation au ministre. Mais tout est fini. Et le 1er juillet 1953, la ligne Casamozza-Folelli, desservie depuis 1944 par deux autorails quotidiens jusqu'à Bastia, est fermée à son tour après une manifestation sans ampleur.

Le chemin de fer de la plaine orientale, sur lequel avait reposé tant d'espoirs, a vécu. L'ensemble de la ligne sera déclassé le 14 février 1958 et les biens aliénés au profit de communes ou de particuliers qui s'en portent acquéreurs. Il ne reste plus rien de son tracé initial, ce qui signifie que l'on devra en déterminer un nouveau si l'on entend, vraiment, rendre son train à la plaine.

Mais cela, il est vrai, est une autre histoire…

« Un orphelin de guerre mis en nourrice »

1948. UNE FOIS TOURNÉE LA PAGE du non-rétablissement de la ligne orientale, voici donc le réseau confié – c'est une confirmation – aux Ponts et chaussées, décrété « exploitant à titre provisoire ». Il y a encore six ans, il était, nonobstant les critiques, dirigé par des gens qualifiés, choisis par la Compagnie des chemins de fer départementaux depuis 1883. La concession n'ayant pas été renouvelée à son expiration en 1945, la CFD n'avait pas à réclamer les dommages de guerre attribués par l'État à ceux qui en faisaient la demande sur la base de dossiers régulièrement établis.

Les ingénieurs de l'administration ainsi chargés de mission faisaient sans doute ce qu'ils pouvaient, mais ils pouvaient peu. Et sur le réseau continuait de peser l'épée de Damoclès, tant l'état des voies et celui du matériel qui avait survécu à la guerre étaient préoccupants. D'ailleurs, il n'y eut plus qu'un train par jour dans chaque sens pendant plusieurs mois, puis on passa à deux, plus deux autres sur les petits trajets (Ajaccio–Corte et Corte (ou Venaco)–Bastia). Six à huit heures étaient même nécessaires pour couvrir la longue distance !

Il fallait cependant en sortir et, en mars 1950, le réseau était équipé de huit autorails Renault, et de deux locotracteurs flambant neufs, destinés à remplacer la traction à vapeur. Le retrait des locomotives date de ce printemps. À l'exception de deux, laissées à Ajaccio et Bastia jusqu'en 1954 pour assurer les manœuvres, elles furent embarquées pour des destinations incertaines et probablement aléatoires. Mais ces nouveaux véhicules, au trop large empattement, étaient inadaptés aux lignes d'un mètre d'écartement : non seulement ils « balançaient » leurs passagers, mais la durée du trajet Ajaccio-Bastia, initialement prévue en 3 heures, n'était pas en réalité inférieure à quatre heures et demie !

Cette tentative de redonner un coup de fouet au trafic apporte d'autant moins les résultats escomptés que le parc automobile s'est notablement accru en dépit de l'état véritablement lamentable des routes. Le déficit croît dans des proportions

> Dès le rétablissement des institutions républicaines, au lendemain de la guerre (1945), les quatre députés de la Corse, Jacques Gavini, Paul Giacobbi, Arthur Giovoni et Adolphe Landry déposent une proposition de loi tendant à la remise en état complète du réseau ferré.

Proposition de resolution

Tendant à . inviter le Gouvernement à prendre DES MAINTENANT les mesures nécessaires pour préparer dans le plus bref délai possible l'achèvement de la remise en état du réseau ferré du Département de la Corse,

PRESENTEE
par Gavini, Giacobbi, Giovoni, Landry.

EXPOSE DES MOTIFS

Détruit au cours de la campagne pour la libération de la Corse, le Réseau ferré Corse a été en partie remis en service depuis la libération du territoire.

Il reste a remettre en état la partie de ce réseau qui dessert la région de la Côte Orientale du Département et relie cette partie de l'Ile à son débouché naturel, le port de Bastia.

La remise en exploitation de cette voie ferrée d'exploitation facile et qui avant la guerre était la plus rémunératrice de tout le réseau, est attendue avec impatience par les populations intéressées. Elle est indispensable au développement économique de cette région qui, par son développement agricole, son exploitation de chênes lièges doit devenir l'une des plus riches de tout le département.

Un certain nombre d'ouvrages d arts à reconstruire, la voie ferrée à remettre en place, l'ensemble des travaux à exécuter, sont de beaucoup inférieurs à ce qui a été généralement fait dans les départements continentaux.

A supposer même que la mise en train des travaux à exécuter doive être légèrement différée il est indispensable qu'une décision de principe soit prise au plus tôt de façon à prendre dès maintenant les mesures nécessaires pour la conservation des matériaux et parties des voies restées sur place et en particulier des travaux métalliques en voie de détérioration.

En conséquence nous nous proposons d'adopter la proposition de résolution suivante :

PROPOSITION DE RESOLUTION

L'Assemblée Nationale Constituante invite le Gouvernement à prendre dès maintenant les dispositions nécessaires pour préparer dans le plus bref délai possible, l'achèvement de la remise en état du Réseau ferré du Département de la Corse.

importantes, les effectifs (plus de quatre cents agents) étant devenus pléthoriques par rapport aux besoins. L'incertitude continue donc de peser, les préconisations du fameux rapport Piraud étant encore présentes à bien des esprits. C'est pourquoi le conseiller général de Luri, le banquier François Luiggi, demande le 26 janvier 1952 à l'administration « un rapport aussi complet que possible sur la politique du chemin de fer en Corse et sur la possibilité de reconsidérer la décision de suppression de la ligne orientale ». Bien qu'adopté par l'assemblée départementale unanime, le vœu reste sans suite. Il en aura pourtant une l'année suivante : le licenciement de quarante-trois cheminots par décision ministérielle du 28 février 1953. Le conseil municipal de Bastia, à l'initiative de l'un de ses membres, l'avocat Nicolas Trani, président du Comité de défense du réseau corse, prend immédiatement une motion de protestation qui a naturellement l'appui des syndicats, du Conseil général et des parlementaires. L'annulation des mesures de licenciement, la réorganisation du réseau, la remise en service de la ligne orientale et le maintien de la ligne de Balagne « que l'on parle de supprimer » sont exigés.

Effectivement, sur la base du bilan 1954, le ministre compétent du gouvernement Edgar Faure, arrivé au pouvoir après la chute de Pierre Mendès-France, décide le 4 mai 1955 que la ligne de Balagne sera supprimée le 1er juillet, et quatre-vingts autres agents licenciés. Un Comité de vigilance est aussitôt constitué en Balagne sous la présidence du docteur Jean Orabona, député-maire de Calvi.

Sitôt annoncée, la décision fait l'objet d'une contestation vigoureuse à laquelle les journaux s'associent largement. L'Association des maires décrète une grève administrative de protestation, le ton monte du Cap à Bonifacio, les groupements corses de l'extérieur s'indignent et la presse parisienne elle-même se fait l'écho de cette indignation. La fermeture est reportée au 15 octobre, l'organisation de services d'autocars annoncée avec les précisions utiles, horaires et tarifs. Le 13 septembre 1955, le conseil général toujours unanime adopte sous la présidence du docteur Seta la motion présentée par le docteur Jean Orabona, maire de Calvi :

« Le conseil général de la Corse, réuni en session extraordinaire, s'élève solennellement contre la menace précise qui, après la dernière enquête faite par le ministère des Travaux publics, pèse sur le réseau ferré de la Balagne et, par voie de conséquence, sur l'ensemble du réseau ferré corse.

« Considérant que le réseau ferré de la Corse a le caractère d'un réseau principal et a présenté, au cours de la dernière guerre, une importance stratégique indiscutable ; que les arguments de l'absence de rentabilité ne peuvent être opposés, s'agissant d'un réseau mal équipé et systématiquement négligé ; que les promesses faites lors de la suppression de la voie ferrée de la Côte orientale n'ont pas été tenues ;

« Constatant que le premier acte du gouvernement, après le dépôt du rapport de la Commission de modernisation, consiste à amputer l'équipement de la Corse par la suppression de son réseau ferré ;

« Rappelle que l'ordre public n'a jamais été, jusqu'à présent, troublé en Corse pour faire aboutir les revendications dont le bien-fondé n'a jamais été contesté ;

« Décide à l'unanimité de ne plus siéger tant que ne sera pas levée sans équivoque et définitivement la menace de suppression du réseau insulaire ;

« Se déclare solidaire des mesures envisagées par ailleurs ».

La gare de La Padulella (Moriani-plage) a été transformée en mairie-bibliothèque par la municipalité de San Nicolao.

Des rassemblements et une journée départementale de protestation sont organisés avec succès à l'appel de toutes les organisations politiques, syndicales et professionnelles d'Ajaccio, Bastia, Calvi et des principales localités. Les autorails continueront à circuler au-delà du 15 octobre et, sans autre forme de procès, Jean-Paul de Rocca Serra, sénateur (depuis 1954) annoncera le 4 février 1956 au Conseil général : « Le problème de la Balagne est réglé ». Sur la lancée de cette bonne nouvelle, trente conseillers généraux déposeront une motion « exigeant » le rétablissement de la ligne orientale. Qui restera naturellement sans effet, en dépit de l'appui de l'Association des maires.

L'espoir revient cependant au printemps 1957. Le gouvernement du socialiste Guy Mollet, au sein duquel le sénateur radical-socialiste de la Corse Jean Filippi occupe les fonctions de secrétaire d'État au budget, publie son décret du 2 avril portant Plan d'aménagement régional (Journal officiel du 19 avril) et, pour la première fois, l'île est dotée d'un programme distinct de celui de Provence-Côte d'Azur. On y

Pruncte-Cervione - La Gare

lit : « La Corse constitue à elle seule une région naturelle incontestable. Les caractères qu'elle présente et surtout les problèmes qu'elle pose sont si particuliers qu'il s'imposait d'en faire un programme spécial ». À partir d'une évidence enfin reconnue sont déterminées les lignes de force du développement dans tous les secteurs d'activités. Texte intégral de l'article 49 du décret : « Le réseau ferroviaire corse n'est plus que de 231 kilomètres ; son coefficient d'exploitation est très élevé et son déficit va croissant. Néanmoins, ce réseau rend de grands services car il traverse des régions montagneuses dont la desserte routière est difficile en hiver (col de Vizzavona souvent enneigé) et, d'autre part, son trafic est principalement constitué de pondéreux (pierres, bois). « La suppression du chemin de fer n'aurait pu être envisagée que si des améliorations très importantes avaient été préalablement réalisées sur les routes parallèles (Ajaccio-Bastia, Bastia-Calvi), de manière à assurer des transports routiers faciles et économiques en toute saison. « L'État continuera donc de couvrir les insuffisances d'exploitation du chemin de fer corse et dégagera les crédits nécessaires à la remise en état de la voie ».

La station d'Alistro
Sa métamorphose, en conséquence de sa suppression.

Le texte est d'une clarté limpide. Pour la première fois depuis la fin de la guerre, un gouvernement de la République prend l'engagement formel de maintenir et d'améliorer le réseau. Mais les événements d'Algérie se précipitent. De Gaulle revient au pouvoir et, largement approuvée par le peuple français – y compris en Corse – la Constitution de septembre 1958 fonde la Vᵉ République, définissant de nouvelles priorités. L'action régionale passe au second plan, dans l'île comme ailleurs, dans le domaine agricole comme dans bien d'autres. L'Assemblée nationale nouvellement élue en novembre 1958 vote l'année suivante le projet de budget pour 1960. Toujours vigilants, les cheminots consultent les « petits bleus » et qu'y découvrent-ils ? Tout simplement que les crédits habituellement inscrits dans la loi de finances pour couvrir le déficit du réseau n'y figurent plus.

C'est la suppression pure et simple des lignes restantes. Les trois députés de l'île – l'alors gaulliste Pascal Arrighi, le gaulliste Marcel Sammarcelli et l'indépendant Jacques Gavini – n'ont pas lu le chapitre 45-41 qui supprime le crédit qui y était affecté en 1959 de 2 450 000 francs et qui prévoit l'aliénation des installations mobilières et immobilières du réseau et l'affectation à un « Fonds spécial d'investissement routier » des sommes que l'État compte en retirer. Grâce à elles, on pourrait améliorer la route principale Ajaccio-Bastia. La triste histoire recommence. Au lendemain de la guerre, on le sait, l'État avait décidé de ne pas rétablir la ligne orientale et annoncé qu'en contrepartie il construirait une « autostrade ». Quatorze ans après, il n'y avait ni autoroute et moins encore une route digne de ce nom.

Entre-temps, il y a eu le décret du 2 avril 1957. Personne en Corse n'admet par conséquent le reniement. Dans *Le Provençal-Corse* du 22 octobre, Francis Maure accuse : « Nous étions accoutumés de voir le fil de cette espèce d'épée de Damoclès à la veille de se rompre à chaque discussion du budget général. Bien sûr, les ministres se succèdent, mais les commis des grands ministères demeurent et paraissent avoir, lorsqu'il s'agit de pénaliser la Corse, beaucoup de suite dans les idées ». Il faut donc, une nouvelle fois, se battre, croiser le fer avec la technocratie galopante. Un peu partout dans l'île naissent spontanément des comités de défense, tandis que le comité départemental constitué à l'initiative du « comité de presse » composé des représentants de tous les journaux corses décide qu'un grand congrès de protestation sera réuni le 29 novembre à Ajaccio. Avec les journalistes, les deux syndicats de cheminots sont le fer de lance de l'action, avec leurs responsables, Innocent Zuccarelli pour la CGT et Henri Leoni pour Force ouvrière.

La gare de Ghisonaccia, terminus de la ligne du Fiumorbo de 1888 à 1930, a été épargnée par la guerre.

Leoni se rend à Paris le 10 novembre. Il est reçu au ministère des Transports par les collaborateurs immédiats de Robert Buron, le ministre. Pendant plusieurs heures, il se fait l'avocat des cheminots, retirant l'impression néanmoins que « la décision a été prise à la légère, sans que les différents aspects du problème aient été présentés au ministre ». Un mot bien malheureux mais significatif a échappé à Buron : « Un autocar et cinq camions suffiront pour assurer le trafic ». Leoni apprend que la liquidation du réseau apporterait huit millions dans les caisses de l'État, consacrés pour partie au dédommagement des cheminots dès lors privés de leur emploi, et partie à la réfection de la route. « La cause est loin d'être gagnée », conclut-il.

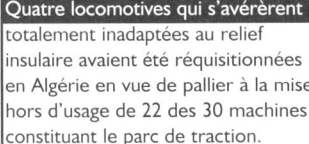
Quatre locomotives qui s'avérèrent totalement inadaptées au relief insulaire avaient été réquisitionnées en Algérie en vue de pallier à la mise hors d'usage de 22 des 30 machines constituant le parc de traction.

Le 20 novembre, Jacques Gavini pose le problème devant l'Assemblée nationale. Il dénonce un singulier particularisme : « Le chemin de fer de la Corse est pratiquement la seule victime de votre ardeur réformatrice, car continueront à rouler comme par le passé, grâce à votre budget, les trains de Provence et du Vivarais ». Il constate qu'aucune indication n'est donnée sur le sort des cheminots et considère « comme une fort mauvaise plaisanterie cette théorie qui aboutit à supprimer le seul service public de transport en Corse pour la seule

raison que son exploitation présente un déficit » (« Il n'a pas la chance d'être à Paris », fait observer l'ancien président du Conseil René Pleven). Gavini, qui a été plusieurs fois ministre sous la IVe République, poursuit :

« Vous allez sans doute nous confirmer solennellement un certain nombre de promesses et nous dire que la suppression du chemin de fer aura pour le réseau routier des contreparties favorables, parce que vous ne pouvez pas ne pas reconnaître que la suppression du chemin de fer pose un grave problème, celui de l'écoulement du trafic qu'il assure par l'intermédiaire d'un réseau routier déjà insuffisant, soit en raison de l'étroitesse de ses chaussées, soit en raison de l'obstruction fréquente, en période d'hiver, d'une partie des voies routières parallèles à la voie ferrée. J'ai le regret de vous redire que nous ne pouvons pas vous suivre dans cette argumentation, nous ne pouvons pas tenir pour acquis que les promesses faites seront tenues […] pour deux raisons : 1. Lorsqu'il fut décidé de ne pas reconstruire la ligne orientale, un de vos prédécesseurs nous fit de belles promesses : plus de chemin de fer, mais une belle autoroute. Actuellement, ce tronçon est certainement celui qui, de l'ensemble de notre réseau routier, est dans le plus mauvais état ; 2. Le décret du 2 avril 1957 précise que le chemin de fer ne cesserait son exploitation que lorsque serait terminée la mise en condition nécessaire du réseau routier ».

En conclusion d'une intervention mesurée mais ferme, Jacques Gavini avertit le ministre, qui va sans doute « commettre la faute impardonnable » de maintenir sa position : « Le problème ne sera donc plus discuté ici, il le sera sur la place publique. La discussion sera d'autant plus passionnée que d'autres problèmes nous inquiètent (arrêtés Miot, frais d'approche), au conseil général, qui se réunit dans quatre jours, et le 29 novembre. Grève générale, grève administrative sont d'ores et déjà envisagées. Ce que je puis vous dire ici, c'est que contrairement à une tendance naturelle de mon caractère, je me refuse actuellement à donner à mes compatriotes le moindre conseil de modération ou de temporisation, comme je l'aurais fait dans le passé. En prenant une mesure qui est pour le moment à la fois antisociale, antiéconomique et également inopportune car elle risque de faire déborder une coupe, hélas trop pleine d'amertume, vous commettez de surcroît à l'égard d'une population qui ne le mérite certainement pas, une injustice, j'allais dire une mauvaise action ».

Étonnant Robert Buron, mais peut-être n'a-t-il pas bonne conscience ! Il répond longuement aux députés qui sont intervenus dans la discussion du budget, mais n'a pas un mot pour le porte-parole de la Corse, se contentant d'une allusion : « Mon budget pose, dès 1960, les bases des réformes de structures destinées à rénover profondément notre politique des transports et

La Ligne de Chemin de Fer de la Côte Orientale

Copie de la lettre ouverte adressée par le syndicat des cheminots aux maires et conseillers généraux du Fiumorbo et de Ghisoni.

Bastia, le 10 Septembre 1946.

Monsieur le Maire,
Monsieur le Conseiller Général,

Les cheminots Corses ont appris avec un vif intérêt la campagne que vous menez à la tête de votre population en faveur de la reconstruction *immédiate* du tronçon ferré détruit par la guerre entre Folelli et Porto-Vecchio.

Depuis la libération de la Corse le Syndicat des cheminots n'a cessé de lutter pour la remise en état du tronçon de voie dont la suppression affecterait si durement les intérêts de votre canton et ceux de notre Réseau.

Notre action s'est brisée contre la résistance de certains intérêts privés que l'on s'obstine à défendre en haut lieu.

La manifestation commune de protestation des populations du Fiumorbo et de Ghisoni au rond point de Migliacciaro sera d'un grand poids, nous en sommes surs pour le triomphe de l'intérêt général parce qu'elle a été aussi spontanée que dépourvue de tout esprit politique.

Elle a eu son écho lors du conngrès annuel des cheminots de la Corse qui s'est tenu dans la nuit du 7 au 8 courant dans la salle des fêtes du Théatre Municipal de Bastia. Une motion de sympathie a l'adresse des populations du Fiumorbo et de Ghisoni privées de trafic ferroviaire a été votée à l'unanimité. Dans cette motion les cheminots se déclarent prêts à déclancher un mouvement de grève pour se solidariser avec elles et leurs élus.

Nous vous prions de porter à la connaissance de votre population la décision des cheminots et de nous tenir au courant des décisions que vous prendrez en vue d'une action commune.

Veuillez agréer, Monsieur l'expression de notre considération distinguée

Pr. le Bureau Syndical
Le Secrétaire Général
J. ZUCCARELLI.

du tourisme ». À ceux qui voudraient voir augmenter les dotations en faveur des autoroutes, il rétorque qu'il préférerait en faire ouvrir 5 000 kilomètres plutôt que les 2 000 prévus ne sachant où prendre les crédits indispensables. Mais, admet-il, « ma doctrine est très simple : j'accepte l'argent d'où qu'il vienne ». De l'économie réalisée grâce à la suppression du chemin de fer de la Corse, par exemple…

En fait, les Corses étaient selon une expression populaire littéralement « roulés dans la farine ». Formellement, s'il n'était pas question de « suppression » dans la loi de finances, le texte n'en prévoyait pas moins l'échelonnement de la désaffection des installations et du matériel « au fur et à mesure que les transports de remplacement seront assurés ». Les candidats à la succession ne manquant pas, l'État n'aurait guère été en peine de liquider progressivement et rapidement le réseau : trois ou quatre années sans doute, pour habituer à l'issue fatale les partisans, les usagers et les acteurs du service public. Mais quelqu'un troubla la fête…

Ce trouble-fête n'est autre qu'un peuple corse unanime. À l'approche du 29 novembre 1959, les chambres consulaires, la quasi-totalité des syndicats, les comités locaux, ont pris nettement position. Le 26 novembre, le conseil général suspend ses travaux en signe de protestation, après avoir entendu le discours sans concession de son nouveau président, François Giacobbi, et l'Association des maires, que préside le docteur Seta, annonce une grève administrative. Sous la présidence du journaliste Achille de Susini, assisté du secrétaire général de la Fédération communiste Albert Ferracci, le congrès d'Ajaccio constitue le « Mouvement du 29-novembre » sur la base d'une motion réclamant aussi le maintien des arrêtés Miot, la réduction des frais d'approche et la prime d'insularité. Le 8 décembre, c'est la grève générale et, le 11 janvier 1960, la première « *Isula morta* », manifestation

En 1950, une lueur d'espoir : huit autorails Renault flambants neufs sont affectés au réseau. Ils peuvent gagner les ports d'Ajaccio (et de Bastia) comme naguère les trains, les raccordements aux gares n'ayant pas encore été supprimés.

populaire de grande envergure, d'ailleurs marquée comme quelques-unes des suivantes par des heurts avec les forces de l'ordre. La rigueur hivernale ne paralyse pas l'action générale, qui se poursuit avec obstination. Début avril, le préfet Bernard Vaugon entrouvre la fenêtre de l'espoir : « Je suis certain que, dès l'instant où Michel Debré, Premier ministre, tournera sa pensée vers la Corse, la Corse aura gagné sa cause. Faisons confiance au général de Gaulle, qui a marqué un attachement tout particulier à l'Île de Beauté ».

Alors survient un extraordinaire accélérateur de la revendication. Le 14 avril, le ministre délégué à l'Énergie atomique Pierre Guillaumat et son haut-commissaire Francis Perrin viennent annoncer à Ajaccio « afin d'examiner sur place les possibilités de création d'un centre d'expérimentations nucléaires souterraines ». La France devra renoncer à ses expériences dans le Hoggar une fois acquise l'inéluctable indépendance de l'Algérie. Or, la Corse est une île (« entourée d'eau de tous côtés », avait superbement souligné Emmanuel Arène), et les galeries des mines depuis longtemps désaffectées de l'Argentella, entre Calvi et Galeria, s'y prêteraient admirablement. Le sang des Corses ne fait qu'un tour : ce n'est plus une révolte, c'est une révolution. Deux mois après, le gouvernement renonce et rappelle ses ingénieurs. On n'en parlera plus, mais le problème du réseau ferré demeure et, comme celui des arrêtés Miot, c'est toujours un détonateur.

Au printemps 1961, le président de la République reçoit à l'Élysée un certain nombre de personnalités, dont l'un des Corses éminents de ce temps, Jules Antonini, secrétaire général de la SNCF, que De Gaulle fera en 1965 membre du Conseil constitutionnel. Pendant le déjeuner, le chef de l'État interpelle ce gaulliste de toujours :
« Antonini, vos compatriotes font beaucoup de bruit à propos de leur chemin de fer…
– Mon général, ils n'ont pas tout à fait tort.
– Antonini, personne n'a jamais tout à fait tort. Ni tout à fait raison.
– En ce cas, mon général, il serait étrange que la Corse fût le seul département sans chemin de fer ».
On n'a jamais su si ce seul argument avait touché De Gaulle. Mais alors que l'on passe au salon pour déguster le café, le président revient vers son compagnon :
« Antonini, vous le garderez, votre chemin de fer ».

Et le train continue de rouler. Le 1er novembre 1963, le Premier ministre Georges Pompidou préside un comité interministériel qui avalise les propositions du délégué à l'aménagement du territoire et à l'action régionale Olivier Guichard. Un certain nombre de décisions relativement importantes sont annoncées, dont « l'accélération des travaux sur l'axe Bastia-Porto-Vecchio » financée par le Fonds d'investissement et d'aménagement du territoire, et non plus par le produit de la dévolution des biens du réseau ferré.

En septembre 1964, le gouvernement envoie sur l'île une « commission interministérielle relative au problème des chemins de fer corses ». Un rapport de quinze pages favorable au maintien du réseau sous certaines conditions est déposé. La nécessité absolue de trouver une nouvelle formule juridique dans ce but est clairement énoncée par ce constat :
« Le réseau ferré de la Corse est un peu un orphelin de guerre mis en nourrice aux Ponts et chaussées, mais cette nourrice ne perçoit plus d'allocation pour ce pupille et ne peut rendre cet enfant à l'assistance publique ni engager la procédure de légitimation adoptive ».

Les « Châteaux d'eau »

DANS CHAQUE GARE, des réservoirs métalliques, dits « châteaux d'eau », sont élevés en vue de l'alimentation des locomotives. Ils sont équipés d'un robinet à flotteur empêchant toute déperdition. Le captage des sources environnantes permet d'apporter au personnel et aux voyageurs le précieux liquide. À Corte, toutefois, il est constaté qu'il n'existe à proximité de la station aucune source susceptible d'être captée. Les Ponts et chaussées se tournent alors vers l'armée de cette cité alors de garnison. Le Génie militaire y a justement installé des conduites. On greffera donc des tuyaux sur la conduite de la fontaine des Quatre-canons, qui tire 650 mètres cubes par jour, ce qui permettra d'en apporter une centaine au train. Précaution cependant prise par les militaires : la clé du robinet-vanne restera entre les mains d'un employé du Génie.

Un long fleuve
vraiment pas tranquille

*L*A VIE DU CHEMIN DE FER CORSE n'a jamais été un long fleuve tranquille. On a vu les conditions, le cadre et le contexte dans lesquels il a été, au XIXe siècle, projeté, conçu, construit et concédé à la Compagnie des chemins de fer départementaux (CFD). Par la suite, c'est-à-dire au lendemain de la guerre 1939-1945, il a connu plusieurs changements de statut, conséquence directe des menaces qui ont pesé sur son existence même.

D'entrée de jeu, en 1887-88, à peine les travaux sur les lignes d'Ajaccio à Bastia, Calvi et Ghisonaccia ont-ils été lancés ou entrepris qu'une question très politique vient jeter un trouble certain. La France est alors confrontée au boulangisme, qui connaît ses prolongements en Corse chez les bonapartistes convaincus de pouvoir grâce à lui retrouver un second souffle. Les deux quotidiens bastiais reprochent à l'État d'avoir confié en 1883 une entreprise nationale à la Compagnie des chemins de fer départementaux, « groupe étranger » entre les mains de cinq Belges, un Luxembourgeois et seulement trois Français. Pour *Le Petit Bastiais*, le réseau corse se trouverait en cas de guerre « entre les mains d'intérêts étrangers » et, pour *Bastia-Journal*, « une collection de Belges et d'Allemands se sont syndiqués pour faire main basse sur les gros sous de la Nation française ».

Il est vrai que les capitaux servant à construire le réseau sont étrangers (et par convention garantie par la République), ainsi que l'immense majorité de la main-d'œuvre recrutée en Piémont et en Toscane. Cette situation n'est pas particulière à la Corse : partout où l'on construit des chemins de fer, les compagnies se tournent vers le marché financier international qui apporte s'il y trouve son compte la réponse sollicitée. Le général Boulanger est le ministre de la Guerre. Ses discours alimentent en Corse une fièvre doublement nationaliste, française et corse. On réclame à cor et à cris un service vraiment public, y compris avec quelques sabotages à l'appui, mais l'inéluctable apaisement vient nécessairement sans tarder couper la fièvre.

L'île ne sera cependant pas épargnée par la vague de xénophobie qui sévit en Provence, alimentée ici par les prétentions du premier irrédentiste italien, Crispi, chef du gouvernement de Rome, allié de Bismarck et de l'empereur d'Autriche-Hongrie au sein de la Triplice, qui réclame comme le fera quarante ans plus tard Mussolini le « retour » de l'île à l'Italie. Des conflits du travail éclatent, auxquels la presse donne un certain écho. Ainsi, la revendication salariale de deux centaines d'ouvriers employés à construire la ligne de Balagne : « Nos bons amis les Italiens deviennent de plus en plus arrogants, écrit *Le Petit Bastiais*. Non contents de l'hospitalité que notre île leur donne, non contents surtout du travail qu'ils y trouvent, ce qui les aide à se tirer de la misère où ils végètent dans leur pays, ils veulent s'imposer, devenir les maîtres, nous faire pour ainsi dire la loi. Ils se font des illusions, ces Italiens ». Faut-il observer que, d'un siècle à l'autre, la manière de voir les choses n'a pas forcément disparu chez tout le monde ?…

Que réclament ces travailleurs, taillables et corvéables à merci, comme tous leurs compatriotes venus travailler sur les routes, dans les forêts, dans les exploitations agricoles et dans le bâtiment ? Simplement des salaires décents !

La ligne Ajaccio-Bastia est achevée en 1894. Mais les difficultés d'exploitation sont considérables : les trains sont désespérément lents (il faut 8 heures pour relier les deux villes), pannes et retards s'accumulent, des déraillements (sans gravité) surviennent, le confort des passagers reste très relatif, et les conditions de travail des personnels sont la plupart du temps aléatoires. Alors, le 17 juillet 1901, révélation de la prise de conscience ouvrière, éclate la première grande grève qui ait jamais secoué la Corse. À l'appel du Syndicat national des travailleurs des chemins de fer de France et des colonies et de son secrétaire général Guérard, spécialement venu en Corse, trois cents cheminots (sur les 400 qui constituent l'effectif) arrêtent le travail, s'en vont manifester le 29 à Corte, obtiennent quelques maigres satisfactions (douze jours de congé par an à défaut du repos hebdomadaire, et le paiement de quinze jours de maladie), tandis que tombent les révocations pures et simples de quelques meneurs. En mai 1906, nouvel arrêt du travail provoqué par une sanction jugée démesurée contre un agent, sur laquelle se greffent les revendications sociales insatisfaites. Cette fois également, les sentences arbitrales sont défavorables aux personnels, et une nouvelle fois des sanctions pleuvent. Certaines prennent même un totalement vexatoire, telle celle qui frappe le chef de gare de Ponte-Novu.

Âgé de 44 ans, cet homme est marié et père de six enfants en bas âge. Avec sa femme, il cultive son jardin maraîcher à proximité immédiate de la gare, ce qui permet une amélioration sensible de l'ordinaire. Mais comme il a fait grève, il doit néces-

De 1946 à 1960 et encore plus tard, revendications, protestations et appels à manifester constituent (trop) souvent les titres de la presse insulaire.

Les Cheminots réclament :
1° La remise en état du réseau. 2° Du matériel moderne.
3° UN DIRECTEUR

C'est dans la Salle des Fêtes du Théâtre Municipal de Bastia que les Cheminots de la Corse ont, dans la nuit du 7 au 8 courant, tenu leur Congrès annuel.

La séance d'ouverture a été présidée par leur camarade Albert Fontana, Secrétaire Général de l'U. D. et membre du Comité National de la C.G.T. Dans une courte allocution Fontana a remercié les cheminots de l'honneur qu'ils ont fait à tous les travailleurs de l'île en l'appelant à cette présidence, qu'il a ensuite cédée au camarade Pieri André, chef de groupe de Corté pour diriger les débats.

En plus des questions ayant trait à l'amélioration de la situation matérielle des cheminots, figurait à l'ordre du jour la reconstruction de la ligne orientale et la modernisation du matériel roulant.

« NICE-MATIN » — Mercredi 14 Septembre 1955

LES AUXILIAIRES
Anciens Combattants, Prisonniers et Déportés doivent être

le tronçon détruit va être abandonné ou reconstruit.

Les cheminots n'ont pas manqué dans maints rapports remis aux pouvoirs publics de démontrer l'urgence qu'il y avait pour la vitalité du réseau à remettre en état le chemin de fer et à reconstruire notamment le tronçon détruit entre Folelli et Porto-Vecchio.

Si cela n'a pas été fait, la responsabilité en retombe uniquement

sur nos pouvoirs publics en Corse qui ont envoyé des rapports au Ministère tendant à démontrer la non rentabilité de cette ligne.

C'est bien ce qu'a déclaré M. Dorges, Directeur des Chemins de Fer au Ministère, à une délégation des cheminots qui s'est rendue à Paris en janvier dernier pour entretenir le Ministre de cette importante question.

À la suite de la courageuse campagne de presse de « Terre-Corse » que les cheminots apprécient particulièrement et à la ...

a Vie en Cors

REUNI HIER EN SESSION EXTRAORDINAIRE

Le Conseil Général, unanime, décide de ne plus siéger tant que ne sera pas définitivement écartée la menace de suppression du chemin de fer de la Balagne

LA CORSE – ICI LA CORSE – ICI LA
Jeudi 22 Octobre 1959

ALERTE A LA CORSE TOUT ENTIÈRE !
NOTRE RÉSEAU FERROVIAIRE
EST DE NOUVEAU MENACÉ

LA CORSE SPORTIVE
DES DÉFAITES PEUVENT-ELLES ÊTRE

sairement être puni. La direction de la CFD l'envoie à Pietralba, petite gare élevée dans un lieu désolé, sans terre arable ni eau. Il fait valoir la perte de récoltes, souligne la précarité dans laquelle sera plongée sa famille (les allocations familiales n'existent pas encore) et sollicite son retour à Ponte-Novu. Rien n'y fait. Alors sa femme prend le train pour Bastia, demande à être reçue par le directeur qui bien entendu refuse. Elle s'installe devant la porte de son bureau, faisant savoir qu'elle n'en bougera pas tant que son mari n'aura pas recouvré son poste. « Si mes enfants ont faim, lance-t-elle, ce n'est pas vous qui leur donnerez à manger ! ». À la fin de la journée, un terme est mis à une situation qui serait devenue dramatique si elle

avait perduré, et le chef de gare retrouve son poste… et le jardin familial.

Les cheminots reviennent à la charge en octobre 1908, alors que Clemenceau a constitué la « Grande Commission » interministérielle chargée d'apporter la solution à la question corse. Le comité du réseau de la Corse demande l'augmentation de 25 à 50 % des salaires, une augmentation tous les trois ans, la participation aux bénéfices, des retraites égales au moins à la moitié des appointements moyens des deux meilleures années après 25 ans de service. Une loi applicable dans tout le pays viendra assurer aux agents une situation au moins égale à celle des agents des autres réseaux secondaires, et une convention leur donnera droit à cinquante-deux jours de repos hebdomadaires payés.

Parallèlement se développe la première revendication de rattachement du réseau à celui de l'État. Le conseil général souhaite en 1909 le « passage à l'État » et la régie directe, tandis que les critiques, souvent sans aménité, fusent contre la CFD II demande que celle-ci cesse d'exploiter le réseau et donc que le contrat d'affermage, dont l'échéance est fixée au 3 décembre 1909 ne soit pas renouvelé. Plusieurs candidats se manifestent auprès du ministère des Travaux publics, parmi lesquels le Syndicat des travailleurs des chemins de fer qui se déclare prêt à promouvoir la création d'une société coopérative du personnel dénommée « société d'études pour l'exploitation et la construction du

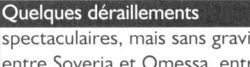

Quelques déraillements
spectaculaires, mais sans gravité :
entre Soveria et Omessa, entre
Ucciani et Carbuccia et dans un
tunnel.

chemin de fer de la Corse » ! Surprenante proposition à l'époque du capitalisme-roi, qui ne sera pas retenue en raison de « l'insuffisance de garanties financières ».

Le 8 novembre 1909, l'État concède de nouveau à la CFD, pour trente ans, jusqu'au 31 décembre 1941 « et au plus tard le 31 décembre 1945 », l'exploitation des lignes existantes d'une part et, d'autre part, la construction et l'exploitation de la ligne de Ghisonaccia à Bonifacio. Il est précisé que les trains réguliers mis quotidiennement en circulation seront au nombre de trois entre Ajaccio et Bastia, de deux sur les autres lignes. Une clause de caractère social est prévue : les 52 jours de repos par an sont confirmés sans diminution de salaires, et le versement des retraites sera assuré grâce au versement à la Caisse nationale de 12 % du salaire annuel de chaque agent, dont 3 % prélevés sur le traitement annuel de l'intéressé. Le jeune député de Calvi, Adolphe Landry, demande aussi, à la tribune de l'Assemblée nationale, la réintégration des agents révoqués en 1906 et 1908 pour faits de grève. Accompagnée de la déclaration d'utilité publique de la ligne d'intérêt général de Ghisonaccia à Bonifacio, la convention approuvée par le Sénat et la Chambre des députés par la loi du 1er décembre 1911 est promulguée le 5.
Le destin du chemin de fer est par conséquent réglé jusqu'à fin 1945. C'est-à-dire sept mois après la fin de la Seconde Guerre mondiale que, comme la première, le train a traversé dans des conditions extrêmement difficiles tout en rendant à la population d'éminents services. À partir de mars 1950, remplacés par les autorails, les locomotives à vapeur et les wagons de voyageurs sont retirés de la circulation, seuls resteront jusqu'en 1954 deux d'entre elles affectées aux manœuvres à Ajaccio et Bastia.

C'est alors que va s'ouvrir une interminable période d'incertitude et de combats, la plupart du temps menés dans la rue. Jusqu'en 1981, pendant plus de trois décennies, l'épée de Damoclès pèsera sur le réseau, placé sous la responsabilité des

En temps de neige, la circulation ferroviaire a toujours fait preuve de son utilité.

Ponts et chaussées de 1944 à 1964, menacé d'amputation partielle dès 1954 par la suppression de la ligne de Balagne, et en 1959 de suppression totale. Les insulaires, fils et petits-fils de ceux qui avaient tant milité dans les années 1870-80, se mobilisent, font des grèves, défilent dans les rues, se battent obstinément, font échec aux décisions annoncées, et dénoncent la langue de bois des gouvernants, qui affirment que les routes nationales seront mises au gabarit nécessaire pour absorber un trafic automobile sans cesse grandissant. « On ne nous refera pas le coup de l'autostrade de la côte orientale ! », soulignent les assemblées élues, les syndicats, les partis politiques et une presse véritablement indignés. En janvier 1960, *Le Monde* publie la retentissante enquête de notre regretté compatriote Eugène Mannoni (« Un département à la mer »), qui écrit : « À petit train, grande douleur : la Corse sera le seul département de France, la seule grande île de la Méditerranée, sans chemin de fer ». Dans le même temps, un amendement à la loi de finances déposé par le sénateur-maire de Marseille, Gaston Defferre, entraîne l'abrogation du fameux article 39, qui subordonne l'aliénation des installations à la réfection du réseau routier.

La Corse reprend son souffle, mais elle poursuit le combat, car le dernier mot appartient à l'Assemblée nationale, qui avait adopté l'article 39 en première lecture dans l'indifférence, y compris celle de trois députés de l'île, Pascal Arrighi, Jacques Gavini et Marcel Sammarcelli. Après avoir renoncé à son funeste projet, le gouvernement envoie des commissions interministérielles d'études, sinon d'enquêtes. En mai 1965, il concède pour quinze ans l'exploitation à la société auxiliaire des chemins de fer secondaires (S.A.C.F.S.), qui s'engage sur un programme prometteur (rénovation des voies, raccordement aux aéroports de Poretta et Campo di Loro, mise en service de dix autorails neufs ou rénovés, dont deux rapides couvrant en trois heures la ligne Ajaccio-Bastia, création des « trains-tramways » Calvi-l'Ile-Rousse et Bastia-Casamozza, etc). Malgré cinquante-cinq licenciements, qui allègent notablement les effectifs (fixés à cent quatre-vingt-dix), la S.A.C.F.S. n'a pas les moyens de ses ambitions. Quatre ans seulement après son installation en Corse, elle est en butte à de très sérieuses difficultés financières qui la conduisent à retarder le paiement des salaires ! La confiance ne règne pas, le climat social s'alourdit, et la menace persiste. En 1971, c'est l'ukase sous forme d'une alternative : Paris décide la fermeture totale du réseau, ou bien la suppression de la ligne de la Balagne et une exploitation par la route d'Ajaccio à Bastia. Alors, l'île se soulève une

Des wagons-grues, des plates-formes à pivot, des plaques tournantes dans de nombreuses gares destinées à remettre les locomotives dans la direction souhaitée : le réseau était parfaitement équipée.

nouvelle fois : train de Corse, train rebelle pourrait-on dire ! Le réseau est mis sous séquestre en janvier 1972, plus de douze mille personnes manifestent à Ajaccio, Bastia et Calvi le 11, et la compagnie des chemins de fer et des transports automobiles (C.F.T.A.) se voit confier l'exploitation.

Un nouveau programme de mise à niveau, le quatrième depuis 1945, est élaboré en 1974. Il prévoit la rénovation de 104 km de voies, l'aménagement de trois gares (Bastia, Calvi, Biguglia) dans le cadre d'opérations urbaines, la construction à Casamozza de nouveaux ateliers (qui seront inaugurés en 1978 par le président Giscard d'Estaing), la mise en circulation de nouveaux matériels : cinq autorails plus confortables et plus rapides (3 heures et demie pour Ajaccio-Bastia) et deux locotracteurs plus maniables, ainsi que, l'été venu, le « Tramway des plages » entre Calvi et l'Ile-Rousse (10 aller et retour quotidiens),

En 1978, le chef de l'État inaugure les ateliers de Casamozza.

A Corte, dans les années 1990, un nouveau pont ferroviaire a été construit parallèlement au pont mixte qui a été élargi pour les besoins de la circulation routière.

et toute l'année le « Métro de Bastia » jusqu'à Biguglia (12 aller et retour). En 1977, la C.F.T.A. reçoit l'exploitation jusqu'au 31 décembre 1981, et un accord est passé entre l'État et les deux départements de l'île pour la répartition définitive du déficit : neuf dixièmes à charge de l'État, un dixième à la charge des collectivités insulaires. À partir de cette date, on peut penser que l'existence du chemin de fer est désormais sauvegardée. La suite des événements le confirmera et, d'ailleurs, le record absolu du nombre de passagers transportés, qui était de 561 000 en 1929, sera battu en 1982 avec 605 000 !

Il est à noter qu'est publiée en décembre 1978, une étude conjointe de l'Établissement régional de la Corse (à partir de 1981, Région, puis Collectivité territoriale), du ministère de l'Environnement et des services régionaux et interrégionaux de l'Équipement. Il s'agit d'un intéressant document qui développe tout une série de propositions : développement de la desserte interurbaine, amélioration de l'image de marque du train, développement des « trains verts » et des « rames itinérantes de la culture », conception de produits ou d'activités.

CORTE
Un nouveau pont pour "u trinichellu"

Malgré les efforts avérés de la C.F.T.A., les cheminots n'en réclament pas moins, à nouveau, le rattachement du réseau à la SNCF. L'élection du socialiste François Mitterrand à la présidence de la République, en mai 1981, ouvre des horizons pour eux prometteurs. Par la voix de son ministre des Transports, le communiste Charles Fiterman, le gouver-

En Plaine orientale, où l'on dénombrait la bagatelle de 160 passages à niveau, toutes les barrières ont disparu depuis 1943.

Droits sur nous à Bastia

Le 28 MAI 1919, le train est bondé au départ de Bastia. Un militaire, qui a pris son billet de 3ᵉ classe, n'y trouve pas place et monte dans un compartiment de 2ᵉ classe. Où le surprend le chef de gare, qui l'invite à descendre. Le militaire s'offre à payer le supplément. Non seulement le chef de gare refuse, mais il le fait expulser par les gendarmes. Motif : même en payant, un simple soldat n'a pas le droit de monter dans un wagon de 2ᵉ classe. Commentaire du *Journal de la Corse* : « c'est un peu excessif ! ». Et dire qu'au lendemain de la guerre, on affirmait que ceux qui l'avaient faite avaient « des droits sur nous »…

À la fin des années 1980, les « rames Soulé » arrivent. Ce sont les autorails les plus confortables mis en service jusqu'alors.

nement Mauroy confie en 1982 à la SNCF l'exploitation du réseau. Un décret du 30 août 1983 officialise le transfert, fixant aussi les conditions dans lesquelles la Région de Corse est substituée à l'État dans ses droits et obligations concernant le chemin de fer. Une première convention entre le président de l'Assemblée de Corse, Prosper Alfonsi, et le directeur général-adjoint de la société nationale, Raymond Monnet, est signée le 15 juin 1984. Même si certaines gares doivent être fermées, des améliorations importantes sont immédiatement ou progressivement apportées en divers domaines : réfection de voies et de gares, automatisation des passages à niveau, construction d'autorails adaptés (les rames Soulé), remises en état diverses.

En application de la loi Pierre Joxe du 13 mai 1991, l'île est dotée de son deuxième Statut particulier et elle devient la « Collectivité territoriale de Corse ». Le 31 août 2001, l'exploitation du réseau ainsi que les services routiers (éventuels !) de remplacement sont, pour neuf ans, de nouveau concédés à la SNCF dans le cadre d'une convention de délégation de service public. Enfin, au lendemain du « processus de Matignon » sous l'égide du Premier ministre Lionel Jospin, la loi du 22 janvier 2002 transfère le réseau ferré dans le patrimoine de la Collectivité, « qui en assure l'aménagement, l'entretien, la gestion et, le cas échéant, l'extension ». Cette convention prévoit notamment :

« Modernisation de la voie. Il s'agit de renouveler la voie ferrée du réseau, soit parce qu'elle est trop faible ou trop usée, soit parce qu'elle a des capacités trop éloignées des caractéristiques requises pour les performances, la sécurité et le confort recherchés, conformes aux exigences en vigueur. C'est une opération lourde qui consiste à renouveler les rails, les traverses, les attaches sur une plate-forme assainie, et à adapter les différents éléments complémentaires (signalisations, automatismes, dévers, ouvrages d'art, sécurité des ouvrages en terre…). Le choix des zones à traiter en priorité a comme objectif de parvenir à une vitesse nominale de 100 km/heure sur les meilleurs tronçons en fonction des disponibilités financières ».

Il en coûtera au moins une cinquantaine de millions d'euros, provenant pour la plus grande part du Plan exceptionnel d'investissements (P.E.I.) qui accompagne la loi Jospin, et est destiné à résorber les retards d'infrastructure de l'île.

Le trinichellu fait peau neuve

À ces aménagements s'ajoutera la mise en valeur du patrimoine autour des 16 (sur 39 à l'origine) gares conservées en service et modernisées : valorisation des espaces en liaison avec les aspects culturels, historiques, touristiques et économiques locaux ; organisation rationnelle de la complémentarité avec les autres modes de transports ; aménagement paysager des abords des gares ; implication financière des collectivités.

Prévue pour 2006-2007, la modernisation du parc de matériel roulant comporte l'acquisition de douze autorails neufs spécialement conçus pour le réseau, et le remplacement des moteurs de cinq autres. La réfection totale des voies, quant à elle, a été entreprise en 2003. Les rails de 24 mètres de long y remplacent les rails de 12 mètres.

La réalisation de ces programmes permettra la mise en sécurité du réseau, l'installation d'un système automatique de gestion (gares, passages à niveau, autorails), l'augmentation sensible des vitesses, du nombre des trains et de leur confort. La mise en service de trains rapides inter-villes, l'intégration dans l'activité ferroviaire des agglomérations bastiaise, balanines et ajaccienne par le développement des liaisons entre Bastia et Casamozza (20 arrêts sur 22 km, avec prolongement jusqu'à Folelli), entre Calvi et l'Ile-Rousse (vingt arrêts sur 22 km) et la création de celle de Mezzana à Ajaccio (11 km, dont 6 en milieu urbain depuis Campo di Loro), sont annoncés. Sur ce point, le raccordement de la gare au port, réalisé en 1902, a été progressivement amputé (son terminus était situé au droit de l'Hôtel de ville, et les trains venaient y prendre les passagers des paquebots) pour être supprimé en 1993. Jalouse de ses prérogatives, la Chambre de commerce n'avait jamais vu d'un bon œil ces rails qui étaient à ses yeux des intrus sur son domaine. En 1933, n'avait-elle pas, avec la bénédiction de la municipalité, tenté d'interdire, mais sans succès, la circulation de ces « trains-paquebots » ? Dans le cadre de sa délégation de service public, la SNCF ne verrait qu'avantages à prolonger jusqu'à la gare maritime et routière le service de « trains-tramways » dont la cité impériale devra être décidément dotée un jour. Et leur passage en souterrain éviterait les cisaillements des rues aux Salines, à Castelvecchio et à l'Amirauté.

Ainsi, pour la première fois depuis plus d'un demi-siècle, le réseau ferré semble devoir renaître à la vie. S'il plaît à Dieu et aux hommes qu'il en soit ainsi, on pourra peut-être songer à acquérir une ou deux locomotives à vapeur et quelques wagons afin de proposer, de temps et temps, aux touristes et aux autres un petit voyage pittoresque, sentimental en un mot, comme il en existe encore dans quelques régions de France et d'Europe.

Bien entendu, on appellerait ce nouveau « train de plaisir »… U trenu di Bastia.

Carte schématique du chemin de fer de la Corse avec, en pointillé, le rétablissement de la ligne de Folelli.

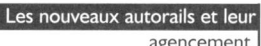

Les nouveaux autorails et leur agencement.

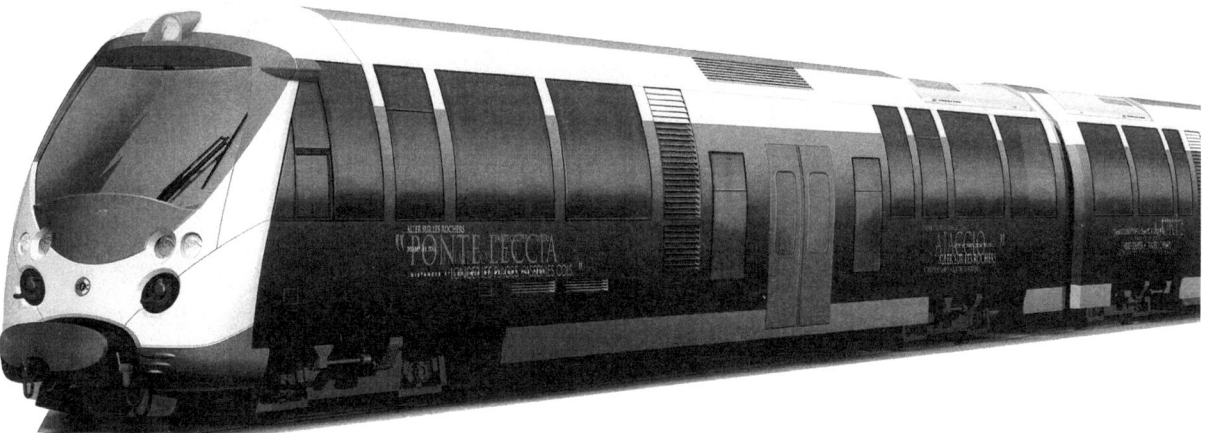

In fole
è canzone

Les chansons inspirées par le train

L A LÉGENDE DU TRAIN s'est en diverses périodes traduite par des chansons, satiriques, complaisantes ou nostalgiques. La première et la plus connue remonte à 1888, « U trenu di Bastia ». Cette complainte a été composée par Maria-Felice Marchetti, qui tenait auberge à Acquanera (Cervioni). Elle compte treize couplets, dont cinq seulement ont été interprétés par différents chanteurs. Vint ensuite « Trinnighellu, canzona di u trenu da Bastia ad Aiacciu », avec ses cent quinze couplets. L'auteur, Martinu Appinzapalu (abbé Dumenicu Carlotti), auteur de nombreux ouvrages en langue corse, l'a écrite en 1934, décrivant l'itinéraire de Bastia à Ajaccio et marquant par ses stances aux accents souvent historiques l'arrêt dans chacune des gares ou haltes. C'est dans les années soixante que le chansonnier bastiais Tintin Pasqualini composa et chanta souvent dans son cabaret « U Rataghju » un pastiche du « Trenu di Bastia », en disant les malheurs devant la suppression de la ligne de la côte orientale et les menaces qui pesaient alors sur le reste du réseau. Le texte en a été publié par Ghjermana de Zerbi dans son ouvrage « Cantu nustrale », publié en 1981 par Scola corsa et l'Accademia d'i vagabondi à Corbara.

En 1970 enfin, Ernestu Tuffelli dédia à Antoine Monti, président-fondateur de l'ADECEC, qui avait organisé une manifestation à Prunete-Cervioni et fait poser une plaque à la mémoire de Maria Felice d'Acquanera.

Ces chansons sont naturellement publiées dans leur langue d'origine, tant il est vrai que toute traduction pourrait en dénaturer le sens.

À moins de 2 km de la gare de Prunete-Cervioni (détruite pendant la guerre), entre cette station et celle de Folelli, la maison Brignoli, à l'Acquanera, abritait l'auberge de Maria-Felice. Le 6 août 1988, Antoine-Dominique Monti, président de l'ADECEC (Assocation pour le développement des études du Centre-Est de la Corse), présida à l'inauguration de la plaque commémorative.

Antoine-Dominique MONTI

Discours

prononcé le 6 août 1988
à Acqua Nera (Cervioni)
lors de l'inauguration d'une plaque
à la mémoire de

MARIA FELICE

l'aubergiste qui composa

"A CANZONA DI U TRENU"

A.D.E.C.E.C. – 20221 – CERVIONI
1988

A canzona di u trenu

Maria Felice d'Acquanera

U Trenu chi và in Bastia
Hè fattu per li signori ;
Pienghjenu li carritteri
Suspiranu li pastori ;
Per noi altri osteriaghji
Sonu affanni è crepacori

Anghjulì lu mio Anghjulinu
Pensatu n'aghju una cosa,
Quand'ellu passa lu trenu
Tirali una mitragliosa,
E' li sceffi chì sò nentru
Voltani à l'arritrosa.

Ci vogliu piazzà un forte
In paese di Cervioni,
E'nantu ci vogliu mette
Più di trecentu cannoni ;
Quand'ellu passa lu trenu
Spianalli li so vaggoni.

A' ch'hà inventatu lu trenu
Hè statu una brutta ghigna.
Li ghjunga u filosserà
Cum'ell'hè ghjuntu à la vigna,
Li caschinu li capelli
Incù la più forte tigna.

Ch'ellu piovi mesi interi
E'po empiene una pozza
Ch'ellu s'anneghi lu trenu
A' l'entre di Casamozza
Micca pè li passageri
Ma per quellu chi li porta.

Di lu caminu di ferru
Si ne falinu li ponti ;
Tandu li pruprietarii
Poranu fà li so conti,
Chì per dà la signatura
Elli eranu tutti pronti.

Anghjulì lu mio Anghjulinu
Datti un pocu di rimenu,
Vai è feghja issu catinu
S'ellu hè viotu o s'ellu hè pienu,
Ch'avimu da prinsentallu
A' lu sceffu di lu trenu.

Un' si vende più furaggi
Pocu pane è micca vinu,
Passanu le settimane
Senza vende un bichjerinu,
Chì ci avimu più da fà

In piaghja lu mioss Anghjulinu.
Anghjulì le nostre chjose
Suminemule à granone
Chì lu ladru di lu trenu
Un' cunsuma chè carbone
Avà ci tocca à piglià
Un'altra decisione

Anghjulì lu mio Anghjulinu
Preparemu la mubiglia
E' po mettila in vittura
Incù tutta la famiglia
Chì lu ladru di lu trenu
Da noi solli ùn ne piglia.

Anghjulì le nostre mule
Portemule à lu macellu
Chì lu ladru di lu trenu
Passa è vene da per ellu.
Hè cuntentu Micaellu
Ch'hà impiegatu lu fratellu.

Micaellu di lu trenu
Si n'hà fattu un forte dolu,
U vegu falà in panchetta,
Ellu sempre marchja solu ;
Hà una forte cantina
Ci hà impiegatu lu figliolu.

Mi vogliu fà una casetta
Vicin'à Monte Rutondu,
Ch'ell'ùn abbianu sentoru
Mancu s'o sò a stu mondu ;
Ci vole ch'o mi ramenti
Chì lu dulore hè prufondu.

Trinnighellu

Canzona di u trenu da Bastia ad Aiacciu

Quande tu pigli lu Trenu
Trinnighellu [1] di Funtenu [2]
porta puru un zanu pienu
fiaschi di vinu e canzone
chi longu è lu viagghione.

En voiture, s'il vous plait,
montez, montez, sans billet,
Vinite tutti cu mè.
A l'arrivu di u battellu
Chi ti chiama è Trinnighellu.

Prima, sunnulava, in gara,
ghiente avìa, a para-para,
avà chi si face rara
per cumbatte l'auto-carri
mi scannu li cannellari [3].

Pigliu lu mondu a lu portu
per quasi nunda ti portu,
nantu lu miò spinu tortu
un sentite la trumbetta
di u miò serbu, in etichetta ?

Ogghie, traversu la villa
svegliu la Piazza tranquilla
ognun tremma, a la miò squilla !
In menu d'una seconda
vo da l'una a l'altra sponda [4].

Entri, prestu, o viagghiadore,
un chiapperai mal di core
qui, nè freddu, nè calore !
Ti ficchi nentru u vagone
E ti chiudenu, in priggione.

Ma, guarda e belle banchette
c'è lumi e strapuntinette
beatu chi ci si mette !
La vita ci passerìa,
addiu, addiu, o Bastia [5].

Bastia

Bastia, città d'argentu
compra a quattru e vende a centu.
Paradisu senza ventu...
Salutu li to'abitanti
curtesi fini e galanti.

Stai di punta a Livornu
trafichendu, notte e ghjornu,
di Cirnu teni lu Cornu.
Allarga e distendi l'ale
turnerai capitale.

La Piazza a San Niculaiu
– superatu u nostru guaiu –
sarà cum'io lo chiamaiu :
Piazza a l'Arcu Triunfale
o Piazza di u gran Pasquale. [6]

Lupinu

La prima gara è Lupinu,
mi sente diggià lu spinu,
pianteremu un mumentinu.
E lu trenu di piantà
bisognu ha di rifiatà.

Furiani

La seconda è Furiani
qui principianu li piani
chi toccanu a Calviani.
Trinnighellu furia unn'ha
ellu un si vole affannà.

---

(1) Trinnighellu, perché trinneca viagghiendu e avanza a stentu.
(2) *Funtenu*, nome curcisatu di l'ecchisi Diretore di a C. ia. In 1933 funu creati i *Trains Maritimes* chi partenu da e calate di u portu. Per attirà l'attenzione, un impiegatu chiama a mezza folla di i passegeri. Un altru si vede marchià a vinti metri, davanti, au passaggiu di u trenu, in città e sona di a trumbetta, per evità l'accidenti.
(3) A cuncurrenza di l'autocarri arreca qualchi pregiudiziu a u trenu. – « Gara » : francesismu per *stazione*.
(4) U trenu tocca a Piazza a San Niculà di Bastia. – « Villa » : francesismu per *città*.
(5) Bastia, città di circa 45 000 abitanti, è u portu u piu importante di Corsica, centru cummerciale, cun circa centu mila passegeri a l'annu, chiamatu a più grande sviluppu pe' i rapporti con la Sardegna cu l'estensione di a linea ferrata fin'a Bonifaziu. In quest'ultimi anni, nove custruzioni e novi quartieri si sò alzati versu Pietranera, villini numerosi fin'a Lavasina. Bastia, antica capitale, forse capitale riturnerà un ghjornu.
(6) Vedi articulu, in d'a « Muvra », 1933, duve u pueta esprime l'idea d'alzà un Arcu triunfale a tutti l'Eroi corsi, cu statue di i vestuti di piloni e di Pasquale Paoli. Bisogna osservà chi bastia chi ha una statua di Napoleone... unn' ha niente per u Padre di a Patri ache un trattu di viale.

Furiani rinumatu
riccu di fieru passatu
si mira in lu Novu Stadu
Lu Carru di lu Prugressu
qui segna lu so' pusessu[7].

Biguglia

Quassundi, è Biguglia antica
tre case, sottu una figa,
piani d'oru, senza spiga
Biguglia ha le mandarine
e zinzale canterine[8].

Ma chi è stu monumentu
cu balconi in altu ventu ?
Mi pare tuttu un cumbentu…
Questu : Ippodromu si chiama
Biguglia ha ciò ch 'ella brama.
Borgu

Eccu a Borgu-la-Vittoria[9]
rinfréscati la memoria
qui si cuprinu di gloria
li Miliziani Cirnesi
li Corsi contru i Francesi.

Sbarcata da Cuntinente
c'era un'Armata impunente,
ma, a lu cennu di Clemente
li Vistuti di piloni
ne fiacconu i battaglioni.

Contru le rosse culonne
si lampunu l'Amazzonne,
vogliu dì le nostre Donne.
Fubbe, in l'annu sessant'ottu,
Cirnu, a nimu, un stava sottu.

Ch'aspettate, o Burghigiani,
si bò site Corsi sani
per alzà, di proprie mani,
in petra, omancu in mattoni,
un Ricordu a sti Leoni ?

Borgu varda la Marana
duve dorme Mariana
rembu la Chiesa pisana
pensa a l'oru di li grani
sparitu di li so' piani.
Lucciana

Lucciana, da lu so' bugnu,
a Borgu mostra lu pugnu
e rompe vole lu 'rugnu.
Chi l'un sa la lita strana
di Borgu contru Lucciana !

Per cunnosce tale e quale
l'imbaruffate fatale
legghi a Salvator Viale !
Saperai le scumpiere
chi nascinu pe' un sumere[10].

Tra lu Borgu e Lucciana,
per le cime e per la piana
cascò lu sangue a funtana ;
fu durente mesi e mesi
vindette tra li paesi.

Casamozza

Se tu boli un bicchierinu
au Buffet casamuzzinu
metti manu a lu stacchinu !
Eppo' fatti una sunnata,
Un ci s'esce pe' a iurnata.

Da qui, per la Sulenzara,
parte un trinnighellu, in fiara,
chi ghioca, cu la zinzara,
per Aleria e per Brevone
gira e canta cu u muscone.

Intantu fegghia lu mare
l'onde turchinette e pare
chi bagnanu le rinare.
Guarda le Coste luntane,
terre tutte italiane[11].

Un ti piacenu i Lucchesi
portanu pennati appesi ?
Preferiti li Francesi…
Ma chi accellu a lu so' nidu
un ferma sinceru e fidu ?

Or lu toiu dolce e finu
grecu un fu nè sarracinu
ma francamente latinu
di u Paese di Vergigliu
lu toiu è cumpagnu e figliu.

O Terra di Civiltai,
bella e grande più che mai
ogghie, libera di guai,
salutu li to' cunfini
L'antichi e novi Distini !

Sta campana lungherina
chi spicca, a mezza marina,
è una surella latina :
se tu un ti n'eri ancu avvistu
salutata : è Monte-Cristu !

Quandu e so' benedizione
dede Cristu a le Nazione,
lu Iornu di l'Ascenzione
da custì, pesò la manu
ancu pe' lu Corsicanu.

Disse : o cara Cirneella
né ricca, né puverella
sarai l'Isula Bella
madre di grandi Figlioli
un coppiu saranu Soli[12].

Ma lu trenu stende u volu
canta cume un russignolu
e salta lu Ponte a Golu,
t'infrugna in sette tafoni
e ti lampa in Casacconi.

---

(7) Calviani, pianu d'Aleria celebre pe' un dettu : ogni Corsu ha una lenza in Calviani. A furtezza du Furiani inespugnabile, in tempi antichi, sustenne assedi gloriosi. Una torra – duve de Paoli, avèa a so' stanza – curona u paisolu chi conta 240 abitanti. U Novu Stadiu Duttor Luciani è statu fattu in 1932, picculu segnu di prugressu, in comparazione di l'abandonu di e campagne.

(8) Biguglia, a l'epuca pre-pisana fu capitale di l'Isula, e sede di i guvernatori fin' a 1453. Ogghie i so' castelli forti sò dirruccati e u paese un conta mancu centu abitanti. Malgradu so' fertilitai, sò deserte e belle pianure. A malaria e e zinzale, cacianu l'omu… e si stendenu, longu e marine, fin'a Bastia.

(9) Borgu, teatru di lotte gloriose, tra e quale, a Vittoria, in 1768, di Clemente Paoli contru un Corpu d'armata francese. I Corsi respinsenu tutti l'attacchi e fecenu priggiuneri, in Borgu, u Culunellu de Ludre cu e so' truppe. I soldati corsi eranu vistuti di pannu còrsu o pilone. E donne còrse cumbattianu, accantu a l'omi, in più d'una zuffa. Basta a ricurdà i nomi di a nipote di Circinellu e di Letizia Buonaparte, mater regum. A città di Mariana surgia accantu a chiesa di a Canonica, giuvellu d'arte pisana di u seculu XI, u più bellu pezzu d'architettura… còrsa.

(10) Salvator Viale in la so' « Dionomachia » ha cantatu, in versi, a lotta tra i dui paesi originata da un scherzu fattu durente a prucessione di u Vennerdì-Santu : un sumere mortu stracquatu nantu a strada, poi appesu a e campane ! – Da Casamozza parte u trenu di a Costa Orientale chi traversa pianure inculte e malariche.

(11) L'isula di Pianosa cu u so' fanale, l'Elba, Capraia, Monte Cristu, Coste Tuscane. – Sottu u dispreggiativu « Lucchesi » si cunfonde… tutti l'Italiani. I figliulini di « Lucchesi » sò i primi a disprezzà i so' anteati e l'Italia. A populazione di a Corsica è, in grande maggiuranza, di sangue italianu, cume di lingua e di costume e di geniu. Napulione è l'esempiu tipicu. A Corsica fu romanizzata, tra e prime pruvincie di l'Imperiu, in 234. Una iscrizione… dice chi 45 Legioni di Veterani di Mariu e Silla si fissonu in Aleria e Mariana e si ne spartinu I terreni. A puesia còrsa populare è puesia Virgiliana. L'Italia è vera Terra di Civiltai, perchè da Roma esci per tutte l'altre Nazione romanizzata a Civiltai muderna. L'Italia riacquistate quasi tutte le frontiere naturale, è più grande che mai, dopu esse stata, durante duie mil'anni, martirizzata e calpestata da populi nemici, e s'avanza versu novi Distini degni di l'Antichi.

Prunelli di Casacconi

Qui, scopri una novità
Golu si lascia agguantà
e face elettricità.
Per lu Centru e l'Oriente
da qui parte la currente.

Ma tuttu ben calculatu
lu lume costa salatu !
O Corsu sarè burlatu !
Sò prezzi da scurticà
l'acqua bisogna a pagà [13].

Senza zufulu di ventu
di notte, lu lume è spentu !
Soga è lu regulamentu !
Fa puru reclamazione
dormenu in Direzione.

Distesu, ind'un alivetu,
sottu l'olmu chetu-chetu
Prunelli volta u daretu
a tuttu lu Casincale
e cova d'occhiu a Vignale.

Lu Caroneu e lu Monte
superbi alzanu la fronte
di Sant'Agnulu a le fonte.
Ma al fiscà di Trinnighellu
s'affaccanu a lu purtellu [14].

Barchetta

Fila cume una saietta
per l'ambarscia e la puretta
eppò ti sbarca, in Barchetta.
Di la legna castagnina
qui si face mataccina [15].

O quantu ne hanu rosu
castagnu biancu e succhiosu
per fà brodu velenosu !
di u sangue di li pulloni
Golu tigne i so' pentoni.

Barchetta dice : o Campile,
dammi lu to' campanile !
C'una chiesetta ientile
anch'eiu vurria stà
parerebbi una città !

Scolca, da la so' pugghiola
rimira la Volpaiola
chi cu l'oliu si cunsola.
Ma più che i rari prudotti
stima u Vescu Mariotti [16].

Avànzati un tantinellu,
ti s'affaccia Campitellu ;
un ghjornu si parlò d'ellu.
Ci funu l'Apparizione
nantu 'ssi scogli maione [17].

Bigornu sparhie, a sulìa,
tre case e la piuvania.
Lentu si la piglieria.
A mancu per 'ssi listinchi
c'è Rustinu e c'è Bisinchi.

A lu paese di Lentu
se ci fu lu tradimentu
eroi ci ne fu centu.
In seculorum risonghi
Lu nome di i Barbi-longhi ! [18]

Pontenovu [19]

O Corsu, avà stammi a sente,
patriottu, a u sangue ardente,
spanna lu core e la mente :
pensa a li to' antibaponi
chi casconu in 'ssi chiacconi.

Dà un'ucchiata a le fianchere
di Golu e di le Custere
qui, funu le lotte fiere
di l'Indipendenza còrsa
chi tolta ci fu di forza.

Sottu le so' triste sponde,
tra 'ssi scogli a mezz'a l'onde
Pontenovu piegne e asconde
L'Eroi di tante prove
morti in lu sissanta nove [20].

O trenu, viagghia adagiu
fa silenziu e rendi omaggiu
qui, simu in pelegrinaggiu.
Ci mancava un monumentu
Ma pur l'emu fattu quentu.

Davanti un populu accordu
per lu cegu e per lu sordu
la Croce di lu Ricordu
sopra u sangue di l'Eroi
L'avemu rizzata noi !

In vinticinque, d'aostu,
quandu l'uva torna mostu
lu segnu piu fu postu,
a u locu di lu sterminu,
in marmeru biancu e finu [21].

A la nostra ardita voce
Ghiente scese d'ogni foce,
Benedetta fu la Croce.
C'era u Vescu Simeone
e... Martinu, in orazione.

Ponte-Leccia

Au buffet di Ponte-Leccia
magna, in furia, e bevi in freccia,
leccati appena di feccia !
Si tu un porti tuvagliolu,
strigniti lu currigghiolu [22].

Da qui, per l'Isula-Rossa,
un trinnighellu di fossa
si ne parte, senza scossa,
gira la Balagna bionda
e si volta a l'altra sponda.

---

(12) Vedi per sta Leggenda u raccontu : *Corsica, Corsica, nè carca, nè scossula*, in « Raconti e Leggende di Cirnu » di D. Domenucu Carlotti (Giusti editore, Livorno 1930). – I due Soli di a Corsica sò Paoli e Napuleone.

(13) Sottu a stazione di Prunelli è l'impiantu per l'elettricità. A luce costa cara, benchè l'acqua un mancassi s'ella fussi presa in altri fiumi che Golu, chi è debule d'istatina. U lume si spegne suvente. « De janvier à mai, nous avons eu 53 pannes d'électricité à Pietra Verde ». (Vedi *Petit Marseillais*, édition de la Corse, 13 magghiu 1934).

(14) U Casincale, regione di a Pieve di Casinca. Sant'Agnulu, 1 760 m, monte chi separa u Casacconi da a Casinca e da Orezza.

(15) A fabrica di Barchetta face u tanninu cu u legnu castagninu. Un paesettu s'è furmatu accantu.

(16) U Vescu Mariotti, un Martire di l'Indipendenza còrsa, mortu in le priggione di Genova. Una lapide è stata posta nantu a so' casa nativa.

(17) l'apparizione di a Madonna, in Campitella, svegionu grande attenzione, nanzu a Guerra e fecenu cuncorre pelegrinaggi da tutt'a Corsica. Ma l'Autorità religiosa, esaminati i fatti, proibì ai dedeli di crèdeci.

(18) Quandu, in maghiu 1769, i Francesi iunsenu in Lentu, a a vigilia di Pontenovu, Lentinchi e Canavaghiacci – così dicenu – tradinu e funu causa di a dirrota. Ma, in l'anni chi seguinu l'occupazione schiattò u patriuttismu di i Lentinchi detti « barbilonghi ». Parecchi francesi funu tombi da quelli chiamati i *Barbi-longhi*. Un vecchiu, rasatu per forza, da l'invasore, morse di stizza. Vedi : *Mémoires du P. de Singlande*, editu da « A Muvra », 1932.

(19) Qui, a musica di u cantu piglia u tonu lentu di u lamentu e diventa cummuvente, poi, i fine, ripiglia un ritmu rapidu e alegru.

(20) Battaglia di Pontenovu 9 magghiu 1769.

(21) Erezione di a Croce di u Ricordu, in Pontenovu, 3 aostu 1925. Si legghie nantu u marmeru a seguente iscrizione : *Qui casconu e Milizie Còrse di Pasquale Paoli luttendu per a libertà di a Patria*.

(22) Ripiglia, a musica, un ritmu più rapidu.

Salutemu la Balagna,
terra antica di cuccagna
chi sempre olive si fragna.
Quindi, è la Pieve di Caccia
ricca di pesca e di caccia.

Eppoi, a la « Città santa »
duve lu castagnu ammanta
di Cirnu gloria tamanta,
O Corsu, pesa la manu,
e manda un salutu arcanu [23].

Francardu

Curraggiu, simu in Francardu
cun tre ore di ritardu,
ma un ti ne piglià riguardu
unn'è cusì sfaticata
d'accurtà sta riggirata !

Addiu, Fiume di Golu
da qui vaitine solu
a fà lu cagiu, in Niolu.
Trinnichellu sbuffa e trinca
Simu a la Stretta Omessinca.

Qui, disse Napuleone,
mirendu la pusizione
cu mill'omi di pilone
d'ogni Armata d'invasione
fattu avria sterpazione [24].

Omessa

Avale simu in Omessa,
Trinnighellu lun si pressa
dice : la cosa è l'istessa !
In fondu di lu vaglinu
agguarda a Capuralinu.

Soveria

Soveria in lu so' pugghiale
pensa a u tempu imperiale,
tandu avìa un Generale.
Lu nome di li Cervoni
onora li so' fuconi [25].

Or fegghia, di tondu in tondu,
in faccia è Monte Rotondu
chi tocca in celu profondu.
Trinnighellu, a passi corti,
trafala e ti lampa in Corti [26].

Corti

Eccu, annantu u so' sciappale,
di Sambucucciu e Pasquale
la Spartana Capitale.
Regina, senza curona,
a la sorte s'abbandona.

O Corti, Corti-la-Muta,
a chi segnu si venuta ?
Nesunu parla o sternuta…
Di la gloria paulina
Un lascià fà la ruvina.

Datti un pocu di rumenu,
un Santu ti dorme, in senu,
sicuru, in celu serenu,
dumane, ti sveglierà,
La to' stella tunerà [27].

Pogghiu-Riventosa

In'ssa puntizzina ascosa
bianca fresca e luminosa
un vedi la Riventosa ?
In trenta pugghioli appesi
rimira trenta paesi.

San-Petru è lu più supranu,
cun castellu, per la manu
e surgente belle a pianu.
In cima, u più altu tettu
saluta, è quel di Iannettu [28].

Guarda chi splendida Conca
Vivariu Corti e Tralonca
Tavignani, in bassu, ronca
Boziu Antisani e la Rogna
'scoltanu la so' rampogna.

Venacu

Vignale è un bellu paese…
Ma s'aghiu de dà le prese
le darìa a u Venachese,
di garbu e di scaramusciu
s'azzinga lu trenu a l'usciu [29].

Una gara cusì a pianu,
Or cumu fattu averanu
ti dumandi, o paisanu ?
Un si cerchi spiegazione
Venacu ha sempre raggione !

Ponte-Vecchiu

St'alta unn' ha case nè fiori
nè mancu viagghiadori…
Venacu ha tutti l'onori !
Lu prutteggenu le Fate
chi u vigilanu impetrate [30].

In titanescu orizonte,
qui, tra l'unu e l'altru monte,
franchi l'altissimu Ponte.
L'ultima nostra battaglia
sciappittò per'ssa ruccaglia [31].

---

(23) la « Città Santa » Morosaglia, perchè custodisce a Casa nativa, a tomba e l'osse di Pasquale Paoli, Padre di a Patria, Duce magnificu di ì Corsi. Si legghie, sopra a so' tomba : *Là dove nacque, ei giace. Requiescat in pace.*

(24) Napuleone disse a de Paoli chi a vera pusizione per batte l'Armata francese, era tutta indicata : a Stretta d'Omessa, micca u canale di Pontenovu.

(25) Generale Crevoni, natu in Soveria ; prese parte a e Guerre napuleoniche.

(26) U Monte Rotondu (2 610 metri), cu a so' coda Monte Cardu, versu Venacu, inquadra splendidamente l'orizonte di Corti. – Corti, cusi a pronunzia vera, miccà Corté. – Sambucucciu d'Alandu, organizzatore di a Terra del Comune o delle Comune, XIV seculu. – Corti fu capitale, veramente simile a la Sparta antica, in tempu di Vincintellu d'Istria, poi di Gaffori e de Paoli (1750-1769) e (1793-1796). A città ricca di ricordi si scorda d'onorà u so' passatu. A festa di San Pasquale, 17 magghiu, duverìa esse una festa naziunale còrsa, cu e rapresentanze di tutte le Pieve e Sucietà còrse, miccca una festarella.

(27) San Teofilu di Corti, canunizzatu in 1929. Ancu per sta Gloria religiosa, Corti face troppu pocu. Un pussede mancu una Chiesa spaziosa. U so' bellu Seminariu è sparitu. Ogghie c'è in costruzione vaste Caserne e un Liceiu, e a Città si allarga versu levante.

(28) A casa di Iannettu Notini, « u Sampetracciu », pueta di trinca, autore drammaticu. – San Petru, bellissimu suggiornu d'estate, è un nidu di puesia e di pueti.

(29) *Vignale è un bellu pease*, dettu pruverbiale, chi un s'adatta a u Vignale di Corsica. – Venacu ha sempre raggione, perchè u Vinachese è astutu e finu, e perchè esso ha avutu in cu a famiglia distinta Giacobbi, deputati, senatori, cunsiglieri chi tenianu e chiavez di a pulitica.

(30) I Monti di e *Tre Fate* dominanu u Venechese, tre forme curiose.

(31) L'altissimu Ponte… ha centu metri e copre u ponte a Tremoli di a strada naziunale. L'ultima resistenza a l'invasore, 2 iugnu 1769, fu a u passaggiu di u Vecchiu chi fu furzatu. Pasquale Paoli scuraggitu, da i monti di Vivariu andede ad imbarcassi, in Portuvecchiu, u 12 iugnu 1769. Un'iscrizione per indicà u locu di a battaglia ferebbi onore a chi è fieru di u Passatu.

Pontenovu e Pontevecchiu
chi luce in lu vostru specchiu ?
Tintu è di sangue parecchiu.
Li denti di le scugliere
rodenu cispre e carchere.

Avà, fate cuniscenza
Di ci chi l'Arte e la Scenza
impalponu d'avvertenza.
Mettitevi a lu purtellu
entrimu in d'un macinellu [32].

Pigliatevi pazienza
qui, Corsica in penitenza
acquista piena indulgenza.
Ringraziemu l'ingigneri
Chi fecenu da… sumeri.

Trinnighellu fiaccu e cassu
piglia teppa, passu, passu,
senza fischi, nè fracassu,
adocchia li Muraccioli
e grida : aiutu, o figlioli !

Attaccate boi e muli
attenti, ch'ell'un rinculi
Ch'ellu unn' iscrocchi ci sbuli
in fondu di lu vaglinu
e ci ioghi a u masterminu.

Lagatelu rifiatà
sinnò lun pò rivultà
bisogna avenne pietà !
Cum'è longu stu Calvariu
da Pontevecchiu a Vivariu.

Vivariu

Vivariu, in aria pinina,
cu Muracciole vicina
gode u frescu l'istatina,
Monte Cardu e lu Rotondu
li ridenu, in celu mondu.

In chiesa di a Piuvania
l'antica Santa Maria
un populu scrittu avìa :
Maledettu sia quellu
chi tombò lu so' fratellu [33].

Vivariu è rinumatu
ci iugnenu d'ogni latu,
qui papa Formosu è natu.
Lu nome di u gran Pritone
è l'onor di stu rughione.

Tattone

Superbu situ è Tattone
In valle di Vizzavone
Rotondu a lu San Petrone
Monte Doru e la Furesta
Intornu li fanu festa.

Se tu un vedi Monte Doru
di malbu lucente e d'oru
ignori u veru splendoru,
splendor' di sera e mattina
fin d'Aiacciu si sculina [34].

Vizzavona

Vizzavona è lu giuvellu
ci cala più d'un acellu
chi porta vanti e cappellu
d'Aiacciu, Corti e Bastia
qui frigi la signuria [35].

Sottu li pini e li fai
duve caldu un senti mai
c'è « villai » in quantitai !
Qui c'è Hôtels e Usteria,
un parlà di pagherìa !

Quiggi, per la prima volta,
sottu la frunduta volta,
fecenu la so' consolta
in fraterna Merendella
li Cantor' di Cirnu bella [36].

L'alitu di la canzona
levatusi in Vizzavona
sempre tira tocca e introna
per Cirnu e da Mare in dà,
rimbubò lu Tatattà.

Ritti, ritti, o viagghiadori,
salutemu li Cantori
di u còrsu i mantenitori.
Chiudite porte e purtellu
eccoci, in du gran tunellu [37].

Bellezza di Monte Doru
ti ne spegni, in stu traforu,
è cambiatu lu decoru !
Ma chi aria mi mena, in fronte ?
quest'è l'aria di u Pumonte [38].

Pumonte, o Terra d'incanti,
da le Serre a i golfi tanti,
calanche e scogli giganti !
quante 'razie u to' Celente
bagnatu da l'Occidente !

Quand'io n'averaghiu laziu
girà bogliu u tondu spaziu
da Galeria a Bonifaziu,
Sartèna, Vicu e lu Sia
per ogni viottulu e via.

Bocognanu

In fondu di lu vangone,
a l'ombra di pullone
o chi bellu paisone,
tutte le so' case a pianu
u chiamanu Bocugnanu !

---

(32) A strada ferrata forma un ferru a cavallu per ghiugne in Vivariu, e gira, in girata secca, sottu u paese di Muraccioli. U trenu colla, cun difficultà, e i sumeri li vanu davanti, correnu quant'ed'ellu.

(33) Era scritta in latinu e fu posta da u populu turnatu a fa le pace, dopu lotte micidiale tra famiglie e membri di a stesa famiglia. – A chiesa di Santa Maria, di stile pisanu, è forse di u seculu XI cume a canonica. Cuserva sempre un'arca pe' i defunti, a l'internu. Un'altra arca, troppu visibile perchè scuparchiata, li sta accantu. – U paese d'Arca è in ruvina e disbitatu di poi chi u stradone li passò troppu luntanu. – U papa Formosu, (891-96), papa eroicu chi resistè à l'Imperatore tedescu. Dicenu ch'ell'era figliu di un Verdiacciu emigratu a Roma. Una pittura di u Papa Formosu, è esposta in chiesa di Vivariu, donu di O. F. Tencajoli, u notu scrittore di Storia e Arte di Corsica – Pritone era un sacerdote e duttore in medicina, rinumatu, di u Settecentu, di a famiglia Pantalacci. Omu di bene, scuprì l'acque sulfurose di Puzzichellu (Vedi u miò Raccuntu : *pritone burla u Diavule*, Almanaccu di Grossu-Minutu, Bastia, 1930).

(34) Monte Doru, 2 306 m., Rotondu 2 610 m., San Petrone 1 766 m, formanu un riccu decoru a l'altipianu di Tattone e a Vizzavona.

(35) Vizzavona, 1 162 m, in Foce, suggiornu ideale d'estate, bellissima furesta di 1 300 ettari, escursione pitturesche, passigghiate deliziose, sarebbe un veru giuvellu, ma pocu cunusciutu, è pocu frequentatu e mancanu e casette o villini, benchè u situ sia datu *gratisi*, a chi vole falle.

(36) U 17 aostu 1924, organizzata da M. Appinzapalu, ebbe locu, in Furesta di Vizzavona, a prima Merendella o Cullazione fraterna di i pueti e scrittori di dialettu còrsu. Ci fu Messa cantata da i Pueti, in l'antica Cappella rustica, pranzu a l'Hôtel di Monte Doru, esplosione di discorsi e canti intusiasti. L'anima di a Corsica parlò *Trinnighellu* ebbe u so' successu, in particulare, u passu sopra a Pontenovu : *O Corsu, avà stammi a sente…*

(37) U gran *tunellu* ha 4 000 metri di longu e u trenu ci mette 13 minuti a passallu.

(38) Pumonte, terra di u Dilà dei Monti o Terra di i Signori, a u Mediu-Evu, oghie circundari d'Aiacciu e Sartèna.

La gara è piena a liticci
ghiente, indocu, quante quiggi
ti pare d'esse in Pariggi !
Mille giovane fiurite
trinnecanu code e vite.

A chi è in cerca d'emozione,
faccia, in Pentica, escurzione ;
la Pentica è lu rughione
d'un sterpugliu d'eremiti,
li Bellacoscia banditi [39].

Tavera

Trinnighellu, a sfrumbulèra
a rompe la sunagliera
corre e ti lampa in Tavera.
Guarda lu paese, a manca,
qui case nove un ne manca [40].

A chi s'ha da immarità,
ascolti una verità :
a trigà troppu unn'istà
sinnò cascherà in Tavera,
piglierà a pegghiu chi c'era !

Ucciani

Ghiunti simu in Aucciani,
biotu avemu faschi e zani
qui, un si trova mancu pani,
ma c'è lu pan di granone !
Aucciani pianta e pone.

Se tu fali, appena sottu,
vedi u Ponte a Bernadottu
la Gravona passa, a sgottu.
Qui fu fattu capurale
chi morse in lettu reale [41].

Pianta, pianta, o Trinnighellu,
aspetta lu to' fratellu
chi ritarda un pocherellu.
Ecculu chi fuma e sbuccia,
ci n'anderemu in Carbuccia [42].

Carbuccia

Voltu l'occhiu, in ogni versu,
Carbuccia lu s'hanu persu
qui, c'è a macchia, per ischerzu !
L'averanu fatta apposta
per le volpe di la Costa.

Mezzana

O speranza, avà rimpiana,
dirittu fila, in Mezzana
cumu canta sta sulana !
Più canta lu vi di Peri
chi sciappa botte e bicchieri [43].

Caldaniccia

Avà, brugia la pianiccia
lenta focu e a macchia piccia
a rifiata, in Caldaniccia,
c'eranu le bagnerole
chi rinovanu l'ugnole [44].

A manca inariulatu
sta Cuttoli-Corticchiatu,
un ghiornu s'è sbattizzatu,
alzò un tempiu prutestante [45]
vedi e muraglie tamante !

A manu 'ritta, si scova
Appiettu e la Villanova
chi versu a Punta si trova,
la Punta alza, in celu porgu,
lu Castel Pozzo-di-Borgu [46].

Pozzu merita un salutu
era un Corsu risolutu
ingegnu forte e pinzutu
di Mosca fu imbasciatore
contru u Corsu Imperatore.

Ma chi veggu ? Eccu lu mare
isvegliatevi, o cummare,
calfatevi lu fulare ;
or guardate chi decoru
caschemu in Campu di Ioru.

Campu di Ioru

Da lu golfu lindu e nettu
cum'ellu tira lu trettu
prepara lu to' vigliettu
Aiacciu, cu e Sanguinare,
un paradisu ne pare.

Aiacciu

Sorti, sorti, o viagghiadore
senza gridi, nè rumore,
ti senti imbuffà lu core :
eccu la Città Maione
quella di Napulione.

L'Imperatore-sullatu
Geniu mai insuperatu
O Corsu, in Corsica, è natu !
Lu Fior di u Sangue latinu
spuntò da u nostru Razzinu.

O sterpa di Roma antica
che Dio ti benedica,
torna e caccia un'alta spiga !
Ch'ella domini lu Mondu
l'imperni, da cima a fondu !

Pettu al mare e a le muntagne,
tra le palmereccie pagne,
Aiacciu pensa a l'Altagne ;
sottu lu celu serenu
nidu e Mamma nanna in senu.

Aiacciu, a lu bellu mantu,
d'ogni gloria teni vantu,
di Cirnu onora lu cantu.
Amerìanu ste canzone
Letizia e Napulione ! [47].

Addiu lu mio' Trinnighellu
rottu m'hai lu cervellu
quattro coste cun lumbellu ;
ma dopu cent'ondeci ore
chi lun n'è crepatu un more.

O Corsu, cun curtesia,
ringrazia la Cumpagnia
e nun fà riclemeria ;
perchè – la cosa è l'istessa –
issn Corsica, nunda un pressa.0

_____

(39) I banditi Bellacoscia camponu liberi, in Penticia, durente quarant'anni.
(40) tavera dopu-guerra s'è trasfurmatu e ha fattu tredici case nove, prugressu nutevule e raru.
(41) U generale *Bernadotte* chi tradì Napulione diventò re de Svezia – (i so' figliulini sò sempre in tronu) – fu numinatu capurale, a u Ponte, sotto Aucciani, durente l'invasione de 1769.
(42) U trenu d'Aiacciu si scontra, in Aucciani, cu quellu di Bastia.
(43) Vinu neru rinumatu. U trenu traversa e vignete di a Piagghia Peraccia. Peri si scopre, a parte manca, in altu.
(44) Bagni di Caldaniccia, sulfurosi.
(45) In un momentu di collera l'abitanti abbandunonu u Cattolicismu e chiamonu un ministru prutestante chi alzò un tempiu. Poi, riturnonu tutti, cun pocu di tempu, a a so' chiesa.
(46) U Castellu di a Punta (650 metri) chi domina u golfu d'Aiacciu e di a Liccia è statu fattu dai Pozzo di Borgo, in 1894, cun resti di e muraglie di e *Tuileries*, di Pariggi. Carlu Andria Pozzo di borgo (1764-1842), prima segretariu di Pasquale Paoli, in 1794, poi imbasciadore di Russia in Pariggi aversariu di Napulione, natu di Nazione còrsu, unn'ebbe mai altra patria che a Corsica.
(47) A signora Letizia parlò sempre megliu u còrsu e l'italianu che u francese. E Napulione un si ne pudia scurdà. – Aiacciu pussede, in la Cappella Buonaparte, e spoglie di Letizia, ma micca quelle di l'Altagne, o Acule napuleoniche.

Martinu Appinzapalu

U trenu di Bastia

Tintin Pasqualini

O lu trenu di Bastia
Si ne parte à la ferraglia
U imbarcanu pezzu à pezzu
In battellu per l'Italia,
Ci resterà in suvenire
Qualchì pezzacciu di raglia

Di la gara di Bastia
Ne feremu un munimentu
A ci lasceremu arritta
Perchè ci para lu ventu
L'hà dumandata lu ministru
Omu di grande talentu.

I ponti ne serveranu
Per li posti à lu cignale
Osinnò per piglià frescu
Quand'omu si sente male
Pianteranu appena l'acqua
Quandu Golu hè in tempurale

Si volenu piglià tuttu
I treni cù li battelli
I nostri ministri corsi
Ci ghjocanu à l'appiattelli
Ci prumettenu le cose
Cum'è i calci à i zitelli

È noi li stemu à sente
Cù la bocca spalancata
È pò li femu l'evvive
Tuttu un ghjornu è una nuttata
Elli partenu cuntenti
Fendusi una risata.

A droite, Tintin Pasqualini,

U trenu

Ernestu Tuffelli

Mi ricordu di u tempu
Di quandu chi Trennichellu,
Passava sfumaccichendu
Nantu lu ponte a l'Olmellu ;
Li ci vulia l'abbriu,
Per francà ssu ponticellu !

Passava a cappiu lenu
Davanti a l'Acqua Nera,
Induve chi Maria Felice
Li tirava a spantichera !
Chi tantu ch'ella campò
Li fece pocu manera.

Cuminciava a fisculà
A parte da Padulone,
Per averte in Prunete
Ch'ellu ghjunghja Plutone,
E venia ad arrembassi
Più mansu che un muntone.

Sottu a quelli ocalitti,
Mezz'a lu sfumaccichime,
Di l'acelli impeuriti
Nascia u spernuccime.
I cignali di l'intornu
Fughianu indu'e cime.

Una volta pigliò u trenu
Pendicone di i Pirelli,
Chi disse a voce rivolta :
– « Sò miraculi o zitelli !
Cumu feranu ssi carri
A viagghjà da per elli ? »

Oghje nun ci ferma più,
Nantu la « ligna » suttana,
Che una viottulella
Chi poc'a pocu s'appiana :
Ci si coglienu l'erbiglie
E finochj da tisana.

Osteriaghj e pastori
L'hanu tantu maladettu,
Chi dopu quelli furori
U pullaghju restò nettu ;
Un fermò nant'a ssa strada
Che le case senza tettu.

Unn'hannu pussutu frenà
A marchia di u prugressu.
S'elli ci fussinu oghje
Averebbenu riflessu,
Prima di ghjsimà tantu
Quellu chiamatu « l'espressu » !

Chi un dannu è più grande
S'omu ci si pensa a fondu.
Incu le « vitture » oghje
Ci n'andemu a lu sprufondu…
D'etima in settimana
E' una sterpazion' di mondu !

Un ci passa più lu trenu,
Smariti sò li signori !
Voltu la strada ferrata
Un si sente più rimori…
Ma ci fermanu l'angosce,
L'affann'e li crepa cori… !

Bibliographie

Albitreccia Antoine – *La Corse dans l'histoire* (Éd. Archat, Lyon, 1939)

Appinzapalu Martinu (abbé Dumenicu Carlotti) – *Trinichellu* (A Muvra, 1934)

Ardouin-Dumazet – *Voyage en France* (Berger-Levrault et Cie, Paris, 1903)

Bejui Pascal – *Les chemins de fer de la Corse* (La Regordane éd., 1987-1999)

Bergerat Émile – *La chasse au mouflon* (Delagrave, Paris, 1889 ; DCL Ajaccio, 1998)

Bosc Célestin – *Éphémérides ajacciennes* (Éd. Fabiani, Bastia, 1897)

Bourde Paul – *En Corse* (Calmann-Lévy, Paris, 1897)

Cervera-Mattei Suzanne – *Jean de Peretti della Rocca, 1855-1932* (Éd. Alain Pizzola, Ajaccio, 2005)

[*]Clemenceau Georges – *Rapport au président de la République* (Journal officiel du 26 septembre 1908)

[**]Conneau Henri – *Notes sur le chemin de fer corse, 1864* (réimpression Lacour, Nîmes, 2003)

[**]Conte-Granchamp – *La Corse, sa colonisation et son rôle dans la Méditerranée* (Hachette, 1859)

[**]Conti Antoine – *Projet de chemin de fer sardo-corse* (Dupont, Paris, 1863)

[*]Conseil général de la Corse – *Délibérations* (Impr. Siciliano, Ajaccio)

[**]De la Foata – *Discours prononcé à l'inauguration des travaux du tunnel d'Aspretto* (1879)

Dellavalle Pierre-Jean, Campocasso Pierre-Jean – *Une île, des hommes, la lumière* (chef de projet Jacques Casamarta) CCAS de Corse (Albiana, 2002)

Delmas-Bartoli Marie-Claude – *Le chemin de fer de la Corse* (104e congrès national des Sociétés savantes, Bordeaux, 1979)

De Zerbi Ghjermana – *Cantu nustrale* (Scola corsa et Acaddemia di i vagabondi, 1981)

[**]Fabiani Antoine – *Les chemins de fer envisagés du point de vue des intérêts politiques et commerciaux de la Méditerranée* (1864)

[*]Fontaneilles – *Rapport sur le chemin de fer de la Corse* (Journal officiel, 10 novembre 1909)

Giustiniani Agostino – *Dialogo nominato Corsica*, (traduit et annoté par Antoine-Marie Graziani). Éd. Alain Pizzola

Glatigny Albert – *Le jour de l'an d'un vagabond* (Réimp. Éd. Acquansù, 2005, Ajaccio)

Homet Jean-Marie – *Les ponts de la Corse* (La Marge éd., 1990)

Lacroix Jean-Bernard – *Bastia, de la bourgade à la ville, 1814-1914*

[**]Limperani Joseph – *Projet relatif à la construction d'un réseau de chemin de fer en Corse* (Fabiani, 1863)

Lorenzi di Bradi – *La Corse inconnue* (Payot, 1928)

Miot de Melito – *Mémoires* (Calmann-Lévy, 1880)

Mise en valeur des chemins de fer de la Corse, dossier final de propositions, 1978 (Établissement public régional, Directions de l'Environnement et des Transports)

Moch Jules – *Une si longue vie* (Robert Laffont, 1976)

Monti Antoine-Dominique – *A canzona di u trenu* (Adecec, Cervioni, 1988)

[**]Nyer Louis – *Projet de chemin de fer en Corse* (Durand, Paris, 1868)

[**]Pieraggi Léonard – *Premier projet de chemin de fer en Corse ; deux projets de chemin de fer en Corse* (Ollagnier, Bastia, 1862 et 1865)

Piobb Pierre – *La Corse d'aujourd'hui* (S.G., éd., Paris, 1909)

Plan d'aménagement de la Corse, J.O. du 19 avril 1957

Planeix, Philippe – *Idées politiques et chemins de fer : le cas de la Corse* (Actes du colloque de Lyon)

Pomponi Francis (sous la direction) – *Le Mémorial des Corses*, tomes III et V

Quantin Albert – *La Corse* (Perrinet Cie, Paris, 1914)

Silvani Paul – *Corse des années ardentes* (Éd. Albatros, Paris, 1976) ; *L'île d'à côté*, (Éd. Autres Temps, Marseille, 1998) ; *Un siècle de vie corse* (Albiana, 2000)

**Vaisson J. – *La Corse régénérée, principauté napoléonienne, ou le Prince impérial, roi de la Corse* (Ollagnier, Bastia 1864)

Versini Xavier – *Emmanuel Arène, roi de la Corse sous la République* (La Marge éd. 1983)

Journaux :

Journal de la Corse, *L'Observateur de la Corse*, *L'Aigle corse*, *Le Petit Bastiais*, *Bastia-journal*, *La Jeune Corse*, *Corse-matin*, *Le Provençal-Corse*, *La Corse*, *La Corse touristique*, *Le Patriote*, *Terre corse*, *L'Action*, *Le Phare de la Corse*, *La Dépêche corse*, *Le Courrier de la Corse*, *L'Informateur corse*, *A Muvra* ;

La Patrie, *Le Pays*, *L'Éclair*, *Le Gaulois*, *Le Monde*, *Le Figaro*, *Revue du Touring-club de France*, *Journal officiel* ;

Remerciements

L'auteur tient à exprimer ses sentiments de vive gratitude à celles et ceux qui lui ont apporté spontanément leur concours en facilitant ses recherches ou en lui apportant des documents ou des photos extraites de leurs collections privées :

Dominique Agostini, Andrei d'Aleria, Gérard Angeli, Dominique Baldacci, Maurice Bazinet, Sonia et Yves Bausson, Josette Bianchi, Véronique Bietry-Bartoli, François Canonici, Walter Cantieri, Dr Paul Gherardi, Thomas Gianelli, Gilbert Richaud, Christian Lorenzoni, Jean-Michel Malaspina, Madeleine Maroselli, Martine Maroselli-Richaud, G. Moreau, Thérésia Moreau-Maciocco, Jean-Michel Malaspina, José Morellini, François Piras, Ghislaine Picchiotino, Daniel Polacci, Jacques Paoli, Francis Raffalli, Michel Raffalli, Victor Sinet, Joseph Raffalli, Don-Marc Sodini, Rosy Zagnoli, Madeleine Zuccarelli.

Et, particulièrement : Christine Fernandez et le personnel de la Bibliothèque municipale d'Ajaccio ; Jean-Claude Fieschi, Marie-Madeleine Graziani et le personnel des Archives départementales de la Corse du sud à Ajaccio ; Philippe Martinetti, Jean Melero, Marie-Eugénie Mordiconi et le personnel du Musée de la Corse à Corte ; Claire Béchu et le personnel du Centre historique des Archives nationales à Paris.

vilo

DIFFUSION & DISTRIBUTION

ISBN : 2-84698-143-4
Maquette et mise en page : Graphit[e]
Albiana – BP 83 – 20176 Ajaccio Cedex 01
Tél. : 04 95 50 03 00 – Fax : 04 95 50 03 01
www.albiana.fr
E-mail : albiana@wanadoo.fr
Dépôt légal : 100 – Février 2006
Imprimé en France chez Louis-Jean Imprimeur – 05000 GAP